영적으로 건강한 그리스도인

제자훈련 멘토링

Spiritually Healthy Christian

영적으로 건강한 그리스도인

제자훈련 멘토링

최창국 지음

도서출판 **SFS**
Soul Friend Society

목차

서 문	6
PART 01 몸과 영혼은 인간의 이름이다	10
PART 02 영성이 힘이다	28
PART 03 은혜의 반대는 노력이 아니다	42
PART 04 은혜는 자연을 배제하지 않는다	62
PART 05 신앙에도 사계절이 있다	80
PART 06 영적 이력서를 다시 쓰자	102
PART 07 무릎 꿇는 사람은 넘어지지 않는다	118
PART 08 충만하게 살아있는 인간 자체가 하나님의 영광이다	136

PART 09	노래로 기도하는 것은 두 배로 기도하는 것이다	148
PART 10	우리는 우리가 사랑하는 것을 예배한다	172
PART 11	일상의 노동도 하나님의 사역이다	192
PART 12	고통은 누구의 죄로 인함이니까?	206
PART 13	그리스도인도 마귀에 사로잡힐 수 있는가?	222
PART 14	꿈은 인격 성장을 위한 상징 언어다	238
PART 15	분노와 나태와 탐식도 죄다	256

미 주   280

서문

> 내 영혼의 집이 너무 협소하여 주님께서 들어오실 수 없나이다.
> 주님이시여! 내 영혼의 집을 넓혀 주옵소서!
>
> - 어거스틴 -

인간은 하나님의 숨결 안에서 살아갈 때 건강하고 충만한 삶을 살아가도록 창조되었다. 하나님의 숨결을 경험한 사람은 경이로움으로 가득하고 삶의 생산성까지 달라진다. 나아가 하나님 숨결 지수, 즉 경험 지수는 사람의 삶의 태도, 삶의 목적, 생각의 질, 성품의 질, 영적 시각, 사람과의 관계 등에 중요한 영향을 준다. 하나님 경험 지수가 높은 사람은 하나님께서 하신 일 가운데 선한 것을 인식할 능력이 우리에게 없을 지라도 그것은 분명히 선하다는 것을 신뢰한다. 하나님 경험 지수가 높은 사람은 확장된 지각, 향상된 감수성, 더 큰 자기 인식을 경험하게 한다.

복음주의 신학자 알리스터 맥그라스는 영성 생활의 중요성을 이렇게 진술한다. "복음주의 특히 미국적 복음주의의 영향을 받은 현대 교회들은 큰 문제에 직면하고 있다. 복음주의는 예수 그리스도를 구주이자 주님으로 전도하는 데는 성공적이었지만, 하나님과의 영적 관계를 이어나가고 성숙한 모델을 제시하는 데 실패했다."[1] 맥그라스의 관점은 현대 그리스도인들이 추구해야 할 방향성을 바르게 지적하고 있다. 그리스도인들이 추구해야 할 중요한 목표 중의 하나가 바로 영적 성장이다. 영적

---

1 Alister Mcgrath, *Evangelicalism & The Future of Christianity*, 신상길·정성옥 역 『복음주의와 기독교의 미래』 (서울: 한국장로교출판사, 1997), 142.

으로 건강한 그리스도인이다. 영적으로 건강한 그리스도인은 영성과 도덕성과 사회성이 분리하지 않고 일치되는 삶을 위해 하나님 앞에 무릎 꿇을 줄 안다.

『영적으로 건강한 그리스도인』은 우리가 가장 사랑하는 것이 우리를 형성한다는 어거스틴의 통찰을 통해 우리가 어떻게 하나님과 자신과 이웃을 사랑하며 영적으로 성장할 것인가를 고민하며 성찰한 결과물이다. 특히 25여 년에 걸쳐 영적으로 건강한 그리스도인에 대해 고민하며 연구하며 궁금하였던 것을 15개 주제를 통해 담아냈다. 즉, 몸과 영혼은 인간의 이름이다. 영성이 힘이다. 은혜의 반대는 노력이 아니다. 은혜는 자연을 배제하지 않는다. 신앙에도 사계절이 있다. 영적 이력서를 다시 쓰자. 무릎 꿇는 사람은 넘어지지 않는다. 노래로 기도하는 것은 두 배로 기도하는 것이다. 우리는 우리가 사랑하는 것을 예배한다. 충만하게 살아있다는 인간 자체가 하나님의 영광이다. 일상의 노동도 하나님의 사역이다. 고통은 누구의 죄로 인함이니까? 그리스도인도 마귀에 사로잡힐 수 있는가? 꿈은 인격 성장을 위한 언어다. 분노와 나태와 탐식도 죄다.

우리가 영적으로 성숙해 가는 여정에서 놓치지 말아야 할 것이 있다. 영적으로 성숙해가는 데 필요한 것은 독백이 아니라 대화라는 점이다. 하나님과의 대화, 다른 사람과의 대화, 자기 자신과의 대화다. 특히 영적으로 건강한 그리스도인은 다른 사람들과의 비교가 아니라 배움을 통해 반전하게 된다. 이런 대화를 통해 자기만의 개인적인 시각과 경험에서 벗어나 보다 건강한 눈으로 삶과 세계와 영적 세계를 경험할 수 있다.

  기독교 영적 전통에 따르면 영적으로 건강한 그리스도인은 하나님과 자기 자신과 다른 사람들에게 경청할 수 있는 평화로운 영혼이다. 평화로운 영혼은 하나님께 경청할 줄 아는 영혼이요 이웃의 소리에 진지하게 경청할 줄 아는 영혼이요 자기 자신의 마음의 소리에 경청할 수 있는 영혼이다. 평화로운 영혼은 주님의 사랑의 품에 안식할 수 있는 영혼이요 영혼의 친구가 될 수 있는 영혼이요 환경의 소리에 휩쓸리지 않고 기도할 수 있는 영혼이요 내적으로 평온한 영혼이요 무엇보다도 사랑할 줄 아는 영혼이다. 평화는 육체적, 정신적, 영적, 그리고 사회적 삶의 모든 영역에서 건강한 상태를 의미한다. 평화로운 영혼은 통전적인 삶을 추구한다. 평화로운 영혼은 인간 존재의 전체성과 인격의 올바름을 추구한다. 평화는 신앙, 마음, 사랑, 관계성, 통전성 그리고 인격의 실체와 관련된 것이기 때문이다. 평화로운 영혼은 참된 평화는 하나님께로부터 온다는 것을 기억한다. 평화로운 영혼은 자신의 다양한 이름을 사랑한다. 그 이름에 아로새겨진 하늘의 뜻을 알기 때문이다. 그 다양한 이름은 몸과 정신과 마음과 영혼이다. 평화로운 영혼은 무엇보다도 사랑에 의식적으로 헌신하며 사는 것보다 더 아름답고 자유로운 삶은 없다는 것을 안다. 『영적으로 건강한 그리스도인』은 이 세 가지 소리를 담아내기 위해 기도하며 소망한 결과물이기도 하다.

  『영적으로 건강한 그리스도인』은 제자훈련 멘토링에 목표를 두었다. 특히 장년부와 청년대학부 제자훈련 멘토링에 초점을 맞추었다. 먼저 제자훈련 멘토링을 위해 주제별로 스스로 공부할 수 있도록 내용을 구성하였다. 다음은 제자훈련 멘토링 방법을 제시하였다. 제자훈련 멘토링은 세 부분으로 구성하였다. 첫째, 각 장 주제별로 먼저 스스로 읽고 마음에 다가온 문장이나 배운 내용을 기록한 후에, 그 내용을 통해 소망하거나 결심한 것을 기록하도록 구성하였다. 그리고 소망하거나 결심한 내용을 가지고 하나님께 도움을 구하며 '쓰기 기도'를 하도록 하였다. 둘째, 각 주제별로 토론과 나눔 주제를 5-6개 정도 제시하였다. 셋째, 개인적으로 배운 내용이나 그룹 토론을 통해 발견한 내용을 가지고 구체적으로 적용 또는 실천 방안을 기록하도록 하였다

무엇보다도 『영적으로 건강한 그리스도인』을 통해 지식보다는 인격으로, 이성보다는 마음으로, 비판보다는 칭찬으로, 이해심보다는 사랑 안에서 건강한 그리스도인이 되기를 바라는 분들에게 길라잡이가 되기를 소망해 본다.

PART 01

몸과 영혼은
인간의 이름이다

영혼이란 무엇인가? 우리는 이 질문에 답하기 위해 먼저 영혼이란 개념이 매우 다양하게 이해되고 있다는 것을 인식해야 한다. 이는 마치 한국 무교에서 말하는 귀신의 개념과 성경에서 말하는 귀신의 개념이 완전히 다르듯이, 헬라 사상에서 이해해온 영혼이란 개념과 히브리 사상과 성경의 영혼의 개념은 다르다. 한국 무교에서 귀신은 죽은 사람의 혼이 귀신이 되는 것으로 믿지만, 성경에서의 귀신은 하나님을 배반한 악한 영을 말한다. 따라서 무교와 성경이 같은 귀신이란 단어를 사용한다고 하여 같은 의미는 아니다. 완전히 다른 개념이다. 영혼이란 개념도 헬라 사상에서와 성경에서는 서로 완전히 다른 개념으로 사용되고 있다. 헬라 사상에서는 영혼은 몸과 대비되는 실체적 개념으로 이해되지만, 히브리 사상에서는 영혼은 몸과 대비되는 실체가 아니라 인간의 인격적 국면으로 이해되고 있다. 다시 말하면, 히브리 사상에 기초한 성경에서 말하는 영혼은 인간의 인격과 정체성을 말해주는 개념이요 이름이다.

인간은 몸과 영혼의 물리적 결합이 아니다

헬라 사상에서는 전통적으로 영혼은 몸과 대립되는 개념으로 이해되어 왔다. 이러한 이해의 기원은 플라톤의 사상에 영향을 주었던 고대 그리스의 종교였던 오르페우스교(Orphic religion)였다. 오르페우스교는 영혼은 신적인 기원을 가지지만 몸은 그렇지 않은 것으로 이해했다. 여기서 영혼과 몸의 이원성이 형성되게 되고, 대립된 실체로까지 발전하게 된다. 오르페우스교의 중요한 표어는 몸은 '영혼의 무덤'(soma sema)이었다.

인간의 몸에 대한 그리스 전통의 부정적 이해는 기본적으로 현상적인 경험에서 형성되었다. 이것을 인식하는 것이 매우 중요하다. 고대 그리스인들의 이원론적 사상은 사상가에 의해서만 형성된 것이 아니다. 그들이 처한 삶의 정황과 밀접하게 관련되어 형성되었다.

일반적으로 고대 로마인들은 생활공간과 환경이 매우 취약하였다. 현대인들이 상상할 수 없을 정도로 취약하였다. 그들은 온 식구가 한 공간을 쓰면서 가축과 동거하는 경우가 많았다. 이러한 환경으로 인하여 그들은 질병에 많이 노출되었다. 그들은 치명적인 질병을 날마다 목격하였다. 고대인들은 "신체 부위를 잃은 경우가 아주 흔해서 공적인 기록에서 기형의 신체 모습과 상처로 개인의 신분을 확인할 정도였다."[1] 게다가 고대인들은 현대인들처럼 치아를 관리할 수 없어 치아가 빠져 음식물을 씹을 수 없었고, 이는 영양실조와 조기 사망의 원인이 되었다. 고대인들은 이러한 환경에서 오는 고통과 사망의 원인은 몸의 연약성과 취약성 때문이라고 여기게 되었다. 그래서 그들은 몸에 대한 인식이 아름답고 긍정적이기 보다는 부정적으로 형성되었다고 할 수 있다.

근대 이전의 세계에서는 인간의 수명이 훨씬 더 짧았을 뿐만 아니라 질병과 사고에 더욱 취약했다. 고대 로마 세계에서 인간의 평균 수명은 30세 이하였다.[2] 때문에 인간의 몸의 연약성이 아주 뚜렷하게 부각되었다. 인간의 몸은 삶을 힘들게 하고 고통스럽게 하는 실체로 이해하게 되었다. 이러한 환경 속에서 고대의 종교와 철학은 몸에 대하여 긍정적이기 보다는 부정적인 사유를 형성하게 되었다고 할 수 있다. 나아가 몸의 고통을 극복하기 위한 방편으로 어떤 안정되고 영구적인 근원을 찾았기 때문에 몸을 긍정적으로 보기를 주저했다고 할 수 있다.

고대인들의 이런 환경에서 형성된 몸에 대한 부정적인 사유는 초대 그리스도인들에게도 많은 영향을 주었다. 왜냐하면 초대 그리스도교는 그리스-로마 문화권에서 형성되었기 때문이다. 초대 그리스도인들은 몸을 취약하고 부패하다고 인식했을 뿐만아니라 심지어 죄악의 통로로 여기기까지 하였다. 초대 그리스도인들은 취약한 신체를 현대 그리스도인들보다 더 생생하게 날마다 목격하였다. 때문에 몸에 대한 부정적인 사유가 형성될 수밖에 없었을 것이다. 로드니 클랩(Rodney Clapp)은 다음과 같이 서술하였다.

> 신약성경이 쓰인 당시만 해도 그리스인 철학자든 이방인 철학자든 금욕을 철학자 본연의 태도로 여겼다. 정욕은 맑은 정신이 필요한 지식인의 명상을 방해하는 것이었다. 특히 플라톤의 추종자들은 몸을 영혼에 갇힌 무덤으로 보는 이른바 이원론으로 유명하다. 그 가운데 플로티누스라는 철학자는 몸의 존재를 너무나 부정한 나머지 부모나 생일조차 인정하지 않고 아무도 자기 초상화를 그리지 못하게 했다. 기독교가 생기기 한참 전에 로마의 의사들은 성행위를 피하면 몸이 더 건강하고 튼튼해진다고 생각했다.[3]

삶의 환경이 개선되고 자연재해로 인한 사망이 줄어들어 인간의 수명이 늘어났다. 하지만 고대인들이 처한 환경과 철학적 사유에서 형성된 몸에 대한 부정적 인식은 오랫동안 서구 사상에서 지속되었다.

고대인들의 경험과 깊이 관계되어 형성된 그리스 고대 사상은 플라톤의 사상 형성에 중요한 영향을 주었다고 할 수 있다. 이렇게 형성된 플라톤의 사상은 기독교 사상 형성에서도 그 힘을 발휘하여 왔다. 영혼과 몸의 이원론적 이해는 서구 사상과 기독교 사상에서 가장 일반적으로 공유되어 왔던 것도 사실이다. 기독교 전통에서 이러한 플라톤적 인간 이해는 상당히 오랫동안 영향을 미쳐왔다.

인간은 통전적 존재로 창조되었다

인간의 창조에 대해서 최초로 기술하고 있는 창세기 2장 7절은 인간은 통전적 또는 전인적 존재로 창조되었다는 것을 알려준다. 하나님께서 땅의 흙으로 사람 모양을 지으시고 '생기' 또는 '생명의 호흡'(네샤마)을 불어 넣었을 때, 생령(네페쉬 하야, living soul: 영혼, 아담, 사람, 살아있는 존재)이 되었다. 아담(사람)은 전인이다. 아담은 몸과 영혼으로 창조된 것이 아니라 전인으로 창조되었다. 통전적 생명체로 창조되었다.

여기서 히브리적 인간 창조는 헬라적 인간 이해와는 근본적으로 다르다. 헬라 사상에서는 인간을 영혼과 몸이라는 두 실체의 '물리적 결합', 즉 이원론적 존재로 이해한다. 하지만 히브리적 인간론은 인간이 '화학적(신비적) 변화', 즉 한 실체로서 다양한 차원을 지닌 통전적인 존재로 창조되었다고 한다. 히브리적 인간론에 기초한 성경적 인간론은 영혼과 몸을 가지고 있는 존재가 아니라 몸으로서 인간이며, 영혼으로서 인간이다.

기독교가 영혼의 개념을 성경적으로 이해하기보다는 헬라적인 개념으로 이해해온 경향이 있다. 성경 번역본 KJV 등이 창세기 2장 7절의 아담(사람)을 '생령'(살아있는 영혼, a living soul)으로 번역하고 있지만, 이는 구약성경 그리스어 역본의 '네페쉬'(nephesh, 영혼)의 번역어로 쓴 고대 헬라 그리스어를 반영한 것이다. 이러한 영향으로 기독교에서 영혼을 몸과 대비되는 실체로 이해해 온 경향이 있다. 하지만 대부분의 현대 역본들은 네페쉬(영혼, 아담)를 '살아있는 존재'(a living being)로 번역하였고, 어떤 번역본(NLT)은 "그리고 그가 살아있는 사람"(a living person)이 되었다고 번역하였다.

여기서 창세기 2장 7절에서 하나님의 생기에 의해서 창조된 영혼(네페쉬)인 아담을 몸과 대비되는 실체로 이해해야 하는가 아니면 살아 움직이는 실체인 사람으로 이해해야 할 것인가에 대해 질문을 할 수 있다. '네페쉬'라는 용어는 구약성경에 무려 팔백 번이나 등장할 정도로 매우 역동적이고 다층적인 의미를 지닌 단어이다. 구약학자 로슨 스톤(Lawson Stone)은 창세기 2장 7절의 네페쉬를 이렇게 설명한다. "하나님이 호흡을 불어 넣으시자 흙더미가 실체로 변하여 살아있는 네페쉬가 된 것이다. '살아있는 네페쉬'라는 용어는 아담이라는 존재의 총체성을 나타낸다. 아담이 네페쉬를 가진 것이 아니라, 그 자체가 '살아있는 네페쉬'다."[4]

성경에 등장하는 네페쉬는 결코 단순하게 이해될 수 없는 용어이다. 때문에 어떤 성경 구절을 근거로 그 용어를 특정한 인간관을 말하기 위해 사용하게 되면 자칫 단순한 이해가 될 수도 있다는 것을 인식해야 한다. 중요한 것은 구약성경의 네페쉬와 신약성경의 프쉬케란 용어는 문자적으로 이해해서는 안 되고, 단어가 쓰이는 맥락 안에서 이해해야 한다는 것이다.

분명한 것은 성경에서 네페쉬는 몸과 대비되는 개념으로 사용하고는 있지 않다는 것이다. 특히 성경에 등장하는 '사륵스'(sarx, 육체, 육신)는 영혼과 대비되는 하나의 실체로 이해하지 않도록 주의해야 한다. 바울은 "육체의 일들은 명백하니 곧 음행과 더러움과 방종과 우상숭배와 마술과 원수 맺는 것과 다툼과 시기와 분노와 당 짓는 것과 불화와 이단과 질투와 술 취함과 방탕과 또 이와 같은 것들이다"(갈 5:19-20)라고 진술하였다. 여기서 육체는 영혼과 대비되는 실체로서 육체가 아니라 자신만을 의존하는 삶의 방식을 의미한다. 여기서 육체는 몸의 죄악성을 강조하기 위한 것이 아니라 인간이 자신만을 의존하는 삶의 방식, 즉 성령을 따르는 삶의 방식과 구별하기 위해서 육체라는 용어를 사용하고 있다. 따라서 여기서 바울이 언급한 육체는 영혼과 대비되는 개념으로 이해해서는 안 된다. 여기서 육체는 몸과 영의 차원 모두를 포괄하는 전인으로서 인간이 성령을 거스르는 삶의 방식을 의미한다.

몸도 하나님의 형상이다

기독교 신학은 플라톤의 영향으로 인하여 '인간은 몸을 가지고 있다'(Human has a body)고 이해되어 왔다. 위대한 신학자였던 칼빈도 다른 사상가나 신학자들처럼 플라톤의 이원론에 입각하여 인간이 몸과 영혼으로 구성되었다고 생각하였다. 그는 이렇게 말한다. "인간이 영혼과 육체로 구성된다는 사실은 토론의 여지가 없다."[5] 영혼은 그에 의하여 때때로 정신으로 표현되는데, 이들은 동일한 내용으로 사용되기도 하고, 또한 그 둘이 함께 사용될 때는 영혼이 정신보다 우월한 능력과 기능을 갖는 것으로 사용되고 있기도 하다.[6] 플라톤적 사상에 기초하여 형성된 칼빈의 사상도 몸과 영혼의 통전성보다는 몸에 대한 영혼의 우위성에 기초되어 있다고 할 수 있다.

안타깝게도 전통적으로 하나님의 형상은 인간의 내적인 국면이나 정신적인 영역이나 영혼과만 관련된다고 이해하고, 몸은 하나님의 형상과 관련이 없는 영역으로 이해된 경향이 있었다. 메이첸(Gresham Machen)은 "'하나님의 형상'이 인간의 육체와 관계된다고 볼 수는 없다. 왜냐하면 하나님은 영이시기 때문이다. 그러므로 인간의 영혼을 가리켜 하나님의 형상이라고 말해야 한다"고 주장했다.[7] 그러나 헤르만 바빙크(Herman Bavinck)는 인간의 육체도 하나님의 형상 속에 포함된다고 하였다.

> 인간의 육체 역시 하나님의 형상에 속해 있다...육체는 무덤이 아니라 하나님의 경이로운 걸작이다. 육체는 영혼과 동일하게 인간의 본질을 구성하고 있다...육체는 '인간됨'의 본질적 구성원이기 때문에, 비록 죄로 말미암아 인간의 죽음 시에 육체가 영혼으로부터 잔인스럽게 찢겨져 분리되지만, 그럼에도 불구하고 육체는 부활 시에 영혼과 결합하게 된다.[8]

바빙크는 인간을 하나님의 형상을 지닌 존재가 아니라 인간이 바로 하나님의 형상(Human is the image of God)이라고 하였다. 그는 이렇게 말한다.

> 인간은 단순히 하나님의 형상을 소유하거나 지니고 있는 존재가 아니다. 인간은 하나님의 형상이다. 인간이 하나님의 형상으로 창조되었다는 교리로부터 이 형상이 인간 존재의 전 영역에까지 확대되었다는 분명한 가르침을 추출할 수 있다. 인간 속의 그 어느 것도 하나님의 형상으로부터 배제될 수 있는 것은 없다. 모든 피조물은 하나님의 자취를 반영한다. 그러나 오직 인간만이 하나님의 형상이다. 인간은 그 영혼과 육체, 모든 기관들과 능력들, 모든 조건들과 관계성 속에서, 전체적으로 하나님의 형상이다. 인간은 하나님의 형상이다.[9]

인간은 하나님의 형상을 가지고 있거나 소유하고 있는 것이 아니라 인간이 바로 하나님의 형상이다.

중요한 것은 구약 성경에서 '몸'으로 번역된 히브리어 '바사르'(basar)는 뼈나 살을 의미하는 것이 아니라 형태화된 인간 자체이다. 베스(Clarence Bass)는 몸을 나타내는 구약의 표현들에 대해 다음과 같이 설명한다.

몸과 영혼이 거의 혼용되고 있는데 영혼은 살아있는 존재로서의 인간을 나타내기 위해서 사용되고, 몸은 유형적인 가시적 존재로서의 인간을 나타내기 위해 사용된다...몸과 영혼의 이러한 단일성이 몇몇 저술가들로 하여금 구약은 육체적인 몸을 하나의 분별 있는 실체로 보는 시각이 결여되어 있다는 결론을 내리게 했다...그러나 보다 확실하게 말하면, 구약은 몸과 영혼을 하나의 단일체로 구성하기 위한 기능에 있어서 서로에게 스며드는 동등한 실체로 보고 있다.[10]

신약성경에서 몸은 인간의 외적인 공간의 의미로 제한되어 이해되기보다는 전인의 의미로 설명되고 있다. 로마서 12장 1절에서는 몸을 산 제사로 드리라고 말한다. 여기서 몸은 의심의 여지없이 전인을 뜻한다. 신약성경에서 말하는 몸은 하나의 객체로서가 아니라 행동하고 삶을 영위할 수 있는 가능성이고, 또한 하나님께 순종하고 불순종할 수 있는 가능성이다.

인간은 몸을 가지고 있는 것이 아니라 '인간이 몸이다'(Human is a body). 몸은 인간 자신이다. 몸은 결코 죄악의 발전소나 성령을 거스리는 죄소가 아니다. 몸은 하나님의 거룩한 선물이다. 달라스 윌라드(Dallas Willard)는 "인간의 영적인 삶은 언제나 우리의 몸을 사용하는 것과 관련되어 있다. 우리에게는 이것들 외에 영적인 삶의 다른 도구나 수단이 없다"고 말한다.[11] 몸이 없으면 걸을 수도 눈으로 아름다운 세계를 보며 시를 쓰며 노래할 수도 없다. 우리는 하나님의 임재를 우리의 귀로 듣고, 눈으로 보고, 손으로 만지고, 코로 냄새를 맡고, 입으로 맛보는 것을 통해서 알게 된다. 영적인 삶은 몸과 불가분리의 관계에 있다. 로버트 브라우닝(Robert Browning)은 그의 시를 통해 사람은 '몸이 있음에도 불구하고' 발전하는 것이 아니라 '몸 때문에' 발전한다는 메시지를 남겼다.[12]

아프리카계 사람들이 많이 모이는 교회에서의 예배는 생동적이다. 그들은 몸으로 찬양하고 몸으로 기도한다. 몸으로 표현된 그들의 아픔과 기쁨이야 말로 진정한 찬양이고 기도이다. 하나님의 사랑도 단지 언어에만 그칠 수 없어 그의 아들에게 몸을 갖게 하셨다. 하나님의 아들의 수난과 고통과 부활은 그의 몸을 통하여 우리에게 전해졌다.

영과 혼과 몸은 삼분론이 아니다

인간을 이해할 때 인간을 분리할 수 있는 여러 '부분들'(parts)로 구성되어 있다고 보는 견해가 있다. 이러한 이해 중 하나가 삼분론(trichotomy), 즉 인간은 몸과 혼과 영혼으로 이루어져 있다고 보는 견해이다. 인간을 영과 혼과 몸으로 구분하여 이해하는 삼분론자들은 히브리서 4장 12절과 데살로니가전서 5장 23절을 그들의 견해를 입증하는 증거로 내세운다. 그렇다면 이 두 구절이 삼분설을 말하고 있는지 살펴볼 필요가 있다.

히브리서 4장 12절은 "하나님의 말씀은 살았고 운동력이 있어 좌우에 날선 어떤 검보다 예리하여 혼과 영과 및 관절과 골수를 찔러 쪼개기까지 하며 또 마음의 생각과 뜻을 감찰하시나니"라고 말한다. 이 구절은 인간이 어떤 존재로 구성되어 있는가를 말하는 것이 아니라 하나님의 말씀의 통찰력을 기술하고 있다. 히브리서 저자가 여기서 말하고자 하는 것은 하나님의 말씀은 우리 존재의 가장 깊은 곳까지 파고 들어가 우리 행위의 은밀한 동기들을 드러내는 특성을 말하고 있다. 하지만 이 말씀은 히브리서 저자가 인간을 혼과 영과 몸(관절과 골수)으로 나누어 구분하는 데 그 목적이 있지 않다. 때문에 히브리서 4장 12절을 인간의 구성요소로서의 혼과 영과 몸을 구분하고 그 차이점을 가르치는 것으로 보는 것은 정확한 이해가 아니다.

다른 한 구절은 데살로니가전서 5장 23절이다. 데살로니가전서에서 바울이 데살로니가 교회에 보낸 첫 번째 편지의 말미에 나오는 기도 가운데 그는 이렇게 기록하고 있다. "평강의 하나님이 친히 너희로 온전히 거룩하게 하시고 또 너희 온 영과 혼과 몸이 우리 주 예수 그리스도 강림하실 때에 흠 없게 보전되기를 원하노라." 삼분설을 믿는 사람들은 이 구절을 그 근거로 인간이 '영과 혼과 몸'의 세 부분으로 구성되어 있음을 성경이 가르치고 있다고 주장한다. 그러나 중요한 것은 이 구절이 교리상의 진술이 아니라 하나의 기도라는 것이다. 바울은 여기서 데살로니가 성도들이 그리스도께서 다시 오실 때까지 성화되고 온전히 하나님에 의해 보존되기를 기도하고 있다. 이 본문에서 바울이 데살로니가 성도들의 성화의 총체성을 위한 기도가 두 개의 헬라어 단어로 표현되고 있다. 첫 번째 단어는 "홀로텔레이스"로 "전체의..."란 의미를 갖고 있는 "홀로스"와 마지막 혹은 목표란 의미의 "텔로스"로부터 파생되었다. 이 둘이 합쳐져서 "모든 부분에 있어서 완전한"이라는 의미를 갖는다. 데살로니가전서 5장 23절의 하반절에서 형용사 "홀로크레론"과 동사 "테레데이"에, "보전되기를 원하노라"는 둘 다 단수형이다. 때문에 본문의 강조점이 전인임을 보여준다. 예수님께서 "네 마음을 다하며 목숨을 다하며 힘을 다하며 뜻을 다하여 주 너의 하나님을 사랑하라"(눅 10:27)고 말씀하셨을 때, 예수님이 사람을 네 부분으로 구분하여 말씀하신 것이 아닌 것처럼, 바울이 데살로니가 성도들을 위해 그들 각자의 영과 혼과 몸이 온전히 보전되기를 기도했을 때 바울도 인간을 세 부분으로 나누어 말한 것이 아니다.

그러므로 데살로니가전서의 이 구절은 신약성경에서 육체(몸), 정신(혼), 그리고 영혼이라는 세 단어가 함께 나오는 유일한 구절이지만, 로

빈슨이 지적한 것처럼, "이것이 인격의 서로 다른 요소들에 대한 조직적인 분석은 아니다."[13] 바울은 그가 독자들을 위하여 하나님께 간청하는 보전과 성결의 전체적 속성을 강조하고 있는 것이다. 바울이 이 세 가지 용어들을 사용하는 것은 인간의 전인성이라는 맥락에서 쓰고 있는 것이다. 이 구절은 아주 중요한 함축적 의미들을 지니고 있다고 보아야 한다. 즉, 바울은 예수 그리스도의 사역을 통하여 이제는 인간 속에서 발견되는 네 가지 특성들, 평화, 거룩, 건전성, 그리고 흠이 없음의 결합을 강조하고 있는 것이다. 이러한 것들은 그리스도인의 모든 면, 즉 육체, 정신, 그리고 영혼의 모든 면에서 발견되어야 한다는 것이다.

데살로니가전서 5장 23절과 같은 성경구절을 문자적으로만 해석하게 되면, 인간은 또한 네 부분으로 구성되어 있다고 말할 수 있게 된다. 예를 들면, 마가복음 12장 30절은 '마음, 혼, 정신, 힘'의 네 부분을 말하고 있기 때문이다. 신명기 6장 5절은 '마음, 혼, 힘'으로, 마태복음 10장 28절은 오직 '혼과 몸'으로 구분하고 있다. 이와 같은 성경구절들을 문자적으로만 해석하게 되면, 인간에 대한 성경의 관점은 어떤 곳에서는 이분설을, 어떤 곳에서는 삼분설을, 어떤 곳에서는 사분설이 되어 버린다. 이는 인간에 대한 혼돈과 논리적 모순을 부르게 된다. 때문에 데살로니가전서 5장 23절을 통해 인간의 삼분설을 강조하는 것은 정당성이 약하다고 할 수 있다. 성경의 전체적인 맥락과 신학적 관점에서 보면, 인간 존재를 분리하거나 나눌 수 있는 부분들(parts)로 이해해서는 안 되며, 인간은 전인으로서 여러 국면들(aspects)을 향유하고 있다고 보아야 더 옳다.

데살로니가전서와 같은 성경구절들을 문자적으로만 이해하기보다는 신학적이고 실천적인 관점에서 이해할 필요가 있다. 먼저, 성경 상의 자료는 인간의 구성요소의 중요성을 강조하는 데 있기보다는 항상 인간의 전인성을 강조하는 데 있다. 인간 존재의 다양한 국면을 나타내는 성경 상의 용어들은 인간의 전인성을 지칭할 때 자주 사용되었다. 다른 하나는 성경에는 때로 인간의 구성요소를 제시하는 구절들이 있지만, 궁극적으로 그리고 실천적 맥락에서 인간은 몸과 혼과 영으로 나누어지거나 분리될 수 있는 존재가 아니라 결코 분리할 수 없는 통전적인 존재라는 점이다.

인간은 다양한 이름을 가지고 있다

성경에서 영혼(네페쉬), 정신(누우스), 혼(프슈케), 영(프뉴마), 몸(소마), 마음(카르디아) 등은 인간의 전체적 인격의 다양한 실체적 차원을 말한다. 이 용어들은 인간의 다양한 부분(part)을 말하는 것이 아니라 다양한 차원(aspect)을 말한다.

통전적 생명체로 창조된 인간은 본질적으로 몸(롬 12:1), 육체(행 2:17), 영혼(시 107:7) 등으로 칭해지고 있다. 이러한 용어들은 인간의 다양한 이름이라고 할 수 있다. 같은 성경 구절도 때로는 영혼으로 번역되기도 하고 사람으로 번역되기도 한다. KJV에서는 인간을 '영혼'으로 NIV에서는 '사람'으로 번역하고 있다. 예를 들면, "저가 사모하는 영혼을 만족하게 하시며 주린 영혼에게 좋은 것으로 채워주심이로다"(시 107:9, KJV). "주님께서는 목마른 사람에게 물을 실컷 마시게 하시고 베고픈 사람에게 좋은 음식을 마음껏 먹게 해 주셨습니다"(시 107:7, NIV). 또한 성경은 인간을 영혼으로 번역하고 있을 뿐만 아니라 몸(롬 12:1), 육체(행 2:17) 등으로 표현한다.

성경은 인간을 몸과 영혼으로 구분된 실체를 가진 존재라기 보다는 다차원적 국면과 인격을 지닌 존재라고 묘사하고 있다고 할 수 있다. 통전적 존재로서 인간의 다차원적인 이름과 국면은 크게 세 차원으로 정리될 수 있다. 바로 내면성, 외면성, 사회성이다.

- 인간의 내면성에 초점을 둔 인간의 이름들 또는 차원들은 영혼, 정신, 마음, 영, 혼 등이다.
- 인간의 외면성에 초점을 둔 인간의 이름들 또는 차원들은 육체, 몸 등이다.
- 인간의 사회성에 초점을 둔 인간의 이름들 또는 차원들은 영적 존재, 사회적 존재, 관계적 존재 등이다.[14]

기독교의 '영적'(spiritual)이란 용어도 몸과 대립되는 개념이 아니다. 그리스 사상에서는 영적이란 개념은 몸과 대비되는 것으로 규정되었지만, 히브리적, 성경적 '영적' 개념은 몸과 대비는 개념이 아니라 하나님과 관계 안에서 규정되는 용어이다. 하나님의 영은 인간의 다양한 차원인 몸, 영혼, 마음 모두를 '영적'이 되게 한다. 영적인 사람은 몸을 소외시키는 것이 아니라 건강하고 신령한 몸으로 돌보고 사랑한다. 영적인 사람은 하나님의 영을 받은 자이다. 영적인 사람은 죄로 인하여 하나님과의 관계가 단절되었던 삶이 하나님의 사랑과 은혜로 인하여 관계가 회복된 자이다.

하나님은 우리 몸을 통해 일하신다

몸과 영혼은 서로 독립적인 실체가 아니다. 몸과 영혼은 유기적 상호관계 안에 있다. 이 두 차원은 유기적 관계 안에서 영혼은 몸의 생생한 지향성을 형성하고, 몸은 영혼의 가시적인 실천성을 형성한다. 몸이 없으면 우리가 사랑하는 것을 실천할 수 없다.

　우리의 삶에서 가시적이고 실천적인 삶은 매우 중요하다. 가시적이고 실천적인 삶을 위해 사용된 성경의 개념이 몸이다. 그리스도인의 삶의 중요한 표지인 긍휼, 친절, 겸손, 온유, 인내 사랑(골 3:5-12)도 몸을 통해 구현된다. 우리는 이것을 야고보서에서 볼 수 있다. "만일 형제나 자매가 헐벗고 일용할 양식이 없는데 너희 중에 누구든지 그에게 이르되 평안히 가라, 덥게 하라, 배부르게 하라 하며 그 몸에 쓸 것을 주지 아니하면 무슨 유익이 있으리요"(약 2:15-16). 분명하게 하나님의 계획에서 몸, 특히 연약함에도 불구하고 몸은 중요하다.

　교회는 인간의 영적 필요뿐만 아니라 육체적 필요도 중요하게 여겨야 한다. 가난한 사람들에 대한 돌봄, 육체적으로 고통 중에 있는 사람들에 대한 관심, 건강한 일상생활과 관련된 일에도 관심을 가져야 한다. 성경에서 말하는 몸의 진정한 의미는 가시적이고 체현적인 삶을 위한 지향성과 관계된 개념이기 때문이다.

　몸은 심리치료와 같은 인간의 내적치유 면에서도 매우 중요하다. 유진 젠드린(Eugene Gendlin)은 왜 어떤 심리치료는 효과가 있고, 어떤 것은 전혀 효과가 없는지에 관해 의문을 가졌다. 그는 임상적 연구를 통하여 인간 문제의 핵심이 실제로 어디에 놓여 있는지는 몸이 '알며' 또 사람들이 실제로 변화하면 그 변화가 몸에 기록된다고 결론지었다.[15] 그는 더 많은 실험을 한 후에 인간을 치유하고 변화시키는 과정에서 몸이 보내는 신호를 읽는 법을 아는 것이 중요하다고 보았다.[16] 젠드린은 심리치료의 성공을 결정짓는 것은 치료자의 기술이 아니라 환자가 행하는 또는 몸으로 말하는 어떤 것이라는 사실을 발견했다.[17] 거의 예외 없이 치료가 호전된 사람들은 직관적으로 자신 안에서 일어나는 매우 미묘한 내적 몸의 인식에 초점을 맞추었다. 젠드린은 이 경험을 '느낌 감각' 또는 '몸 감각'이라고 칭했다. 그는 이 몸 감각을 사람들을 치료하는 안내자로 활용했다.[18] 젠드린의 경험은 우리의 삶에서 몸에 대한 관심, 특히 몸에 일어나는 변화를 읽어내는 것의 중요성을 일깨워준다.

　인간의 몸은 하나님의 선물일 뿐 아니라 하나님의 질서가 펼쳐지는 장이다. 기독교 신학이 창조에서 구속까지 이 모든 우주적 과정을 하나님의 행위에 의한 것이라고 믿는다면, 몸의 세계와 질서도 하나님의 활동하시는 하나님의 방식이라고 이해할 수 있다. 하나님은 선택적으로 정신 혹은 영혼만을 통하여 일하시는 것이 아니라 도리어 몸을 통하여 온전하게 그 뜻하신 바를 이루신다. 하나님은 우리가 이해하고 받아들이는 것보다 훨씬 풍성하고 다양한 방식으로 몸을 통해 그의 뜻을 펼치신다. 하나님은 우리 몸을 통해 일하신다.

제자훈련 멘토링

1. 배운 내용과 기도

1) "몸과 영혼은 인간의 이름이다"는 내용을 읽고 마음에 다가온 문장이나 배운 내용이 있다면 기록한다.

2) 마음에 다가온 문장이나 배운 내용을 통해 소망하거나 결심한 것을 기록한다.

3) 소망하거나 결심한 내용을 가지고 '쓰기 기도'를 통해 하나님께 도움을 구한다.

2. 토론 주제와 나눔

1) 헬라 사상에서 말하는 영혼과 성경에서 말하는 영혼의 개념은 어떻게 다른지 토론해 봅시다.

2) 창세기 2장 7절의 최초에 창조된 인간(생령, living soul)의 다양한 이름들에 대해 말해 봅시다.

3) 왜 몸도 하나님의 형상인지 토론해 봅시다.

4) 인간을 삼분론으로 이해하는 것이 왜 성경적이지 않은지 토론해 봅시다.

5) 우리의 삶에서 왜 몸이 중요한지 토론해 봅시다.

3. 적용 및 실천 방안

1) 개인적으로 배운 내용과 토론을 통해 배운 내용을 기록한다.

2) 배운 내용을 가지고 구체적인 적용 및 실천 방안을 나누며 기록한다.

3) 삶에서 개인적인 적용 방안이나 실천 방안을 구체적으로 기록한다.

PART 02

영성이 힘이다

영성의 반대는 죄성이다

하나님의 형상으로 창조된 인간은 영성, 이성, 감성, 몸이 모두 온전한 존재로 창조되었다. 인간의 이러한 요소들은 존재론적 국면과 기능론적 국면을 지닌다. 인간의 영성, 이성, 감성, 몸의 존재론적 국면은 타락 후에도 그대로 있지만, 기능론적 국면에 문제가 발생하였다. 이는 마치 아버지와 자녀 관계의 존재론적인 국면은 어떠한 상황 안에서도 상실될 수 없지만, 그 기능론적인 국면인 아버지 됨이나 자녀 됨에는 문제가 발생할 수도 있고 상실이 있을 수도 있는 것과 같다. 인간의 영성은 타락 후에 기능론적 국면을 상실하였기에 하나님과의 관계 안에서 발생하는 생명력을 상실하게 되었다. 하지만 인간의 영성의 기능적 생명력은 예수 그리스도의 구속을 통하여 회복되고, 성령의 도우심으로 경험하게 된다.

인간의 회복된 기능론적 영성은 하나님의 영의 창조성을 반영하는 매개체인 동시에 역동성을 드러내는 국면이기도 하다. 인간의 영성은 하나님의 창조성의 핵심 매개체이기 때문에 하나님에 의해 회복된 영성은 하나님, 이웃, 세상을 향한 관계의 깊이와 넓이가 점점 깊어가고 확장되어 나아가게 하는 힘이다.

영성의 도약은 이성의 능력으로는 아무리 예수 그리스도의 본성을 이해하려고 해도 되지 않기에 모든 것을 통달하시는 하나님의 능력을 인정하고 받아들이게 하는 힘이다. 성령의 능력에 의해 인간 이성이 변형됨으로써 비로소 그리스도의 본성을 이해할 수 있게 된다. 인간은 하나님 안에 자신을 둘 때만이 유한과 무한의 절망을 극복할 수 있다. 인간의 실존 속에서 하나님의 창조성과 능력을 전달해 주는 것은 회복된 영적 생명력이다.

영성은 삶을 아름답게 한다

회복된 영성의 힘은 우리의 삶을 더욱 아름답게 하고 강화시킨다. 레오나도 보프(Leonardo Boff)는 어느 날 그를 숙연하게 한 한 부인과의 만남을 소개했다. 그가 만난 부인에게는 15살 된 아들 하나가 있었는데 도시의 쓰레기 집하장에서 두 사람이 살아가는 데 필요한 물품들을 수집하며 살아가고 있었다. 그녀의 남편은 경찰에 의하여 살해당하였다. 그 여인은 말할 수 없는 고통으로 경직되어 웅크리고 있었고 울지도 못할 정도가 되었다. 보프는 그녀에게 물었다. "그 지경에도 하나님을 믿을 수 있다는 말입니까?" 보프는 그때 그가 보고 들었던 것에 대하여 다음과 같이 적었다.

> 그 안에서 하나님의 부드러움을 느꼈기 때문에 결코 잊을 수 없는 그 눈으로 그녀는 나를 바라다보았다. '저요?' '어떻게 제가 하나님을 믿지 않을 수 있단 말입니까? 하나님이 제 아버지가 아니었던가요? 하나님을 믿지 않는다면, 제가 그의 손에 있음을 느낄 수 없다면, 그 누구에게 제가 의지할 수 있겠습니까?[1]

보프는 이 만남을 회상하면서 마르크스의 사상이 잘못되었음을 지적한다. "이러한 극단적 상황에서 신앙은 마약이 아니라 오히려 빛을 발하는 해방이다. 어두움을 몰아내는 빛이고 죽음을 넘어서는 삶이다."[2]

하나님의 생명력인 영성은 인간의 유한의 절망을 넘어서 신비를 경험하게 한다. 영성은 하나님의 사랑을 경험하게 하는 가장 중요한 힘이기 때문이다. 세상은 이 부인에게서 가장 소중한 것을 빼앗아 갔다. 그러나 죽음도 그녀가 지닌 이 신비스러운 사랑의 힘을 빼앗을 수 없었다.

프로이드의 영향을 강하게 받은 사람들은 인간의 영적 차원을 무시하며 모든 신앙을 신경증적으로 내린 결정, 환상, 어린 시절의 소망의 투사, 환각적 정신이상 등으로 이해하려는 경향이 있다.[3] 이러한 사람들은 신앙의 본질을 너무도 단순하게 볼뿐만 아니라 신앙의 잘못된 현상에 지나치게 몰두하여 결론을 내리는 경향이 있다. 그러나 사도 바울, 어거스틴, 아빌라의 테레사, 십자가의 요한, 블레즈 파스칼, 조너선 에즈워즈, 데이비드 리빙스턴, 레오 톨스토이, C. S. 루이스 등과 같은 사람들에게 영적 체험은 그들의 삶을 근본적으로 바꾸어 놓는 역할을 하였다.

영성은 생산성도 증대 시킨다

현대에도 영적 생명력과 세계관이 사람들에게 중요한 요소라는 것이 임상적으로 증명되고 있다. 미국 정신의학지에 실린 연구에 따르면, 특히 영적 세계관의 변화는 생활양식의 근본적인 변화를 일으켰다. 즉 순결이나 충실한 결혼을 요구하는 성 규범을 받아들였고, 충동 조절 능력이 개선되었으며, 학습능력이 증진되었고, 자아상이 향상되었을 뿐 아니라 친밀하고 만족스러운 관계를 만드는 능력도 형성되었다. 나아가 '실존적 절망'이 감소하였고, 정서가 긍정적으로 변화되었으며, 삶의 염려와 죽음에 대한 불안감이 감소되었다.[4]

영성의 회복으로 인한 영적 세계관으로의 변화는 사람의 가치관과 자아상과 기질뿐만 아니라 생산성까지도 변혁을 일으킨다. 대표적인 경우가 루이스(C. S. Lewis)다. 루이스는 31세에 영적 세계관의 변화를 경험했고, 그것은 그의 삶에 대변혁을 일으켰다. 그 변화는 그의 삶에 목적과 의미를 불어넣었을 뿐 아니라 그의 생산성까지 극적으로 증대시켰다. 그의 영적 세계관의 변화로 그의 가치관과 자아상 및 다른 사람들과의 관계가 근본적으로 변했다. 이 경험은 그를 이전의 삶에서 돌아서게 했을 뿐 아니라, 자기 자신에게 초점을 맞춘 상태에서 벗어나 다른 사람들에게 초점을 맞추는, 삶의 목적과 방향까지도 바꾸어 놓았다. 그의 기질도 변했다. 회심 전과 후의 그를 아는 사람들은 그가 내적 고요함과 평온함으로 더 안정되었다고 했다. 낙천적인 명랑함이 그의 염세주의와 절망을 대체하였다. 죽기 전 마지막 며칠 동안 루이스와 함께 있었던 사람들은 그의 '명랑함'과 '평온함'에 대해 놀랐다.[5]

루이스에게 영적 세계관은 이처럼 놀라운 변혁을 일으켰다. 영성의 회복으로 인한 영적 세계관은 그의 기질과 생산성까지 대변혁을 일으켰다. 영성은 우리의 삶에서 변혁적인 힘이다. 영성은 우리의 강점을 강화시키는 본질적인 요소이다. 영성은 또한 우리의 약점과 어두움도 극복하게 하는 힘이다.

영성은 하나님의 은혜를 보는 거울이다

신약에서 아름답게 쓰임 받은 사도 바울의 왜곡된 삶을 이기게 한 힘도 회복된 영성이었다. 영성은 하나님의 은혜를 보게 하는 거울이다. 바울은 "내가 나 된 것은 다 하나님의 은혜로 된 것이니 내게 주신 그의 은혜가 헛되지 아니하여 내가 모든 사도보다 더 많이 수고하였으나 내가 한 것이 아니요 오직 나와 함께하신 하나님의 은혜로라"(고전 15:9-10)라고 고백하였다. 바울이 하나님의 은혜를 은혜 되게 한 것은 그가 다메섹에서 예수님을 통해 회복한 영성 때문이었다. 은혜와 영성은 유기체적인 한 쌍이다. 바울의 소명을 강화시킨 본질적인 요소는 영성이었다. 바울이 로마 선교를 셋집에서 시작하였지만(행 28:30), 로마 제국을 복음으로 정복할 수 있었던 힘은 영성이었다. 그리스도인의 본질적인 힘은 지식이 아니라 우리 안에 역동하는 영성이다.

역동적인 영성과 은혜로 가득한 사람과 공동체는 사람의 약점과 허물까지도 사랑으로 승화시키는 능력을 발휘한다. 사막의 교부였던 아나스타시우스(Anastasius)가 남긴 보석 같은 이야기다.

아나스타시우스는 20세겔이나 하는 고급 양피지로 만든 성경을 가지고 있었다. 그는 매일 구약과 신약의 내용이 담겨 있는 성경을 읽으며 묵상을 하고 있었는데, 어느 날 그를 찾아온 어떤 수도사가 그 성경을 보고 탐내어 들고 도망쳐 버렸다. 다음 날, 아나스타시우스는 성경책이 없어진 사실을 발견하고 누구의 소행인지 쉽게 짐작을 했지만, 그가 절도죄에다 위증죄까지 범할 것이 걱정이 되어 그를 잡기 위해 사람을 보내지 않았다.

성경을 훔친 수도사는 책을 팔기 위해 도시로 갔다. 그가 18세겔을 원하자 사려는 사람이 "그 책을 내게 주시오. 그 정도의 가치가 있는지 내먼저 알아봐야겠소"라고 말한 후에, 그 책을 가지고 아나스타시우스에게 찾아가 물었다. "교부님, 이 책을 좀 봐주십시오. 18세겔의 가치가 있는 책입니까?" 아나스타시우스는 말하였다. "네 좋은 책입니다. 그 값에 이 책을 사신다면 아주 좋은 거래를 하시는 것입니다."

상인은 수도사에게 돌아와 말하였다. "여기 말한데로 18세겔이오. 내가 아나스타시우스 교부님께 직접 이 책을 보여 드렸는데, 이 책이 그만한 가치가 있는 책이라고 하셨소." 수도사는 깜짝 놀랐다. "그뿐이오? 교부님이 다른 말씀은 하시지 않으셨소?" "아니, 다른 말씀은 한 마디도 없으셨소." "내 마음이 바뀌었소. 이 책을 팔고 싶지 않소."

수도사는 아나스타시우스에게 돌아와 책을 다시 받아 달라고 눈물로 사정을 하였다. 그러나 아나스타시우스는 부드러운 목소리로 이렇게 대답하였다. "아니에요, 형제님. 그냥 가지고 계세요. 형제님께 드리는 선물입니다." 그러자 수도사는 말하였다. "교부님이 이 책을 받아주시지 않으신다면 제게는 이제 평화가 없습니다." 그 후 이 수도사는 아타나시우스 교부와 평생 함께 하였다.[6]

아나스타시우스의 이야기는 우리에게 역동적인 영성과 은혜로 가득한 사람의 힘을 가르쳐 준다. 우리 안에 역동적인 영성과 은혜가 가득하면 사람의 약점과 허물까지도 감동의 재료로 만든다. 영성이 힘이다.

칭찬은 영성을 자극한다

모든 인간(그리스도인)은 영성과 죄성을 공유한다. 영성은 우리에게 희망을 주는 밝은 면이다. 죄성은 위험하고 어두운 면이다. 만일 죄성을 자극하면 스스로 혹은 다른 사람에게 부정적 결과를 낳는다. 반대로 영성을 자극하면 긍정적이고 밝은 측면이 일어난다. 칭찬과 영성이 하나의 짝을 이루고, 비판과 죄성이 기본적으로 하나의 짝을 이룬다. 인간의 뇌를 연구한 대부분의 기독교 정신과 의사들은 뇌의 양식(food)은 사랑과 칭찬이라고 말한다. 하나님이 만드신 우리 뇌는 실로 신비한 특성을 지니고 있다. 인간의 몸이 음식을 필요로 하듯이 인간의 뇌도 양식이 필요하다. 뇌의 양식은 다름 아닌 사랑과 칭찬이다. 인간의 뇌는 사랑과 칭찬 들을 때 보다 효과적으로 작동하며 반응한다.[7] 인간은 칭찬과 사랑을 먹고 자라도록 지음을 받았다. 영성이 자라도록 하기 위해서는 칭찬과 사랑이 필요하다. 사람을 성장시키기 위해서는 비판보다는 칭찬과 사랑이 중요한 이유가 여기에 있다.

로젠 소올 교수의 실험이야기다. 초등학교 학생들을 대상으로 IQ 테스트를 했다. IQ 테스트를 한 후, 테스트 결과를 보지도 않고, 5명당 1

명 정도의 아이들을 무차별 선정하여 전체 아이들 앞에 세우고, "오늘 테스트 결과 여러분들은 아주 머리가 우수한 사람들"이라고 칭찬과 격려를 해 주었다. 그 후 1년이 지나 똑같은 아이들에게 IQ테스트를 했다. 결과는 칭찬과 격려를 받은 아이들이 다른 아이들에 비해 지능이 월등히 상승했음을 알 수 있었다. IQ가 20 이상 올라간 아이도 있었다.

우리가 누군가를 사랑하는 가장 좋은 방법은 칭찬과 격려와 축복의 언어임을 알아야 한다. 사람들은 긍정적인 말보다는 부정적인 말을 이해하기 위해서 무려 48 퍼센트나 더 많은 에너지와 시간을 필요로 한다는 언어심리학적 연구가 있다. 칭찬과 축복의 언어는 사람들에게 동기를 부여하는 역동적인 힘이 있다.

유대인들의 자녀 교육을 연구해보면, 주로 자녀들의 장점을 따라 칭찬하고 축복하는 것을 알 수 있다. 정말 중요한 방법이다. 칭찬과 축복을 많이 받고 자란 자녀는 다른 사람을 칭찬하고 축복하는 데 뛰어난다. 음식도 먹어본 사람이 잘 먹듯이, 칭찬과 축복의 언어를 먹고 자란 사람은 다른 사람을 칭찬하고 축복하는 데 탁월하다.

인간은 어떤 자극을 받느냐에 따라 다르게 영향을 받을 수 있다. 자기가 싫어하는 것이라 할지라도 부정적인 것과 관련되어 자주 자극받게 되면 싫어하는 것의 영향을 받는다. 자극받는 것과 동일시되어 버리는 현상이라고 볼 수 있다. 특별히 인간은 부정적인 것과의 동일시되는 현상에 취약하다. 우리 주위에서 쉽게 볼 수 있는 현상이다. 우리에게는 자신이 싫어하는 사람을 닮는 묘한 심리적 특성이 있다. 심리학자들은 이러한 특성을 '적대자와의 동일시 현상'이라고 말한다. 우리가 어떤 사람에게 '저 놈은 죽일 놈이지'라고 계속 그 사람을 미워하고 주야로 그 사람을 생각하면, 우리는 그 사람과 비슷하게 되어 버린다. 시어머니에게 학대받은 며느리가 "내가 시어머니가 되면, 나는 절대로 우리 시어머니처럼 하지 않겠다"고 다짐한다. 하지만 자기가 시어머니가 되면 시어머니와 똑같이 행동하게 된다. 바로 '적대자와 동일시 현상'이다. 우리가 어떤 부정적인 것을 비판할 때, 부정적인 것을 피하기 위한 것이 목적이지만 우리의 의지와는 다르게 부정적인 것에 영향을 받게 된다.

또한 우리의 부정적인 것이 비판을 받으면 부정적인 현상이 약화되는 것이 아니라 오히려 강화된다. 왜냐하면 우리는 자극받는 것이 강화되는 특성이 있기 때문이다. 중요한 것은 아무리 긍정의 언어로 말하더라도 그 부정적인 면을 지적하기보다는 긍정적인 면을 칭찬할 때 그것은 강화되고 부정적인 면은 변화된다는 점이다.

무슨 의미인가? 인성의 밝은 요소인 영성을 넓게 하고 어두운 요소인 죄성은 좁혀야 한다. 우리의 인성을 100퍼센트라고 할 때, 죄성의 자리를 좁히고 영성의 자리를 넓히려면 부정적인 어두운 면을 자극해서는 안 된다. 밝은 면인 영성을 자극해야 한다. 죄성을 약화시키는 방법은 죄성의 터치가 아니라 영성의 터치이다.

성경도 이와 비슷한 원리를 제시한다. "너희는 마음에 근심하지 말라 하나님을 믿으니 또 나를 믿으라"(요 14:1). 우리의 근심을 쫓아내는 것은 근심에 대한 자기비판이 아니라 믿음이다. 근심의 자리를 약화시키는 길은 초점을 근심에 두는 것이 아니라 믿음에 두는 것이다.

사람의 변화와 성장을 위해 어떻게 하면 그의 밝은 면인 영성을 자극할 수 있는가? 그것은 바로 우리의 엄지손가락을 위로 드는 것과 같다. 다른 사람의 강점과 잘하는 일을 항상 발견하여 지속적으로 칭찬해 주는 것이다. 지속적으로 그렇게 하면 그 사람의 가장 큰 밝은 면과 잠재력이 자극되어 나오기 때문이다. 우리에게는 영성과 죄성이 공존하고 있다. 우리가 나의 아내, 남편, 자녀, 친구의 영성을 자극하느냐 아니면 죄성을 자극하느냐에 따라 그들의 삶은 달라질 수 있다. 우리는 죄성을 자극하는 사람이 아니라 영성을 자극하는 사람이 되어야 한다. 영성을 자극하기 위해서는 하나님께서 그들에게 주신 은사와 그가 가진 강점을 보고 칭찬해 주어야 한다. 칭찬은 영성을 자극하기 때문이다.

우리는 너무도 쉽게 상대방의 약점을 고쳐주려는 유혹에 사로잡힌다. 이런 특성이 강한 사람은 지도자로서 심각하게 자기 자신을 살펴보아야 한다. 지도자는 사람의 약점을 보는 데 탁월한 사람이 아니라 강점을 보는 데 탁월한 사람이어야 한다. 비판이나 충고는 종종 다른 사람의 기분을 더 상하게 할 수 있다. 특별히 그 비판이나 충고를 따를 수 없거나 따를 준비가 되어 있지 않을 때는 더욱 그렇다. 이때 비판이나 충고는 큰 죄책감만을 심어줄 수 있다. 예를 들어, 욥이 고통 받을 때 친구들의 충고는 오히려 욥을 더 비참하게 만들었다.

비판은 악을 다루는 가장 흔한 방법이나 사랑 깊은 행위는 악을 슬퍼하고 회개하게 한다. 비판이나 충고는 약점을 다루는 세상적인 방법이다. 가룟 유다와 베드로의 경우가 그 차이를 잘 보여 준다. 유다는 자신을 정죄하고 스스로 목숨을 끊었다. 하지만 사랑 깊은 은혜를 입은 베드로는 예수님을 배반한 것을 후회하고 눈물로 회개했다. 비판은 아무것도 치유할 수 없다.

우리는 종종 사랑이 넘치는 사람일 때가 있다. 자녀의 좋은 면들을 보고 칭찬해 주고 어떤 귀한 일을 성취하면 자랑스럽게 여기며 격려해 준다. 하지만 자녀들이 뭔가를 잘못하거나 약점을 보이거나 부모가 원하는 것과 다른 방법으로 하면 쉽게 화를 내고 심한 말로 자녀의 마음을 상하게 한다. 우리는 자녀가 잘하는 면도 있고 부족한 점도 있음을 모두 인정한다. 하지만 그들의 부족함과 실수에는 혹독하게 비판한다. 자녀들에게 은혜 없는 진리를 주고 있는 것이다.

우리는 인간의 잠재력을 발견하여 강화하도록 도와주어야 한다. 하지만 우리는 보편적으로 사람의 강한 부분은 관심을 두지 않고 약한 부분을 발견하여 보완하려는 경향이 많다. 강점보다는 약점에 초점을 두고 사람을 교육하는 경우가 많다. 그러나 근래 강점에 초점을 맞추는 돌봄 방식이 강조되고 있다. 갤럽은 30년에 걸쳐 약 200만 명의 사람을 면담하여 강점에 초점을 둔 삶의 중요성을 연구하여 발표하였다. 즉, 자신의 약점보다는 강점이나 천부적 재능을 중심으로 삶을 건축하는 사람들이 더 성공적인 삶을 성취해 냈다.[8] 물론 강점 중심의 삶이 인간의 약점이나 삶에서 개선해야 할 것들을 무시해도 된다는 의미는 아니다. 하지만 자신의 강점을 발휘하여 일하는 사람은 더욱 열심히 일하고, 더욱 보람을 느끼며, 현재 직업이나 위치를 떠나는 경향이 적다. 교회 공동체 안에서도 각 사람이 유능하게 일 할 수 있는 영역에서 일하게 하는 방식으로 교회 공동체를 세워가는 지혜가 있어야 한다.

칭찬은 하나님의 헤세드 사역의 방편이다

성경은 사람의 강점은 칭찬하지만 실수나 약점은 비판하지 말라고 한다(마 7:1). 오히려 성경은 "너희는 모든 악독과 노함과 분냄과 떠드는 것과 비방하는 것을 모든 악의와 함께 버리고 서로 친절하게 하며 불쌍히 여기며 서로 용서하기를 하나님이 그리스도 안에서 너희를 용서하심과 같이 하라"(엡 4:32)고 말한다. 뿐만 아니라 "그러므로 너희는 하나님이 택하사 거룩하고 사랑받는 자처럼 긍휼과 자비와 겸손과 온유와 오래 참음을 옷 입고 누가 누구에게 불만이 있거든 서로 용납하여 피차 용서하되 주께서 너희를 용서하신 것 같이 너희도 그리하고 이 모든 것 위에 사랑을 더하라 이는 온전하게 매는 띠니라"(골 3:12-14)고 한다.

성경 전반에 걸쳐 인간의 부족하고 연약한 면은 비판의 대상이 아니라 오히려 사랑의 대상임을 가르치고 있다. 비판은 오히려 우리의 죄성을 자극한다는 것을 기억해야 한다. 우리의 죄성은 파괴적인 에너지이다. 비판은 죄성을 강화함으로 파괴적인 결과를 부르게 된다. 선과 악에 대한 모든 문제의 해답은 비판이 아니라 사랑이다. 사막의 영성을 연구한 베네딕타 와이에 따르면, "마음을 깨뜨리기 위해 필요한 것은 죄에 대한 판단이나 토론, 또는 상황을 해결코자 하는 핑계나 이해도 아니다. 마음을 깨뜨리는 것은 긍휼과 사랑이다."[9] 사랑과 영성은 본질적으로 유기체적인 관계에 있다. 인간은 영성을 자극해야 성장한다. 영성을 자극하기 위해서는 사랑과 칭찬을 해야 한다. 사랑과 칭찬은 본질적으로 하나님의 헤세드를 경험하게 하는 중요한 방편이다.

성경의 다윗도 약점이 많은 사람임에도 불구하고 다윗을 다윗 되게 한 것은 하나님의 사랑, 헤세드였다. 하나님의 헤세드가 그의 약점을 극복하게 하였고 광야의 외로움을 견디게 했다. 헤세드가 그의 어리석음도 승화시켰다. 헤세드가 그를 성장시켰다. 그의 마음에 새겨진 헤세드가 그를 전진하게 하였다. 다윗의 가장 큰 강점은 온 마음과 몸에 새긴 헤세드였다. 다른 사람을 사랑하고 칭찬할 때 우리는 하나님의 헤세드 사역의 동역자가 된다.

제자훈련 멘토링

1. 배운 내용과 기도

1) "영성이 힘이다"는 내용을 읽고 마음에 다가온 문장이나 배운 내용이 있다면 기록한다.

2) 마음에 다가온 문장이나 배운 내용을 통해 소망하거나 결심한 것을 기록한다.

3) 소망하거나 결심한 내용을 가지고 '쓰기 기도'를 통해 하나님께 도움을 구한다.

2. 토론 주제와 나눔

1) 영적 세계관의 중요성에 대해 토론해 봅시다.

2) 칭찬은 영성을 자극한다는 말에 대해 토론해 봅시다.

3) 보프가 소개한 여인의 이야기를 통해 신앙의 힘에 대해 말해 봅시다.

4) 아나스타시우스의 이야기를 보고 배운 것이 있다면 말해 봅시다.

5) 칭찬은 하나님의 헤세드 사역의 방편이라는 말의 의미를 토론해 봅시다.

3. 적용 및 실천 방안

1) 개인적으로 배운 내용과 토론을 통해 배운 내용을 기록한다.

2) 배운 내용을 가지고 구체적인 적용 및 실천 방안을 나누며 기록한다.

3) 삶에서 개인적인 적용 방안이나 실천 방안을 구체적으로 기록한다.

PART 03

은혜의 반대는 노력이 아니다

삶의 시금석으로서 은혜

그리스도인에게 은혜는 매우 중요한 언어이다. 은혜는 기독교 복음의 핵심 언어이다. 기독교 복음의 정수를 알기 위해서는 은혜에 대한 이해가 필요하다. 은혜(grace)라는 말의 사전적 의미는 첫째, 형태, 몸가짐, 동작, 행동의 우아함 혹은 아름다움, 둘째, 호의나 선의, 셋째, 호의의 표현, 넷째, 사람의 마음에 아무 공로 없이 주어지는 하나님의 은총 등이 있다. 기독교는 특히 은혜를 그리스도 안에서 주어지는 하나님의 선물로 이해한다. 은혜에 대한 진술은 성경 전반에 걸쳐 나타난다.

- 너희는 그 은혜에 의하여 믿음으로 말미암아 구원을 받았으니 이것은 너희에게서 난 것이 아니요 하나님의 선물이라(엡 2:8).
- 내 아들아 그러므로 너는 그리스도 예수 안에 있는 은혜 가운데서 강하고(딤후 2:1).
- 나에게 이르시기를 내 은혜가 네게 족하도다 이는 내 능력이 약한 데서 온전하여짐이라 하신지라 그러므로 도리어 크게 기뻐함으로 나의 여러 약한 것들에 대하여 자랑하리니 이는 그리스도의 능력이 내게 머물게 하려 함이라(고후 12:9).
- 각각 은사를 받은 대로 하나님의 여러 가지 은혜를 맡은 선한 청지기 같이 서로 봉사하라(벧전 4:10).

해롤드 엘런스(Harold Ellens)가 인간의 상태인 죄를 인간의 용어로는 '완전한 절망'이지만, 하나님의 용어로는 '완전한 소망'이라고 하였듯이,[1] 하나님의 은혜는 죄인인 인간을 소망으로 변혁하는 힘으로 작용한다. 하나님의 은혜는 인간의 삶의 시금석으로 작용한다. 성경에서 죄의 문제를 다루는 것도 인간의 죄를 심판하는 데 목적이 있기보다는 오히려 인간을 치유하고 회복하기 위한 것이다. 물론 성경에서 인간의 죄를 말하는 것은 인간의 정체성과 한계를 말하기 위한 차원도 있지만, 죄는 인간의 한계성만을 말하기 위한 것이 아니라 희망의 근원을 말하기 위한 역설이 있다. 인간의 희망의 근원과 원동력은 은혜의 복음이다. 은혜는 인간을 절망에서 희망으로 변혁하는 힘이다.

영적으로 건강한 그리스도인에게 나타나는 첫 번째 열매는 하나님께 사랑받는다는 기쁨이다. 영적으로 건강한 그리스도인은 공기를 들이마시듯 하나님의 은혜와 사랑을 느끼며 호흡한다. 하나님의 넘치는 은혜와 사랑을 흠뻑 누리면, 그것이 우리 마음에서 두려움과 불안을 몰아낸다. "사랑 안에 두려움이 없고 온전한 사랑이 두려움을 내쫓나니 두려움에는 형벌이 있음이라 두려워하는 자는 사랑 안에서 온전히 이루지 못하였느니라"(요일 4:18).

진선미를 위한 보통 은혜도 있다

나아가 하나님의 은혜는 우리를 죄로부터 구원하는 역할을 할 뿐 아니라 인류의 공공선을 위한 원동력으로 작용하기도 한다. 하나님의 은혜는 구원의 은혜와 관계된 특별 은혜와 삶의 진선미와 관계된 보통 은혜로 구분할 수 있다. 특별 은혜는 초자연적이지만, 보통 은혜는 자연적이다. 특별 은혜는 하나님의 초자연적인 역사를 통해 주어지지만, 보통 은혜도 구원의 일부와 관련 있지만 죄를 제거하거나 인간을 죄로부터 해방시키지는 못한다. 특별 은혜는 우리의 죄와 죄의 부패를 제거하고, 정죄로부터 자유하게 하는 은혜다. 보통 은혜는 도덕적 삶과 사회 안의 선한 질서 그리고 시민적 공동선, 과학과 예술의 발전 등을 증진시킨다. 보통 은혜는 죄인을 그리스도 예수 안에 있는 새로운 구원의 삶으로 인도할 수 없다.

보통 은혜와 특별 은혜 중에 어느 것도 다른 것에 시간적으로 우선한다고 할 수 없다. 하지만 보통 은혜가 이 세상 안에서 작용할 때 특별 은혜를 보조하기 때문에 논리적 우선성은 특별 은혜에 두어야 한다.

특별 은혜는 기본적으로 그리스도의 구속 사역과 관계가 있지만, 보통 은혜는 인류의 공동선을 위해 모든 사람에게 주어지기 때문에 교회 안에서도 세계 안에서도 역사한다고 할 수 있다. 특별 은혜와 보통 은혜는 모두 이 세계 안에서 역사한다. 하지만 보통 은혜가 보다 일상과 자연계와 관계된다고 하면, 특별 은혜는 새 창조의 일들과 관계된다. 이 두 은혜는 서로에게 영향을 주지 않을 수 없다. 특별 은혜뿐 아니라 보통 은혜도 교회를 풍요롭게 한다. 교회는 보통 은혜의 은사들과 열매들을 중생한 삶의 영향 아래 둠으로써 구원의 은혜를 보다 풍요롭게 할 수 있다.

은혜의 반대는 노력이 아니다

은혜는 우리의 공로와 상관없이 하나님으로부터 주어진 선물이다. 하지만 은혜는 단지 받는 데만 목적이 있지 않고 아래로 흘려보내는 데 있다. 하나님의 은혜는 우리를 자유롭게 하는 것과 동시에 은혜에 합당한 행동을 하도록 강권한다.

우리가 기억해야 할 것은 하나님의 은혜는 우리의 공로에 의해 주어진 것이 아니라 값없이 주어진 선물이라는 점이다. 하지만 하나님의 은혜는 우리의 행동하는 삶과 노력을 강화하는 것이지 감소시키는 것이 아니다. 그러므로 "은혜의 반대는 공로이지 노력이 아니다. 하나님 나라의 열쇠이자 고요하면서도 능력 있는 삶과 사역의 열쇠는 방향을 잘 맞춘 과단성 있고 지속적인 우리의 노력이다."[2] 따라서 행동을 통해 은혜를 쟁취하는 것이 아니라 은혜가 건강한 행동을 낳게 한다.

어거스틴도 일찍이 하나님이 없이는 우리가 아무것도 이룰 수 없지만 하나님도 우리 없이는 우리가 삶 가운데서 일하지 않으신다고 하였다.[3]

은혜는 정직하고 책임을 지려는 노력에 능력을 부어 줌으로써 우리 안에 존엄성을 심어준다. 은혜는 우리의 노력으로만 충분하지 않다는 것을 깨닫게 해줌으로써 우리 안에 겸손을 심어준다. 은혜는 믿음의 위험을 감수하려는 자발성과 신뢰를 자라나게 함으로써 우리 안에 수용 능력과 민감성을 심어준다. 이 모든 은혜는 우리 안에서 부드럽게 활동하시는 하나님, 그리고 빛나는 사랑으로 우리에게 다가오시는 하나님에게서 온다.

로드니 스타크(Rodney Stark)는 그의 탁월한 사회 과학적 연구에서, "대체로 사람들은 신앙을 구하지 않는다. 그 신앙을 이미 받아들인 사람들과의 관계를 통해 신앙을 만나는 것이다"라고 했다.[4] 예수님에 대한 구호만 있고, 예수님이 원하는 삶이 없으면 건강한 그리스도인이 아니다. 1세기에 변방의 종교였던 기독교가 로마에서 성장하게 된 주요인은 기독교인들의 건전한 삶의 방식이었다. 로마에서 사람들은 그리스도를 따르는 사람들이 다르게 살아가는 모습, 다른 사람들을 대하는 모습을 보았다. 교회 역사가 애런 밀라멕은 당시의 그리스도인들의 모습을 이렇게 표현했다.

> 사실 예비 그리스도인들이 그 운동을 평가한 기준은 눈앞에 보이지 않는 예수에 관한 주장들이라기보다는 바로 눈앞에, 있는 그리스도인들의 삶의 방식에 대한 자신들의 경험이었다. 그러므로 높임 받으신 예수의 호칭과

기능을 언급하고 규정하고 변호하는 내용이 『디다케』(*Didache*, 새신자들에게 그리스도인의 삶을 설명할 때 쓰인 1세기 초의 문서)의 전 과정에 거의 없음은 놀랄 일이 아니다. 그보다는 『디다케』는 하늘 아버지께서 그분의 아들 예수를 통해 제자들에게 계시해 주신 삶의 길을 전수하는 데 전념했다. 회심자들이 선뜻 나서 그 삶의 길에 동화된 것은 그 운동의 검증된 구성원들이 그 길을 분명히 설명해 주고 삶으로 살아냈기 때문이다.[5]

그리스도인의 목표는 단지 좋은 교인이 아니라 좋은 사람으로 성장하는 데 있어야 한다. 좋은 남편, 좋은 아내, 좋은 부모, 좋은 자녀, 좋은 시민 됨에 두어야 한다. 좋은 부모, 좋은 아내, 좋은 자녀, 좋은 시민 됨 없이 좋은 그리스도인이 될 수 없다. 따라서 좋은 아버지가 좋은 그리스도인이 될 수는 있지만, 나쁜 아버지는 좋은 그리스도인이 될 수 없다. 이는 성경의 원리이기도 하다. 하나님 사랑과 이웃 사랑은 분리될 수 없는 유기적 관계에 있듯이, 좋은 사람과 좋은 그리스도인의 관계도 유기적인 관계다. 물론 과거에 나쁜 아버지였다고 해서 좋은 그리스도인이 될 수 없는 것은 아니다. 사람은 얼마든지 변할 수 있기 때문이다.

은혜 안에서 자라야 한다

성경은 우리에게 은혜 안에서 성장하라고 말한다. 영적으로 건강한 그리스도인은 하나님의 은혜 안에서 성장한다. 그리스도의 은혜와 그를 아는 지식에서 성장한다.

> 모든 사람에게 구원을 주시는 하나님의 은혜가 나타나 우리를 양육하시되 경건하지 않은 것과 이 세상 정욕을 다 버리고 신중함과 의로움과 경건함

으로 이 세상에 살고, 복스러운 소망과 우리의 크신 하나님 구주 예수 그리스도의 영광이 나타나심을 기다리게 하셨으니, 그가 우리를 대신하여 자신을 주심은 모든 불법에서 우리를 속량하시고 우리를 깨끗하게 하사 선한 일을 열심히 하는 자기 백성이 되게 하려 하심이라(딛 2:11-14).

그렇다면 은혜 가운데서 성장한다는 말의 의미는 무엇일까? 존 라일(John Charles Ryle)은 은혜 안에서 자란다는 말의 의미를 부정적인 측면과 긍정적인 측면으로 구분하여 구체적으로 설명하였다.

> 은혜 안에서 자란다는 말은, 그리스도에 대한 신자의 관심이 자란다거나, 하나님을 방패막이로 하여 안전하게 자란다거나, 그가 처음으로 믿을 때보다 더 의롭게 되거나, 더 많은 사면을 받거나, 더 많은 용서를 하나님과 더 화평을 누린다는 뜻이 아니다. 내가 분명히 믿기로, 신자가 받은 칭의는 이미 끝났고 완벽하게 완성되었다. 비록 자신이 그렇게 느끼지 못하는 경우가 있더라도, 가장 약한 성도라 하더라도 가장 강한 성도만큼 이미 칭의로 인해 완벽하게 의로운 존재가 되었다. 나는 우리를 택하신 하나님의 선택과 소명, 그리스도 안에서 우리가 누리는 지위는 정도나 증감에서 어떤 변화도 허용하지 않는다고 확신한다. 하나님께서 나를 도와주시기 때문에 이 영광스러운 진리에 대해서는 내기를 걸어도 좋다. 하나님 앞에서 의롭게 되는 문제에 관한 한, 모든 신자는 그리스도 안에서 이미 완벽하다(골 2:10).
>
> 은혜 안에서 자란다는 말은, 성령께서 신자의 마음속에 심어주시는 '은혜'의 영역에서 그 정도와 규모, 힘과 활력, 능력이 자란다는 뜻이다. 나는 이러한 은혜들이 각각 자라고 향상되며 성장한다고 믿는다. 또한 회개와 믿

음, 소망과 사랑, 겸손과 열정, 용기는 동일한 사람의 경우에도 인생의 시기에 따라 아주 다양하게 나타난다. 어떤 경우에는 커지기도 하고 작아지기도 하며, 강해지기도 하고 약해지기도 하며, 활력이 있다가도 무기력해진다. 은혜 안에서 자라는 신자는 죄에 대한 감각이 더 심오해지고, 믿음이 더 강해지며, 소망이 더 밝아지고, 사랑의 범위가 더 넓어지며, 영적인 것에 대한 관심이 더 두드러진다. 그는 마음에서 성화를 갈망하는 욕구가 더욱 강해짐을 느끼고, 그것을 삶에서 더 현저하게 드러내고자 노력한다. 그러한 성도는 지속적으로 더욱 큰 능력을 얻고, 더 큰 믿음을 소유하며, 더 다양한 은혜를 경험한다.[6]

하나님의 은혜 안에서 자란 그리스도인은 믿음이 강해질 뿐 아니라 소망이 더 밝아지며, 사랑의 범위도 더 넓어진다. 하나님의 은혜 안에서 자란다는 의미는 성격과 기질까지도 변한다는 것을 말한다.

성경은 은혜 안에서 성장하는 것은 선택이 아니라 필수이며 명령이라고 말한다. 특히 베드로 사도는 베드로후서 3장 18절에서 "오직 우리 주 곧 구주 예수 그리스도의 은혜와 그를 아는 지식에서 자라가라"고 말한다. 여기서 베드로 사도는 명령형을 사용한다. 이것은 베드로 사도가 그의 죽음이 임박했음을 느끼며(벧후 1:14) 말한 유언과도 같은 말이다. 은혜 안에서 자라는 것의 중요성을 강조한 말이다. 이는 마치 '내가 지금까지 말한 모든 내용을 다 잊는다 해도 이 내용만은 기억하라. 왜냐하면 가장 중요하기 때문이다'라는 말과 같다. 베드로 사도는 은혜 안에서 자라라(grow)는 단어를 현재형으로 쓰고 있는데, 이는 지속적으로 자라는 것을 의미한다. 따라서 그리스도 안에서 자라는 것은, 우리가 살면서 끊임없이 추구해야 할 과업이다. 은혜 안에서 자라는 것은 그리스도인의 참된 제자도를 판가름하는 시금석이다.

베드로 사도는 은혜 안에서 자라는 것이 어떤 것인지를 구체적으로 생생하게 묘사한다. "그러므로 너희가 더욱 힘써 너희 믿음에 덕을, 덕에 지식을, 지식에 절제를, 절제에 인내를, 인내에 경건을, 경건에 형제 우애를, 형제 우애에 사랑을 더하라. 이런 것이 너희에게 있어 흡족한즉 너희로 우리 주 예수 그리스도를 알기에 게으르지 않고 열매 없는 자가 되지 않게 하려니와"(벧후 1: 5-8). 베드로는 은혜 안에서 자라는 그리스도인은 지식과 경험과 실천의 조화를 이룬다는 것을 말한다.

은혜는 아래로 흘러가야 한다

마태복음 18장에서 예수님은 무자비한 종의 비유를 통해 은혜의 특성에 대해 들려주신다(마 18:23-35). 베드로는 한 가지 질문을 가지고 예수님께 온다. "그때에 베드로가 나아와 이르되 주여 형제가 내게 죄를 범하면 몇 번이나 용서하여 주리이까 일곱 번까지 하오리이까"(마 18:21). 베드로는 예수님께 자신에게 상처 준 사람을 몇 번이나 용서해 주어야 하는지 물으면서, 일곱 번까지 용서해 주어야 하느냐고 묻는다. 베드로의 이러한 질문은 당시 유대의 랍비들은 누군가가 자신에게 잘못을 하거나 상처를 주었을 때, 세 번까지 용서해야 한다고 가르친 것보다 더 너그러운 자세로 질문을 한 것이다. 유대 랍비들은 누가 자신에게 잘못을 했을 때 세 번까지는 용서하고, 네 번째는 용서할 필요가 없다고 가르쳤다. 따라서 베드로가 일곱 번까지 용서해 주어야 하느냐고 예수님께 물었을 때, 예수님이 자신을 칭찬해 주시리라 마음으로 기대했는지도 모른다.

베르도의 질문에 예수님은 이렇게 대답하신다. "네게 이르노니 일곱 번뿐 아니라 일곱 번을 일흔 번까지라도 할지니라"(마 18:22). 예수님의 말씀은 베드로에게 단순히 490번까지 용서하라는 말씀이 아니다. 표면적으로 보면 예수님의 말씀은 용서의 회수를 말씀하시는 것 같지만 죄의 용서를 은혜와 더 깊게 관계시키시고 있다고 할 수 있다. 예수님이 베드로의 질문에 일흔 번씩 일곱 번이라고 말씀하신 후에 바로 무자비한 종의 비유를 통해 답하신 것을 보면 알 수 있다. 예수님은 베드로의 질문에 죄의 용서는 은혜를 통해 해결된다는 것이다. 은혜가 용서의 마중물이라는 것이다. 이런 맥락에서 은혜가 죄보다 더 크다(Grace is always greater).

우리가 예수님의 가르침을 머리로는 받아들일 수 있어도 실제로는 쉽지 않다. 은혜가 더 크다고 믿고 싶어도 감정적으로는 받아들이기 쉽지 않다. 자신이 받은 상처와 고통이 깊으면 깊을수록 더욱 쉽지 않다. 자신이 받은 학대와 고통이 클수록 남아있는 쓴 뿌리가 은혜보다는 더욱 크게 느껴지는 경우가 많다.

예수님은 은혜의 등식, 즉 은혜가 죄나 상처보다 크다는 등식을 실천하는 것이 얼마나 어려울 수 있는지를 알고, 베드로에게 동기가 생기도록 돕기 위해 비유를 통해 말씀하신다. 예수님은 "그러므로 천국은 그 종들과 결산하려 하던 어떤 임금과 같으니 결산할 때에 만 달란트 빚진 자 하나를 데려오매"(마 18:23-24)라고 하였다. 예수님이 이 비유에서 사용하신 일만 달란트는 매우 많은 돈이다. 어떤 사람도 한 개인으로서 소유하지 못할 만큼 천문학적인 돈이다. 예수님은 과장법을 사용하신 것이다. 예수님이 여기서 과장법을 사용하신 이유는, 이것이 절대로 사람이 갚을 수 없는 빚이라는 것을 말하기 위해서다.

예수님은 이렇게 말씀하신다. "갚을 것이 없는지라 주인이 명하여 그 몸과 아내와 자식들과 모든 소유를 다 팔아 갚게 하라 하니 그 종이 엎드려 절하며 이르되 내게 참으소서 다 갚으리이다 하거늘 그 종의 주인이 불쌍히 여겨 놓아 보내며 그 빚을 탕감하여 주었더니"(마 18:25-27). 이 비유에서 종은 자기의 빚을 갚을 능력이 전혀 없었다. 하지만 놀랍게도 주인은 그 종을 불쌍히 여겨 놓아 보내며 빚을 탕감해 주었다. 여기에 사용된 두 동사가 있다. 하나는 "빚을 탕감해 주다"이고, 다른 하나는 "놓아 보내다"이다. 두 동사 모두 "용서해 주다"로 번역할 수 있다. 여기서 우리는 놀라운 의미를 발견하게 된다. 종이 용서를 받게 된 것은 그의 행위로 인한 것이 아니라 주인의 은혜로 말미암은 것이다. 따라서 용서보다 은혜가 선행한다. 은혜가 용서를 낳은 것이다. 용서의 어머니가 바로 은혜다. 어머니 없이 자녀가 있을 수 없듯이 선행하는 은혜가 없으면 용서가 있을 수 없다. 이 은혜의 특성을 아는 것이 그리스도인에게 매우 중요하다.

예수님의 이 비유에서 은혜의 또 다른 특징을 깨닫게 된다. 예수님은 매우 충격적인 이야기를 계속한다. 주인에게 빚을 탕감받은 "그 종이 나가서 자기에게 백 데나리온 빚진 동료 한 사람을 만나 붙들어 목을 잡고 이르되 빚을 갚으라"고 하자, "그 동료가 엎드려 간구하여 이르되 나에게 참아 주소서 갚으리이다"(마18: 28-29)라고 말한다. 예수님이 이 비유를 통해 말씀하는 메시지는 종은 자기가 받은 은혜와 같은 은혜 실천이 필요하다는 것이다. 은혜를 받은 자가 은혜를 흘려보내는 것은 선택이 아니라 필수라는 것을 말씀하신 것이다.

하지만 주인으로부터 일만 달란트의 빚을 탕감받은 종은 자기에게 백 데나리온의 빚을 진 동료의 빚을 탕감해 주는 것을 허락하지 아니하고 옥에 가두자, "그 동료들이 그것을 보고 몹시 딱하게 여겨 주인에게 가서 그 일을 다 알린다(마 18:30-31). 종의 동료들은 이 사람이 큰 은혜를 받고도 그 은혜를 나누지 않는 것을 보고 격분한다.

우리는 예수님의 비유에서 중요한 것을 발견하게 된다. 은혜가 공동체의 핵심 가치가 되어야 한다는 것이다. 은혜가 공동체 안에 자라야 하고, 은혜가 넘쳐야 한다. 우리는 은혜를 단순히 받는 것으로만 생각하는 경향이 있다. 하지만 은혜는 단지 받기 위해서만 존재하는 것이 아니라 은혜는 흘려보내기 위해 주어진 선물이다. 진정한 은혜는 삶에서 꽃을 피운다.

은혜는 죄보다 크다

나아가 우리는 예수님의 이 비유를 통해 은혜는 죄보다 상처보다 크다는 것을 깨닫게 된다. 성경은 "너희는 하나님의 은혜에 이르지 못하는 자가 없도록 하고 쓴 뿌리가 나서 괴롭게 하여 많은 사람이 이로 말미암아 더럽게 되지 않게 하며"(히 12:15)라고 말한다. 히브리 문화에서는 독이 있는 식물을 가리켜 '쓴'(bitter) 식물이라고 불렀다. 히브리서 기자는 우리가 은혜를 놓칠 때 '쓴 뿌리', 즉, 하나님의 은혜를 놓칠 때 쓴 뿌리가 나고 자란다고 말한다. 우리 마음에서 은혜를 놓칠 때 우리 안에 쓴 뿌리가 자란다. 우리의 삶에서 은혜를 놓칠 때 삶에서 쓴 뿌리가 자란다. 교회가 은혜를 놓칠 때 쓴 뿌리가 자란다. 특히 공동체 안에서 우리가 하나님에 대해 이야기하면서 은혜를 무시할 때 쓴 뿌리가 자란다. 은혜 없는 마음, 은혜 없는 관계, 은혜 없는 교회는 유독하다.

은혜가 없는 사람과 공동체는 사람의 약점과 실패와 허물에 지나치게 몰두하는 경향이 강하다. 하지만 은혜로 가득한 사람과 공동체는 사람의 약점과 실패와 허물까지도 사랑으로 승화시키는 능력을 발휘한다.

특히 누군가에 상처를 주었거나 불순종하면 반드시 그것을 바로 잡는 것이 자신의 사명이라고 어린 시절부터 배워온 사람은 은혜의 특성을 놓치기 쉽다. 물론 어떤 것을 바로 잡는 것은 필요하고 중요하다. 하지만 그러한 행위가 은혜에 대한 비성경적 접근으로 발전할 수 있다. 예를 들어 설명하면, 어린 시절부터 바로잡는 것이 중요하다고 배워온 사람은 어떤 사람으로부터 상처를 받았을 때, 그 사람이 잘못을 바로 잡으면 그를 용서하겠다는 성격이 형성되기 쉽다. 문제는 이러한 성격은 은혜의 특성을 자기도 모르게 놓칠 수 있다. 은혜는 노력해서 얻는 것이 아니다. 은혜는 행동을 통해 얻는 것이 아니다. 우리에게 상처를 준 사람의 행동에 따라 달라지는 것이 은혜라고 생각한다면, 그것은 은혜가 아니다. 물론 은혜가 행동을 약화시키거나 필요 없게 만드는 것은 아니다. 어린 시절부터 바로 잡는 것을 사명으로 배워온 사람은 행동을 용서와 은혜의 조건으로 자기도 모르게 무의식적으로 내면화할 수 있다.

은혜 안에서 자라는 훈련

하나님의 은혜는 인간의 죄 때문에 촉진된 것이 아니라 인간의 모든 영역, 창조, 구속, 유지, 성화, 성장의 모든 과정에 있어서 핵심적 동인이다. 최초의 인간 창조뿐만 아니라 다른 모든 피조물의 창조가 하나님의 은혜와 자유에 근거를 두고 있다.

앤더슨(Ray S. Anderson)은 인간의 죄와 관계에서 죄의 내적 논리로서 은혜를 피력한다. 은혜는 인간의 죄 때문에 필요에 따라 덧붙여진 차원이 아니라, 바로 그 신성한 말씀의 핵심이다. 은혜가 죄에 대한 하나님의 응답으로서 나타나는 것이라고 말하는 것은, 곧 죄가 하나님의 존재에 대한 본질적인 측면이 아니라는 결론에 이르기 때문이다. 신학적으로 보았을 때 이 견해에 따라 만일 죄가 발생되지 않았다면 하나님의 은혜에 대한 필요가 없다는 결론에 이른다.[7]

은혜는 하나님의 본질적 특성으로서 단순히 죄를 속하는 것이 아니라, 인간의 삶의 전 영역에서 회복과 성장을 주도하는 힘이요 생명력이다. 때문에 영적 훈련은 인간의 능력이나 힘을 기르는 데 있기보다는 하나님이 일하시는 공간을 창출하는 데 있다.

이그나티우스(Ignatius of Loyola)는 영성 훈련에서 필요한 일반적 검증으로서 5단계의 영적 실천을 제안하였다.

⑴ 이미 우리에게 주신 선물들에 대해 하나님께 감사드려라.
⑵ 우리의 죄를 알고 또 그 죄에서 멀어질 수 있는 은혜를 하나님께 구하라.
⑶ 구체적 심사에서처럼 성찰하는 동안 나타난 생각과 말과 행동들에 대해서 성찰하라.
⑷ 하나님의 용서를 구하라.
⑸ 하나님의 은혜를 통해 우리의 잘못된 방식을 포기하기로 결단하라.[8]

영성 훈련에서 일반적 검증은 우리 자신의 기능이나 행위로부터 시작하지 않는다. 영성 훈련에서 검증의 시작은 하나님이 우리에게 주신 창조적 선물들을 성찰하는 것으로부터 시작해야 한다. 영성 훈련의 출발점은 우리의 죄가 아니라 하나님의 은혜라는 인식도 중요하다. 우리는 좋은 행동, 나쁜 행동을 구분하는 데만 집중하는 실수를 범하기 때문에 그 행동의 뿌리에 있는 욕망을 알아채는 데 실패한다.[9] 우리의 행위에만 초점을 두게 되면 그 행동의 원인이 되는 욕망에는 주의를 기울이지 않기 때문에 우리는 종종 검증의 실천과 일상생활을 분리하곤 한다. 죄와 잘못 자체에만 집중하게 됨으로써 우리는 종종 "나는 실패자다"라는 부정적 감정에 사로잡히게 된다.[10] 기능적 행동에만 집착하면 자신을 자학하거나 혹은 자기도취에 빠져들 수 있다.[11] 영성 훈련에서 검증의 목적은 우리의 죄와 행동에 대한 성찰을 포함하지만 하나님의 은혜와 사랑을 깨닫고 이에 대해 더 많이 알고, 놀라며, 감사하는 데 있다.[12] 영적 여정에서 이러한 검증은 한편으로는 자기 자학에 빠지지 않게 하고, 다른 한편으로는 자기도취나 자만에 빠져들지 않도록 도와준다. 따라서 영성 훈련의 출발점은 우리의 행위나 기능이 아니라 하나님의 은혜와 사랑이다.

영적으로 미성숙한 삶의 변화를 이끌어내는 기독교적 방식은 은혜의 법칙을 깨닫게 하고, 그 법칙에 의해 삶이 양육될 때 더욱 효과적이다. 이러한 방식에 탁월한 지혜를 담고 있는 책이 토마스 아 캠피스(Thomas a Kempis)의 『그리스도를 본받아』(The Imitation of Christ)이다. 이 책은 14세기에 쓰인 작품으로서 하나님을 향한 사랑과 세상에서의 일 사이에서 균형을 유지하려는 사람들에게 많은 유익을 준다. 이 책은 구조화된 형식을 따르고 있지는 않지만 하나님의 은혜와 인간의 본성과의 관계를 매우 의미 있게 설명한다. 게일 비비(Gayle Beebe)는 이 책에 나타난 본성의 법칙의 지배를 받는 삶과 은혜의 법칙의 지배를 받는 삶의 차이를 다음과 정리하였다.

- 본성은 교활하고 유혹적인 반면, 은혜는 단순하게 산다.
- 본성은 자기중심적인 반면, 은혜는 순전히 하나님을 위해서 모든 일을 한다.
- 본성은 순종의 멍에를 지려 하지 않는 반면, 은혜는 자기중심성을 넘어 하나님을 위해 사역하는 데로 나아간다.
- 본성은 자신의 유익만을 위해 일하는 반면, 은혜는 자기 목적을 위해 성공하는 법을 고려하지 않는다.
- 본성은 기꺼이 경의와 존경을 받아들이는 반면, 은혜는 모든 존경과 영광을 하나님께 돌린다.
- 본성은 수치와 경멸을 두려워하지만, 은혜는 예수의 이름으로 비난받는

것을 기뻐한다.
- 본성은 게으른 반면, 은혜는 해야 할 일을 즐겁게 찾는다.
- 본성은 유일하고 다른 것을 구하는 반면, 은혜는 단순하고 비천하고 허름한 것까지 기뻐한다.
- 본성은 유행에 민감하고 물질적인 소득을 기뻐하며 상실에 대해 낙담하는 반면, 은혜는 영원한 것들에 주의를 기울이고 지나가는 것들에 매달리지 않는다.
- 본성은 탐욕적이고 소유하는 것을 좋아하는 반면, 은혜는 친절하고 나누고 적은 소유에 만족한다.
- 본성은 몸과 인생의 헛된 것들과 자아에 몰두함으로 생겨나는 염려들에 초점을 맞추는 반면, 은혜는 그것에서 돌이켜서 하나님의 길에 있는 것들로 향한다.
- 본성은 감각을 만족시키는 어떤 위안도 즐거이 받아들이는 반면, 은혜는 하나님 안에서만 위안을 찾는다.
- 본성은 이기적인 소득에 의해 동기가 유발되는 반면, 은혜는 하나님 외에 다른 보상은 구하지 않는다.
- 본성은 친구와 친척들과만 즐기는 반면, 은혜는 모든 사람을 사랑하고, 권력자와 부자보다는 지혜롭고 덕이 많은 사람에게 초점을 맞춘다.
- 본성은 부족한 것과 고통에 대해 쉽게 불평하는 반면, 은혜는 의연하게 가난을 견딘다.
- 본성은 만물을 그 자체로 향하게 하고 그것 자체가 주목을 받게 하는 반면, 은혜는 만물을 하나님께로 향하게 한다.
- 본성은 비밀을 알고 싶어 하고 내막을 알고 싶어 하는 반면, 은혜는 영혼에 유익한 것만 추구한다.
- 본성은 쉽게 불평하는 반면, 은혜는 헛된 과시는 피하려 한다.
- 본성은 대중에게 보이기를 바라는 반면, 은혜는 헛된 과시는 피하려 한다.
- 본성은 감각적인 경험에 몰두하고 싶어 하는 반면, 은혜는 감각을 절제

하는 훈련을 한다.
- 본성은 다른 사람들이 알아주기를 바라는 반면, 은혜는 하나님이 알아주시기를 바란다.
- 본성은 죄의 다스림을 받는 반면, 은혜는 은혜의 다스림을 받는다.
- 본성은 악덕을 드러내는 반면, 은혜는 미덕을 드러낸다.
- 본성은 선악을 판단하려 하는 반면, 은혜는 우리에게 하나님의 영원한 법을 가르친다.
- 본성은 선을 좇아 행하지 않는 반면, 은혜는 죄와 악을 피한다.
- 본성은 타고난 은사에 의존하는 반면, 은혜는 하나님의 자비의 은사에 의존한다.
- 본성은 악에게 굴복하는 반면, 은혜는 덕의 빛을 발한다.
- 본성은 진리를 피하는 반면, 은혜는 진리에 복종한다.
- 본성은 자신의 에너지로 나아가는 반면, 은혜는 하나님으로부터 오는 에너지에 의존한다.
- 본성은 실패를 무시하고 그것으로부터 배우려 하지 않는 반면, 은혜는 겸손하게 단점들을 끌어안고 그것으로부터 배운다.[13]

비비가 정리한 위의 30개 목록은 그리스도인의 삶의 변화를 위해 매우 유용하게 사용될 수 있다. 이 목록을 매일 한 가지씩 가지고 일기를 쓰거나 묵상하며 기도할 때, 이 목록들이 서로 상호작용하여 균형적인 인격 형성에 많은 도움이 될 수 있다. 이 목록을 가지고 30일 주기로 몇 번을 반복하면 매우 효과적일 수 있다. 우리의 자아 중심적인 자세나 왜곡된 자아에서 벗어나는 것은 한계가 많다. 때문에 우리의 왜곡된 자아의 변화를 경험하기 위해서는 본성의 법칙에 의해 사는 것보다 은혜의 법칙에 의해 사는 법을 배워야 한다.

제자훈련 멘토링   *Disciple Training Mentoring*

1. 배운 내용과 기도

1) "은혜는 노력의 반대가 아니다"는 내용을 읽고 마음에 다가온 문장이나 배운 내용이 있다면 기록한다.

2) 마음에 다가온 문장이나 배운 내용을 통해 소망하거나 결심한 것을 기록한다.

3) 소망하거나 결심한 내용을 가지고 '쓰기 기도'를 통해 하나님께 도움을 구한다.

2. 토론 주제와 나눔

1) 특별 은혜와 보통 은혜의 관계에 대해 말해 봅시다.

2) 은혜는 노력의 반대가 아니라는 말의 의미를 토론해 봅시다.

3) 은혜 안에서 자란다는 의미에 대해 말해 봅시다.

4) 은혜 없는 삶이 왜 유독한가를 히브리서 12장 5절을 중심으로 말해 봅시다.

5) 이그나티우스가 말한 영성 훈련의 시작은 하나님이 우리에게 주신 선물들에 대한 감사로부터 시작하는 것이다라는 의미와 중요성을 말해 봅시다. 영성 훈련의 시작은 왜 우리의 죄로부터가 아니라 하나님의 은혜로부터 시작해야 하는지 말해 봅시다.

3. 적용 및 실천 방안

1) 개인적으로 배운 내용과 토론을 통해 배운 내용을 기록한다.

2) 배운 내용을 가지고 구체적인 적용 및 실천 방안을 나누며 기록한다.

3) 삶에서 개인적인 적용 방안이나 실천 방안을 구체적으로 기록한다.

Disciple Training Mentoring

PART 04

은혜는 자연을 배제하지 않는다

인생에도 사계절이 있다

전도서는 범사에 기한이 있고 천하만사가 다 때가 있다고 말한다(전 3:1). 전도서는 솔로몬이 노년에 쓴 책이다. 솔로몬은 인생에는 때가 있다고 말한다. 여기서 때(season)는 시기와 계절 모두의 의미를 담고 있다. 솔로몬은 때의 특징을 대조적으로 말한다. 즉, 날 때가 있으면 죽을 때가 있고, 심을 때가 있으면 거둘 때가 있고, 헐 때가 있으면 세울 때가 있고, 울 때가 있으면 웃을 때가 있다. 찾을 때가 있고 잃을 때가 있고, 지킬 때가 있으면 버릴 때가 있고, 찢을 때가 있고 꿰맬 때가 있고, 잠잠할 때가 있으면 말할 때가 있다고 말한다. 이는 인생을 살면서 때를 알고 분별할 필요가 있다는 것을 교훈해 준다.

인격 의학, 즉 "병을 치료하지 말고 인격을 치료하라"고 했던 폴 투르니에(Paul Tournier)는 인생의 발달 단계를 계절의 비유를 통해 설명한다.[1] 인생은 봄의 시기인 유년기에서 성년기인 여름과 노년기인 가을을 거쳐 죽음과 그 너머의 겨울을 경험한다. 그는 인생의 모든 계절은 우리 앞에 놓인 선물이라고 역설한다. 인생이란 계절과 같아서 봄에 할 수 있는 것이 있고, 여름에 할 수 있는 것이 있고, 가을에 할 수 있는 것이 있고, 겨울에 할 수 있는 것이 있다.

인간에게는 자연계와는 다른 자유가 주어진 특징도 있지만, 인간이 자연계의 모든 법칙에서 모두 해방될 수는 없다. 인간의 이러한 특징을 토마스 아퀴나스 "은혜는 자연을 배제하지 않는다"라는 말로 설명했다.[2] 인간은 자연의 법칙과 질서를 떠나 살 수 없다. 따라서 인간은 자연의 법칙과 질서를 알 때 보다 더 풍성하고 지혜로운 삶을 살아낼 수 있다.

물론 인간은 자연 세계와 초자연 세계에 동시에 속해 있다. 인간은 하나님의 형상으로 지음 받은 존재이기 때문이다. 인간은 자연적인 존재이자 영적인 존재로 지음을 받았다. 인간은 하나님의 신비를 덧입은 영적 존재다. 따라서 인생을 순전히 자연적인 존재로만 보아서도 안 되고, 영적인 존재로만 보아서도 안 된다. 인간은 자연 세계와 초자연 세계에 동시에 속해 있다.[3]

인간은 항상 자신, 이웃, 환경 그리고 하나님과의 특정한 관계 안에서 끊임없이 발전 변화하며 살아간다. 인간의 삶의 여정은 네 계절을 통해 성장하며 발전하게 된다. 인생의 계절마다 각각 고유한 특징과 리듬이 있다. 인생은 유년기, 성년기, 노년기 그리고 죽음에 접근하는 네 계절의 여정을 겪는다. 이 여정은 정상적으로 지나기도 하고 이상적인 결과를 가져오기도 하며, 촉진되기도 하고 늦어지기도 한다.[4]

인생의 계절에서 꽃봉오리 피는 봄은 유년기이며, 여름은 성장하는 활동의 시기로 성년기이며, 가을은 열매를 거둔 후 낙엽이 지는 노년기이며, 그리고 겨울은 죽음이 다가오는 계절이다. 자연의 네 계절은 봄, 여름, 가을, 겨울의 순서대로 오지만 인생의 계절은 때로 건너뛰기도 하고 부분적으로 상실되거나 생략되기도 한다. 또한 자연과 같이 한 번 지나면 끝이 아니고, 어느 단계에서든 네 계절의 특성들이 동시에 경험할 수도 있다.

인생의 봄

인생의 봄은 유년기다. 이때는 연한 새싹이 트고 꽃잎이 태양을 향해 피기 시작하는 시기이며, 이 세상에 처음 발을 내딛는 두려움을 불러일으키는 시기이다. 이 어린싹은 온갖 향기로운 보물들을 조용히 그 안에 지니고 있다. 이 보물들이 꽃을 피우게 되고 미래가 예감되는 시기이다.[5]

인생의 봄의 계절인 유년기는 부모와 다른 가족들과의 관계는 인생

최초의 인간관계이므로 이 관계가 어린이의 전 생애에 걸쳐서 다른 사람과 관계 맺는 태도를 결정짓게 된다. 유년기의 첫 경험은 성장한 후에도 다른 사람을 대하는 반응의 원인이 된다. 유년기는 인생의 모든 습관을 형성하며 영향을 미치는 계절이다. 투르니에는 이렇게 설명한다.

> 우리는 어린이를 지나치게 잘 다듬으려고 하다가 종종 큰 불행을 경험합니다. 잘 다듬어진 것처럼 보이는 그 아이는 평생 억압받고 밀리고 주도권을 잡지 못하고 공상 속에서 지내게 됩니다. 명령에 구속받는, 엄격한 훈련의 노예인 것입니다. 이런 사람은, 마음속에는 어떤 욕구가 가득한데도 자기의 의사를 드러내지 못하고 양보하고 맙니다. 옳지 않은 것으로부터 자신을 지킬 줄도 모르고, 자기가 하고 싶은 것이나 야심을 관철할 줄도 모릅니다. 그저 공상으로만 자신을 채우게 됩니다. 이루어지지 못한 채 버려진 욕망은, 표면적으로 중용을 유지하는 자기의 삶과 대립해서 마음에 분열을 일으킵니다.
>
> 이와는 반대로 만일 어떠한 훈계도 받지 못한 채 성장해 버린다면 그것 또한 큰 불행입니다. 이런 인간은 방종의 포로가 되어 자기 자신의 들뜬 기분에 휩쓸려버리는, 제멋대로인 인간이 됩니다. 이런 인간에게는 자기 억제력이 부족합니다. 이러한 사람은 화를 잘 내고 자기의 의견에 반대하는 이들과 다투기를 잘합니다. 규율을 지키는 것이나 어떤 일정한 방법에 익숙해지는 것을 배우지 못했거나 끈기 있게 무엇을 하지 못한다는 단순한 이유로 직업상 실패를 경험합니다. 이런 사람은 눈앞의 성공은 거둘 수 있어도 그의 성공이 오래 지속되지는 못합니다. 환희를 당장 맛보기는 하지만 지속적인 행복을 경험하지는 못합니다. 무엇인가에 매혹되어 열중하는 일은 있어도 결코 그것에 오래 집중하지는 못합니다.
>
> 전자가 지나치게 엄격한 교조적 훈련에서 해방되지 못하는 억압의 노예라

고 한다면 후자의 경우는 무질서의 노예들입니다. 나는 유년기에 몸으로 익힌 습성이 얼마나 비상한 힘을 지니고 있는지를 알고 나서 무척 놀랐습니다. 아무리 굳게 결심을 해도, 또 아무리 뼈아픈 경험을 했다 해도, 인간은 유년기에 몸에 밴 성품에서 벗어나지 못합니다.[6]

인생의 유년기는 이처럼 중요하다. 유년기를 어떻게 보느냐에 따라 일생의 계절이 달라진다. 이 시기는 인생에서 중요한 역할을 하는 정서적 구조가 형성되는 시기이므로 중요하다. 이 계절에는 부모의 역할이 매우 중요하다. 자녀의 유년기를 부모가 자기 자녀들을 하나의 인격으로 보지 못하는 것은 매우 위험한 태도이다. "아이를 하나의 인격체로 본다는 것은 저 혼자만의 성격, 개성, 독창성, 미래에 대한 꿈을 이미 지니고 있는 존재로 본다는 것"이다. 즉 부모의 소유물로 보지 않는 것이다.[7]

인생의 유년기에는 책임감 있는 자유가 주어져야 한다. 어린 자녀가 방해받지 않고 자기가 하고 싶은 것, 자기의 결심, 자기의 확신에 따라 행동하는 것이 허용되지 않고, 그리고 자기의 의견이 존중되지 않게 되면, 이런 아이는 무책임한 상태에 머물게 된다.[8]

인생의 여름

인생의 여름은 항상 살아 움직이는 계절이기 때문에 이 때는 정지는 곧 죽음을 의미한다. 이 계절은 어두운 부분을 포함한 자기 전체를 받아들임으로 성장하고 개화하는 시기이다. 이 계절에는 사랑, 고뇌, 동화, 순응이라는 네 가지 요소를 통해서 삶을 견고하게 만들며 열매를 맺어야 한다.[9] 이 계절은 마음을 가다듬는 시간까지도 포함된다.

성장하는 데 중요한 역할을 하는 첫째 요소는 사랑이다. 여기서 사랑은 하나님의 사랑이다. 인간은 하나님의 사랑을 경험할 때 치명적인 상처를 치유할 수 있다. 인간을 향한 하나님의 사랑의 가장 큰 증거는 하나님의 아들을 이 세상에 보내어 우리 인간의 모든 죄와 고통을 아들의 죽음으로 대신하신 것이다. 우리가 모태에 있을 때부터 하나님이 이미 우리를 사랑했다는 것을 아는 것이 중요하다.[10]

성장의 두 번째 요소는 고뇌이다. 고뇌 학교는 인생을 성장하게 하는 인생 학교다. 물론 고뇌가 인간의 성장과 발달을 심각하게 방해할 수도 있다. 고뇌는 인간을 하나님께 가까이 가게 할 수도 있지만, 극복할 수 없는 고독을 느끼게 할 수도 있다. 고뇌가 그 자체로 가치 있는 것은 아니다. 하지만 고뇌를 어떻게 체험하느냐는 인생의 계절에서 중요하다. 고뇌가 의미 있는 체험이 되게 하기 위해서는 고뇌가 마음에 하나님께 대한 반역을 일으키도록 해서는 안 되고, 하나님께 귀의하도록 하여 인간을 자유롭게 하는 힘이 되도록 해야 한다.

성장의 세 번째 요소는 동화이다. 동화도 성장과 발전에 중요한 역할을 한다. 이 시기의 젊은 세대에게 중요한 것은 자기 자신이 되는 것이다. 그러나 우리가 자기 이외의 아무도 없는 공간을 만들고 자기만을 모범으로 삼으면서는 진정한 자아를 발견할 수 없다. 이 시기에 다른 사람에게 동화됨을 느끼는 것은 성장의 한 징후라고 할 수 있다. 아들은 아버지와 딸은 어머니와 동일시함으로 어린이의 놀이를 벗어나게 된다. 보편적으로 "사람이 본래 경험했어야 할 시기에 경험하지 못한 성장의 단계는 비록 시기가 늦더라도 반드시 체험해 보는 것이 필요하다."[11] 젊은 시기에 중요한 것은 자기 자신이 되는 것이다. 그러나 젊은이가 자기 이외에 아무도 없는 공간을 만들고 자기만을 모범 삼으면서는 진정한 자아를 발견할 수 없다. 물론 다른 사람과의 동화가 그리 바람직한 방향으로 이루어지지 않을 수도 있다. 예를 들면, 아버지와의 동화는 아들의 성장을 아버지만한 그릇에 한정해 버릴 수 있다. 그러나 무한히 동화할 수 있는 단 하나의 대상이 있다. 예수 그리스도다. 바울이 "이제 내가 산 것이 아니요 오직 내 안에 그리스도께서 사신 것이라"(갈 2:20)고 말한 것처럼 예수 그리스도와의 동화야말로 가장 중요한 것이다.

성장의 네 번째 요소는 순응이다. 괴테가 "사는 것은 순응하는 것"이라고 했듯이, 순응 또는 적응은 본래 발달 개념의 하나다. 젊은 세대의 순응의 척도는 어린 시절 부모와의 관계에 따라 결정된다. 예를 들면, 지나치게 자기 자녀에게 관심을 둔 부모는 아이를 언제나 어린 단계에서 벗어나지 못하게 할 뿐 아니라 아이의 발달을 방해하고 후에 어른이 되어도 인생에 적응할 수 없게 만든다. 반대로 아이가 성인으로 성장하는 모습을 빨리 보고 싶어 너무 이른 시기에 적응하는 것을 강요하는 부모는 아이들을 과도하게 성숙하게 만든다. 이런 아이는 성인이 되어서도 성숙한 사람으로 살아가는 데 어려움을 겪게 된다. 우리는 너무 지나치게 적응하는 것도 위험이 따른다는 것을 알아야 한다. 종종 우리는 "우리는 한 번도 부부싸움을 해 본 적이 없어요"라고 자랑스럽게 말하는 부부가 있다. 이러한 부부는 건강한 부부가 아니다. 이런 부부는 부부 중 어느 한쪽이 상대방에게 완전히 적응해 버리고 개성을 잃어버린 결과라고 할 수 있기 때문이다. 자기 아내를 지배해서 아내 고유의 성격을 파괴해버리는 남편은 자기 친구의 사소한 반대에도 견딜 수 있는 힘이 없는 사람이다. 이런 남편은 사회에서 배제되어 풍성한 결실을 맺을 수 없다. 하나님은 인류의 가장 중요한 공동체인 가정을 주시고 인생의 여정에서 적응하는 훈련을 하게 하였다. 하나님은 성별이 다른 남편과 아내가 함께 만나 가정을 이루게 하시고 하나의 과제를 주셨다. 바로 적응훈련이다. 갈등이 있을 때 싸우며 이기기도 하고 지기도 하며 서로 대화를 통해 갈등을 해결하는 훈련이다. 신앙의 여정에서도 갈등 없는 순응과 적응은 없다. 아브라함, 모세, 야곱, 예레미야에서 베드로와 바울에 이르기까지 성경의 위대한 인물들은 모두 격동적인 계절을 보냈다. 이들은 모두 하나님께 순종할 수 없다고 반항하며 하나님과 싸우다가 하나님과 화해한 사람들이다. 하나님께 순응한 사람들이다. 하나님은 자기에게 반항하는 사람도 사랑하신다. 야곱은 하나님과 격렬한 싸움으로 드라마틱한 밤을 겪은 후에 인격의 변혁을 체험했다. 하나님께 반항할 수 있는 힘이 하나님께 굴복되었을 때 더욱 풍성한 결실을 맺게 되었다.

　인생의 여름은 성장기로 열매를 맺어나가기 시작하는 뜨거운 햇살과 거센 바람을 맞으며, 열매가 익어가는 계절이므로 인내의 계절이다. 인생의 여름 시기는 인생 여정에서 무엇이든지 열심히 하면 다 이룰 수 있다고 믿는다. 그러나 무엇이든지 열심히 한다고 해서 모두 좋은 결과를 얻는 것은 아니다. 인생은 노력해도 여러 한계에 갇힐 수밖에 없다. 인생의 계절에서 한계 상황에 처할 때 내가 무엇을 잘 하는지 무엇을 못하는지, 그리고 하나님께서 내게 무엇을 원하시고, 내게 무엇을 원하시지 않는지 조금씩 알아 가게 된다. 인간은 유한한 존재로서 유한한 가능성 속에서 사명을 발견한다.

　인생의 여름의 계절은 행동하며 결실하는 계절이다. 하지만 행동의 계절인 여름을 행동의 쉼이 없는 활동과 혼동해서는 안 된다. 건강하고 효과적인 행동을 하기 위해서는 먼저 숙고하는 시간이 필요하다. 이 일은 내가 해야 할 일이라는 영감을 받을 때 확신 있는 선택을 할 수 있다. 어떤 행동을 할 때 사정에 맡기고 향방 없는 생각으로 계획을 하는 것이 아니라, 어떤 일정한 가치 기준과 개인적인 계획을 가지고 충실하게 수행해야 한다. 이러한 행동의 여정은 하나님의 주신 소명과 관계되는 여정이다.

인생의 가을

 인생의 가을은 봄에는 그토록 아름다운 꽃이 피고 여름에는 그토록 맛있는 열매가 열리지만, 꽃과 같은 아름다움도 풍성하게 열매 맺는 시기도 한계가 있다. 갑작스럽게 인생의 가을이 찾아든다. 마침내 가을을 맞은 인생은 단념이라는 긍정을 선택해야 할 때가 다가온다. 가을에는 행동이나 소유가 인생에서 의미를 잃어간다. 이 시기에 중요한 것은 내가 현재 어떠한 인간이냐는 것이지 행동과 소유가 아니다. 따라서 "인생은 나이와 함께 변해가는 것이어서, 우리가 현재 하고 있거나 지금부터라도 할 수 있는 일은 점점 의미를 잃어간다는 것을 깨닫고 내면에 치중하는 사람들이 가장 행복한 사람들"이다.[12]

 인생의 가을의 계절은 내면생활에 힘써야 할 계절이다. 행동이 여름의 주요한 가치의 척도라면 가을에도 성숙한 삶을 가꾸어야 한다. 인생의 노년기인 가을에는 은퇴한 노인으로만 보지 않고 보다 가치 있는 삶을 위한 비책을 스스로 발견해야 한다. 인생은 나이와 함께 변해가기 때문에 하고 있거나 이제부터라도 할 수 있는 일이 점점 의미를 잃게 되는 시기이므로 주로 내면생활에 따라 행복과 불행이 결정될 수 있다는 것을 이해하고 받아들일 때 행복한 삶을 살아갈 수 있다. 이러한 사람은 대개 노인들의 심중을 강타해서 나는 벌써 쓸모없는 인간이라는 두려운 감정에 사로잡히는 일이 비교적 적다.

 대부분의 "노인들은 젊었을 때의 성격을 그대로 가지고 있을 뿐 아니라 더욱 심화되기도 한다. 자기중심적이었던 사람은 나이 들수록 더욱 이기적이 되고, 성품이 온화한 사람은 늙어가면서 품위 있고 친절하며 자기의 궁핍이나 고독마저도 명랑하게 이겨내려고 온 힘을 다한다."[13]
 노인의 계절에는 "혹시 충격을 받지나 않을까 하는 불안과 죽음 그리고 피안에 대한 질문에 대답을 못하면 어쩌나 걱정을 하기도 한다."[14] 이때 노인을 돌보는 사람은 노인이 되풀이해서 과거사를 이야기해도 귀찮게 여기거나 싫은 내색을 하지 말고 들어야 한다. 사람은 남녀노소를 막론하고 누구나 자기에게 관심을 가져주고 귀를 기울이는 사람에게만 속내를 털어 놓는다. 특히 노인의 시기에는 더욱 그렇다. 중요한 것은 대답하는 것이 아니라 귀를 열고 경청해 주는 것이다.

인생의 겨울

인생의 겨울은 이미 주사위가 던져진 계절이다. 배우고 일하면서 얻을 수 있었던 것들은 점점 그 가치를 잃어가는 시기다. 행동이나 소유가 인생에서 의미를 잃어간다. 인생의 절반에서 가졌던 인생관에서 깨끗이 자유로워져야 하는 시기다.

인생의 겨울은 의미를 추구하는 계절이다. 인간은 변할 수 있고 최후의 숨결이 있을 때까지 변화를 경험할 수 있는데, 변화는 어떤 만남에서 비롯된다. 흔히 만남을 사람과의 만남을 생각할 수 있지만, 이 계절에는 어떤 사고나 주장과 만날 수도 있다. 투르니에는 여러 만남 중 성경이 중요한 역할을 한다고 하였다. 그는 성경이 우리에게 계속해서 어떤 만남으로 이끌어 주고 그때마다 하나님은 조금씩 자신을 인간에게 계시해 주는 분이시라고 말한다. 그는 살아계신 하나님과의 자각적인 만남, 인격적인 만남을 통해 끊임없이 새롭고 온전한 데 다다르는 하나님 인식이 필요한 계절이라고 역설한다.

투르니에는 하나님과의 인격적인 만남은 인간 존재의 가장 큰 사건이 된다.[15] 하나님과의 만남은 결정적인 체험이 된다. 그 만남만이 인생의 의미에 투명한 빛을 비춰 준다. 그러나 노년기에 지나치게 세밀하게 파고 들어간 종교적 연구나 하나님은 어떤 분인가 하는 문제를 깊이 따져 들어가는 계절은 아니다. 물론 하나님과의 인격적인 만남은 어느 연령에서 체험하든 일생일대의 큰 사건임에 틀림없다.

우리가 기억해야 할 것은 인생의 계절에서는 가을에도 봄이 다시 찾아오는 신앙의 신비를 경험할 수 있다. 실제로 우리는 정신적으로나 육체적으로나 훨씬 젊어진 삶을 살아낼 수 있다. 하지만 인간은 하나님의 의지로 말미암아 자연의 일원이 되었고, 기적 체험이나 영적 체험이 인간을 자연 질서에서 벗어나게 할 수 없다. 하나님의 은총은 자연의 법칙을 배제하지 않는다. 하나님의 은총은 우리로 하여금 자연의 법칙과 질서를 보다 더 풍성하게 누리도록 돕는다.

자연과 인생의 계절에는 차이도 있다

자연의 사계절처럼 인생에도 사계절이 있지만 자연의 사계절과 인생의 사계절에는 차이가 있다. 하나는 자연의 계절은 봄, 여름, 가을, 겨울의 시기가 정해져 있지만 인생의 계절은 자연의 계절처럼 시기가 정해져 있지 않다. 인생의 봄이 몇 개월이 될 수도 있지만, 오랫동안 겨울이 지속될 수도 있다. 인생의 가을과 겨울이 얼마 동안 이어질지는 하나님만이 아신다.

자연의 사계절과 인생의 사계절이 다른 또 하나는 자연의 사계절은 순차적으로 온다는 점이다. 봄이 지나면 여름이 오고, 여름이 지나면 가을이 오고, 가을이 지나면 겨울이 온다. 겨울이 지나면 봄이 온다. 하지만 인생의 사계절은 차례대로 온다는 보장이 없다. 인생의 봄이 지나면 인생의 여름이 아니라 겨울이 올 수도 있다. 인생의 여름이 지나면 인생의 가을이 아니라 겨울이 올 수도 있다. 인생의 사계절은 예측을 할 수가 없다.

자연의 사계절과 인생의 사계절은 차이점이 있지만 공통점도 있다. 자연의 계절이든 인생의 계절이든 지속되지 않고 지나간다. 사람들은 인생의 좋은 계절이 오면 그 계절이 계속될 것이라고 생각하고, 인생의 나쁜 계절이 와도 계속될 것이라고 생각하는 경향이 있다. 어떤 계절이든 영원히 지속되지 않는다. 그러므로 인생의 나쁜 계절이 왔을 때 절망하지 말아야 하고 인생의 좋은 계절이 왔을 때 교만하지 말아야 한다.

인생의 계절을 분별해야 한다

우리의 삶은 어떤 계절을 경험하느냐 따라 삶의 태도가 달라진다. 지혜로운 삶은 인생의 어떤 계절을 지내고 있는지 분별하는 지혜가 있다. 분별한 후에는 인생의 계절에 충실해야 한다.

첫째, 인생의 봄을 맞이했을 때는 씨를 뿌릴 준비를 해야 한다. 봄에 농부가 가을의 열매를 기대하면 씨를 뿌리듯이 인생의 봄날에는 뿌리는 일을 해야 한다. 성경은 인생의 봄에 씨를 뿌리고 심으라고 말한다. "눈물을 흘리며 씨를 뿌리는 자는 기쁨으로 거두리로다. 울며 씨를 뿌리러 나가는 자는 반드시 기쁨으로 그 곡식 단을 가지고 돌아오리로다"(시 126:5-6). "스스로 속이지 말라 하나님은 업신여김을 받지 아니하시나니 사람이 무엇으로 심든지 그대로 거두리라 자기의 육체를 위하여 심는 자는 육체로부터 썩어질 것을 거두고 성령을 위하여 심는 자는 성령으로부터 영생을 거두리라"(갈 6:7-8). 콩 심은 데 콩이 나듯이, 선한 씨를 심으면 선한 열매를 맺고 악한 씨를 심으면 악한 열매를 맺는다. 하나님께서 만들어 놓으신 질서다.

영국에서 박사과정을 할 때 어느 날 지도 교수님이 이런 말을 한 적이 있다. 그리스도인은 "경제적인 논리는 경제적인 논리로 말하고 풀 수 있는 능력이 있어야 한다." 오랜 세월이 지났지만 가슴 깊은 곳에 자리하고 있는 내용이다. 그리스도인이나 그리스도를 모르는 사람이나 경제적인 부를 이루기 위해서는 근면하게 일하며 저축해야 한다. 그리스도인이 근면한 생활을 하지 않고 부자 되기만을 위해 기도하는 것은 성경적이지 않다. 하나님이 세우진 인생의 법칙에 벗어나는 것이다. 그리스도인 학생이든 그리스도를 모르는 학생이든 좋은 성적을 얻기 위해서는 열심히 공부해야 한다. 물론 그리스도인 학생은 기도하면서 하나님의 지혜를 구할 때 하나님의 놀라운 은혜를 경험할 수 있다. 하지만 기도만 하고 공부를 성실하게 하지 않을 때 하나님도 돕지 않으신다. 하나님은 우리가 해야 할 일은 우리가 하도록 하시는 하나님이다. 따라서 우리가 해야 할 일은 하나님도 도우시지 않는다. 우리의 인생도 뿌리고 심은 대로 거두게 된다. 예외가 없다. 지금 내가 살아가고 있는 삶은 과거에 내가 뿌린 씨앗의 열매다. 나의 미래는 지금 내가 어떤 씨앗을 뿌리느냐에 따라 달라진다. 우리가 인생의 봄을 맞고 있다면 뿌리는 일을 충실히 감당해야 한다. 인생의 봄은 나이가 어린 사람에게만 오는 계절이 아니다. 나이가 들어서도 어떤 일을 새로 도전했다면 인생의 봄을 맞이하고 있는 것이다. 인생의 봄은 출발의 시기다. 준비하는 시기다. 열심히 뿌리고 심은 시기다. 이 시기를 어떻게 보내느냐에 따라서 인생의 가을이 결정된다.

둘째, 인생의 여름을 맞이했을 때는 쉼을 가져야 한다. 씨를 뿌리면 일하는 것만이 아니라 쉬는 것도 하나님이 우리에게 주신 소명이며, 선물이다. 성실하게 일한 후에 쉼은 축복이요 행복이다. 쉼표 없는 악보는 좋은 음악이 될 수 없는 것처럼, 쉼표 없는 인생 또한 참 인생일 수 없다. 성경도 쉼을 중요하게 말한다. "수고하고 무거운 짐 진 자들아 다 내게로 오라 내가 너희를 쉬게 하리라"(마 11:28). 하나님은 우리에게 소명이나 헌신만을 요구하시는 분이 아니다. 쉼을 주시기 위해 수고하고 무거운 짐 진 자들을 쉼의 자리로 초청하시는 분이다. 하나님은 너무 지쳐서 로뎀나무 아래에서 죽여 달라고 하는 엘리야를 책망하지 않으셨다. 오히려 쉼을 주셨다. 푹 자게 했고 천사를 통해 구운 떡과 물을 공급해주셨다. 쉼은 창조적 행동을 위한 에너지다. 쉼을 통해 재충전을 받아 하나님의 나라를 위해 일하라고 주시는 것이다.

셋째, 인생의 가을은 열매 맺는 계절이다. 인생의 계절은 수고와 고통만 있는 것이 아니다. 열매를 거두는 계절도 있다. 인생의 가을은 열매 맺는 계절이기 때문에 해야 할 일이 있다. 인생의 가을은 열매를 맺는 결실의 계절이기도 하지만 교만에 노출될 수 있는 계절이기도 하다. 따라서 지혜로운 인생은 열매를 맺는 가을에 더욱 주의해야 한다. 바울은 "그런즉 선줄로 생각하는 자는 넘어질까 조심하라"(고전 10:12)고 했듯이, 우리는 결실의 계절에 겸손해야 한다. 사울 왕은 왕이 되기 전에 얼마나 겸손한 사람이었다. 미스바에서 이스라엘의 초대 왕으로 제비 뽑혔을 때 자신은 왕이 될 만한 자격은 없는 사람이라고 생각해며 행구 뒤에 숨었던 사람이다. 하지만 사울이 왕이 되고 전쟁에서 몇 번 승리하자 교만해졌다. 하나님께서 승리를 주셨는데 하나님께 승리의 영광을 돌리는 것이 아니라 자신을 위해 갈멜에 가서 기념비를 세웠다. 하나님의 명령도 순종하지 않았다. 결국 사울은 하나님께 버림을 당했다. 바울처럼 이 가을의 결실의 계절에 "나의 나 된 것은 하나님의 은혜라"는 겸손을 놓치지 말아야 한다. 하나님께서 우리에게 주신 결실의 열매를 나누는 삶이 되어야 한다. 하나님은 나눔의 풍성함을 이렇게 말한다. "흩어 구제하여도 더욱 부하게 되는 일이 있나니 과도히 아껴도 가난하게 될 뿐이니라"(잠 11:24). 나눔은 우리를 더욱 풍성하게 하는 힘으로 작용한다는 의미다. 결실의 계절에는 어려운 때를 대비해 저축해야 한다. 인생의 가을날 열매를 많이 맺었다고 기뻐하고만 있으면 안 된다. 인생의 계절은 가을만 있는 것이 아니기 때문에 다른 계절들을 위해 준비해야 한다. 요셉은 7년 풍년을 맞이했을 때 7년 흉년을 대비했다. 풍년이 들었을 때 흉년을 준비하였기에 흉년을 이겨나갈 수 있었다.

넷째, 인생의 겨울을 맞이할 때는 잘 견뎌야 한다. 인생의 겨울도 누구에게나 찾아온다. 어떤 인생도 봄과 가을만 있는 것이 아니다. 인생의 겨울도 인생의 한 여정이라는 것을 잊지 말아야 한다. 인생의 겨울은 너무나 춥지만 겨울이 지나면 봄이 온다. 인생의 겨울이라고 해서 우리에게 꼭 고통만 주는 것은 아니다. 차가운 겨울이 있기 때문에 따뜻한 봄날을 감사함으로 맞이할 수 있다. 인생의 겨울은 우리에게 고통도 주지만 따뜻함을 알게 해주는 계절이다. 추위에 떠는 사람의 마음을 헤아릴 수 있는 계절이다. 희망을 꿈꾸게 하는 계절이기도 하다.

인간은 자연의 법칙과 질서의 지배를 받는다. 하지만 인간은 하나님의 형상으로 지음 받은 존재이기 때문에 영적인 존재이다. 인간은 자연 세계와 초자연 세계, 이 두 세계에 동시에 속해 있다. 그로 인해 인간은 영원한 신비를 덧입게 된다.

제자훈련 멘토링   *Disciple Training Mentoring*

1. 배운 내용과 기도

1) "은혜는 자연을 배제하지 않는다"는 내용을 읽고 마음에 다가온 문장이나 배운 내용이 있다면 기록한다.

2) 마음에 다가온 문장이나 배운 내용을 통해 소망하거나 결심한 것을 기록한다.

3) 소망하거나 결심한 내용을 가지고 '쓰기 기도'를 통해 하나님께 도움을 구한다.

2. 토론 주제와 나눔

1) "은혜는 자연을 배제하지 않는다"라는 말의 의미에 대해 토론해 봅시다.

2) 인생의 봄의 계절인 유년기 자녀에 대한 부모의 인격적인 교육의 중요성에 대해 토론해 봅시다.

3) 인생의 여름 계절에서 성장의 요소로서 '동화'와 '순응'에 대해서 말해 봅시다.

4) 인생의 가을 계절에서 내면생활의 중요성을 토론해 봅시다.

5) 인생의 겨울 계절인 노년기에 "노년기에 지나치게 세밀하게 파고 들어간 종교적 연구나 하나님은 어떤 분인가 하는 문제를 깊이 따져 들어가는 계절은 아니다"라는 말의 의미를 토론해 봅시다.

3. 적용 및 실천 방안

1) 인적으로 배운 내용과 토론을 통해 배운 내용을 기록한다.

2) 배운 내용을 가지고 구체적인 적용 및 실천 방안을 나누며 기록한다.

3) 삶에서 개인적인 적용 방안이나 실천 방안을 구체적으로 기록한다.

Disciple Training Mentoring

PART 05

신앙에도 사계절이 있다

영혼에도 계절이 있다

우리는 영적 여정에서 사계절을 경험할 수 있다. 우리의 영적 여정에서 평안과 기쁨도 있지만 혼란과 어두운 밤을 경험할 수 있다. 성경의 많은 인물들이 신앙의 사계절을 경험하였다. 욥도 어두운 밤을 경험하였고, 복음서의 탕자도 어두운 밤을 경험하였다.

인생에도 계절들이 있듯이, 영혼에도 봄, 여름, 가을, 겨울이 있다. 마크 부캐넌(Mark Buchanan)은 깊은 통찰력으로 영혼의 사계절을 설명한다. 계절이란 말은 상징성이 풍부한 용어이다. 그는 영혼의 계절에서 느끼는 신비를 펼쳐낸다. 특히 영혼의 계절을 균형이 아닌 리듬으로 받아들이면 어떤 계절이든 아름다운 음악으로 승화되리라는 믿음과 희망을 심어 준다. 그는 열매가 자라려면 사계절이 모두 필요한 것처럼, 우리 영혼에도 사계절이 있다고 말한다. 하나님은 우리가 활기차게 살아갈 때도 함께하시지만, 메마르고 추운 겨울을 보내는 때도 변함없이 함께하신다. 영혼의 사계절은 하나님과 동행하는 삶에도 겨울이 있다고 말해준다. 하나님과 동행하는 여정에는 봄만 있는 것이 아니라 깊고 어두운 겨울도 있고, 활기찬 여름도 있고, 결실로 가득한 가을도 있다.[1]

부캐넌은 영혼의 사계절은 영혼이 어느 계절에 있는지 점검하게 해주며, 각 계절에 하지 말아야 할 것은 무엇이며, 집중해야 할 일은 무엇인지 깊은 영적 통찰력으로 알려준다. 그는 겨울을 지나는 영혼은 위로를 경험하며, 봄을 맞이한 영혼은 기대감으로 가득하고, 여름을 맞이한 영혼은 열정의 에너지로 뜨거워지고, 가을을 맞이한 영혼은 결산을 위해 긴장하게 된다고 하였다.

영혼의 겨울

우리는 하나님과 바른 관계만 잘 맺으면 우리 영혼이 언제나 밝고 맑은 봄만을 경험할 것이라는 환상을 버려야 한다. 하나님과 바른 관계에 있는 영혼일지라도 겨울을 경험할 수 있다. 영혼의 계절에서 봄만 영혼이 자라는 계절이 아니라 겨울도 믿음을 자라게 한다.

> 영혼의 겨울은 순전한 믿음, 성경적인 믿음을 자라게 한다. 이것은 다른 어떤 계절도 할 수 없는 일이다. 겨울 속에는 바라는 것들의 실상과 보이지 않는 것들의 증거를 가꾸어 줄 만한 독특한 조건들이 배합되는 계절이다. 겨울이야말로 우리가 보는 것으로 행하지 않고 믿음으로 행하는 계절이다. 당신의 삶에 닥쳐올 수 있는 최악의 상황, 그 상황을 이겨내는 불변의 믿음을 기르기에 겨울보다 더 좋은 토양은 없다.[2]

부캐넌은 우리의 영적 여정에서 영혼의 겨울은 피할 수도 없을 뿐 아니라 반드시 필요하다고 말한다. 우리의 영적 여정에는 겨울에만 할 수 있는 일이 있고, 겨울만이 줄 수 있는 선물이 있고, 겨울에만 할 수 있는 놀이가 있다. 무엇보다 영혼의 겨울은 기다림을 통해 견고한 믿음이 자라게 해준다. 영혼의 겨울에 믿음은 군살이 빠지고 더 견고해져 회의나 침체에 잘 빠지지 않는다. 부캐넌은 이것은 겨울만이 만들어낼 수 있는 선물이라고 말한다.[3] 우리는 영혼의 사계절을 즐기는 법을 배워야 하는데, 겨울을 즐기려면 겨울이 주는 선물을 알아야 한다. 예를 들면, "겨울은 이 세상에 중독된 우리를 일깨우고 우리 안에 보이지 않는 세상에 대한 동경을 불러일으킨다."[4] 영혼의 사계절의 여정과 특징을 알면, 그리스도의 임재와 지혜를 더 충만하게 누릴 수 있다. 영혼의 사계절 중에 겨울이 가장 길다. 인생에서 겨울은 피할 수 없다. 그러므로 지혜롭게 관리하는 법을 알아야 한다.

겨울에는 파산 상태(전 12:1-8), 밤의 노래(전 12; 시 88편), 빛의 부재, 하나님의 부재, 친구의 부재, 산 죽음 등을 경험하기도 한다. 따라서 겨울에 처참하고 두려운 고독을 맛본다. 성경의 세례 요한은 감옥에서 추운 영혼의 겨울을 보냈다.

영혼의 겨울에는 기도하고 자숙하며 봄을 기다리라. 먼저 기도의 시간을 가져야 한다. 영혼의 겨울에서 기도는 순전한 믿음, 성경적인 믿음을 자라게 한다. 최악의 상황, 그 상황을 이겨내는 믿음을 기르기에 겨울보다 더 좋은 때는 없다. 그때 기도해야 한다. 둘째는 겨울에 해야 할 일은 가지치기이다. 셋째는 영혼의 겨울에는 인내하며 기다림의 시간을 가져야 한다. 겨울은 우리를 기다리게 만들고, 기다림은 믿음을 자라게 한다.

겨울에 주는 선물들도 있다. 하나는 삶에 대한 새로운 관점을 갖게 된다. 겨울은 우리 삶에 대해 다시 생각하게 한다. 다른 하나는 새 하늘과 새 땅의 소망이다. 영혼이 겨울을 통해 얻을 수 있는 선물은 천국을 사모하게 되는 것이다.

영혼의 겨울에만 할 수 있는 것이 있는 데 그것은 바로 놀이다. 겨울에는 자신만을 위한 시간을 가질 수 있고 많이 묵상할 수 있다.

영혼의 봄

영혼의 겨울에는 진부하고 힘들었던 소리들이 봄에는 확실히 힘찬 응원가로 들리게 되기도 한다. 영혼의 계절에서 봄은 일어나서 쟁기질하고, 파종하고, 청소해야 하는 계절이다.[5]

첫째는 봄의 계절에 쟁기질을 해야 한다. 쟁기질은 힘든 일이다. 그러나 반드시 해야 한다. 영적 쟁기질은 하나님의 말씀을 듣는 것이다. 이것이 중요하다. 말씀이 우리를 새롭게 한다.

둘째는 영혼의 봄에 할 수 있는 훈련은 파종이다. 이것은 쟁기질과 관련이 있으면서 또한 다른 것이다. 쟁기질이 말씀을 듣는 것이라면 파종은 말씀을 전하는 것이다. 씨를 심어야 한다.

셋째, 마을에 연례적인 봄맞이 청소를 하듯이, 봄은 청소하기 좋은 계절이다. 이것은 고대기도 방식에서 빌려온 성찰 기도와 관계된다. 성찰 기도란 개인적인 재고 조사라 할 수 있다. 자신을 돌아보고 성찰하는 기도의 여정이다.

영혼의 여름

영혼의 여름은 하나님 나라의 도래를 위한 기대와 소망으로 뜨거워지는 계절이다. 영혼의 여름은 마음껏 하나님 나라를 갈망할 때다. 여름에는 열매, 온기, 빛, 휴식, 놀이, 경이, 축제, 기쁨, 재회, 휴가 등을 경험할 수 있듯이, 영혼의 여름을 맞이할 때는 소통과 활력과 안식을 누린다. 여름철은 하나님 나라를 맛보는 시기이다. 또한 여름은 향수와 싸워야 하는 계절이다. 여름의 매혹과 마력, 여름의 이상한 감상적 기운에 향수가 섞여 있다. 여름의 기쁨은 환하지만 가장자리에는 어두운 그늘이 있다. 여름의 곡조는 경쾌하지만 연결부에서 단조로 바뀐다. 따라서 영혼이 여름을 경험할 때는 향수와 단호히 맞서야 한다. 우리는 위를 보고 앞으로 나가야 한다. 미래를 향해 나가야 한다. 향수에 빠지면 안 된다.

영혼이 여름을 경험할 때는 하나님과 풍성하게 소통하며 하나님을 경험해야 하지만 과도한 사역은 경계해야 한다. 영혼이 여름을 경험할 때는 하나님 나라의 생활 리듬을 타야 한다.[6] 첫째는 하나님 나라의 삶은 쫓기지 않는다. 마르다와 같이 너무 분주하여 하나님을 잊지 않도록 해야 한다. 둘째는 하나님 나라의 삶은 염려가 없다. 한없이 풍성한 하나님의 선하심을 흠뻑 누려야 한다. 셋째는 하나님 나라의 삶은 열매가 풍성하다. 여름에는 열매가 풍성하듯이, 하나님 나라의 삶도 열매가 풍성하다. 그것은 한없이 풍성한 하나님의 공급을 즐기는 삶이다.

영혼이 여름을 지날 때는 주의해야 할 것과 해야 할 것이 있다. 첫째는 탈수를 조심해야 한다. 영혼의 여름에 하나님 나라의 리듬대로 풍요롭게 살되 탈수를 조심해야 한다. 그렇게 하기 위하여 말씀을 암송하고 묵상하며, 말씀을 가까이 해야 한다. 둘째는 여름에는 첫 열매가 있어야 한다. 열매를 거두어야 한다. 셋째는 무성한 잎을 열매로 착각해서는 안 된다. 영혼의 여름에 너무 많은 일을 하여서 활동이 생산을 삼켜버리지 않도록 조심해야 한다.

영혼의 가을

영혼의 가을에는 풍성한 추수를 기대할 때다. 가을철의 영혼은 한마디로 기대감이다. 이 계절에는 먼저 무엇을 거둘 것인가를 고민해야 한다. 죄를 심었으면 아무것도 거둘 것이 없다. 성경에서 가르치는 달란트 비유에서 볼 수 있듯이, 많이 심으면 많이 거둔다.

영혼의 가을에는 세 가지 추수를 해야 한다. 첫째는 영혼의 추수다. 둘째는 형통의 추수다. 셋째는 의의 추수다. 의는 예수 그리스도를 닮는 것이다. 생각과 소원과 태도와 행동과 성품이 점점 예수님을 닮아가는 것이다.

영혼이 가을을 경험할 때는 찬송과 감사의 창고에 말씀을 가득 저장해야 한다. 가을은 수확하고 저장하는 계절이다. 영혼의 겨울이 오기 전에 말씀을 가까이하고 또한 암송하며 묵상해야 한다. 영혼의 가을에는 영적 수확을 빼앗는 우상을 물리쳐야 한다. 이 계절에 가장 많은 우상이 발생할 수 있다. 모든 우상을 버려야 한다. 기드온에게서 지혜를 얻어야 한다. 하나님께 쓰임 받기 전에 자신 만이 가지고 있는 모든 우상을 버려야 한다. 우리는 영혼의 계절에서 겨울보다 가을에 더 주의해야 한다. 결실의 계절인 가을에 영혼은 더 나태하고 교만해지기 쉽기 때문이다.

영혼의 계절에서 인내는 일이 선하게 풀릴 것을 마음 깊이 믿는 것이다. 모든 계절이 하나님과 동행하는 여정이므로 믿음으로 기도하며 인내해야 한다. 영혼도 계절처럼 변화의 여정을 경험한다. 그때 우리가 어디에 있는지를 기억해야 하며 리듬을 타야 한다. 믿음으로 살고 인내할 때 변하는 영혼의 계절 가운데서 승리할 수 있다.

하나님 사랑에도 단계가 있다

12세기의 영성가였던 성 버나드(St. Bernard of Clairvaux)는 신자의 영적 성숙에 따라 경험하는 하나님 사랑을 4단계로 설명하였다.

1단계는 자기를 위해 자기를 사랑하는 단계다. 원초적이고 본성적인 사랑의 단계다. 이기적인 사랑의 단계이다. 이 사랑의 단계를 극복하기 위해 이웃 사랑을 실천해야 한다. 따라서 성경은 온 인격과 힘과 정성을 다하여 네 하나님을 사랑하고, 네 이웃을 네 몸같이 사랑하라고 말한다(마 22:37-40).

제2단계는 자기를 위해 하나님을 사랑하는 단계다. 이 단계의 사랑은 하나님이 주신 복을 얻기 위해 하나님을 사랑한다. 하나님을 사랑하는 것이 아니라 하나님이 주신 선물 때문에 하나님을 사랑한다. 하나님을 믿으면 구원받고, 복을 받고, 환난 중에 도움을 받을 수 있기 때문에 하나님을 사랑한다. 하나님을 위한 사랑이 아니라 자신의 감각적인 욕구를 위해 하나님을 사랑한다. 이러한 사랑은 타산적 사랑이다. 이 단계의 신앙은 기복신앙에 머무르기 쉽다. 하지만 하나님의 사랑으로 나아가는 전환기이기도 하다.

제3단계는 하나님을 위해 하나님을 사랑하는 단계다. 나의 영적인 필요에 의해 하나님을 사랑하고 하나님과 교제하다 보면, 하나님의 선하심을 깨닫게 되어 하나님을 사랑하게 된다. 영적으로 성숙해 지면 하나님은 위대하시며 그 자체로 우리의 경배를 받기에 합당하신 분인 것을 깨닫게 된다. 이 단계의 사랑은 하나님이 나에게 선하기 때문에 하나님을 사랑하는 것이 아니라 하나님이 선하시기 때문에 하나님을 사랑한다. 이 단계의 사랑은 이타적 사랑이다.

제4단계는 하나님을 위해 자기를 사랑하는 단계다. 하나님이 나를 얼마나 귀하게 여기시며 사랑하시는지 알아 나를 사랑하는 단계다. 여기서 자기를 사랑하는 것은 그 목적과 이유가 2단계에서 자기를 사랑하는 것과는 다르다. 여기서 자기를 위한 사랑이 둘째 단계와 유사한 것처럼 보이지만 전혀 다른 차원의 사랑이다. 여기에서 말하는 자신이란 창조주의 사랑에 의해 압도된 자신을 의미한다. 성령을 통해 자신의 가장 깊은 곳에 언제나 계시며, 우리 자신보다 우리를 더 잘 알고 더 사랑하시는 하나님의 사랑에 의해 충만한 자신을 의미한다.

2단계에서 자기 사랑은 자신의 이기적인 욕망 때문이지만, 여기서 자기를 사랑하는 것은 하나님의 성숙한 자녀로서 살기 위해 자기를 사랑한다. 특히 이 단계에서는 내가 가진 소유나 명예 때문에 나를 사랑하는 것이 아니라 하나님의 형상인 나의 존재 자체를 귀하게 여기고 사랑한다. 나의 자랑할 만한 것이 내 자존감을 결정하는 것이 아니라 하나님이 나를 존귀하게 여기시기 때문에 나를 사랑한다. 이 단계의 사랑은 온전한 사랑이다.

하나님을 위한 자기 사랑이 온전한 사랑이다

버나드가 제시한 '하나님을 위한 자기 사랑'은 우리의 정체성에 대해 중요한 의미를 제공해 준다. 우리는 하나님 안에서 우리 존재 자체를 사랑하기보다는 우리가 하는 일이나 다른 사람들이 우리 자신에 대하여 하는 말이나 우리가 소유한 것이 우리의 정체성이라고 여기는 경우가 많기 때문이다. 우리는 우리 자신도 모르게 왜곡된 정체성의 덫에 빠진다.

헨리 나우웬(Henri Nouwen)은 "너는 내 사랑하는 자라"는 하나님의 말씀 속에 모든 인간에 대한 가장 깊은 진리가 계시된다고 하면서 모든 영적 유혹은 이 근본 진리를 의심하고, 그 밖의 다른 정체들을 믿게 하는 것과 관련된다고 하였다.[7] 그는 예수님의 정체성은 요단강에서 세례를 받으실 때, 하나님이 예수님을 행해 "이는 내 사랑하는 아들이요 내 기뻐하는 자라"(눅 3:21-22)고 하신 말씀 안에 있다고 하였다.[8] 그에 따르면, 예수님은 이 체험을 통해 자신의 정체성을 가장 깊은 방식으로 체득하게 된다.

나우웬에 따르면, 광야에서 예수님에 대한 사탄의 시험(눅 4:1-13)은 하나님이 예수님에게 말씀하신 진정한 정체성을 앗아가려는 유혹이었다. 사탄이 예수님의 진짜 자기(true self)를 가짜 자기(false self)로 대체하려고 하려는 유혹이었다. 사탄은 "너는 돌로 떡을 만들 수 있는 자다. 성전에서 뛰어내릴 수 있는 자다. 다른 사람들로 하여금 네 권세에 절하게 만들 수 있는 자다"라고 유혹하였다. 네가 하는 것이 곧 너다. 네가 가진 것이 너다. 사람들이 생각하는 것이 너라는 사탄의 유혹에 예수님은 "아니다"라는 선언과 함께, "나는 하나님의 사랑받는 자다"라고 선언하신다. 나우웬은 영적 삶의 가장 큰 적은 자기 거부라고 진술한다.

> 삶의 가장 큰 덫은 성공이나 인기나 권세가 아니라 자기 거부, 자신의 참 존재를 회의하는 것이다. 성공과 인기와 권세도 과연 큰 유혹일 수 있으나 그 유혹의 질은 자기 거부라는 훨씬 큰 유혹의 일부라는 데에 있다. 우리를 무익하고 사랑받지 못할 존재라고 부르는 소리를 믿게 되면, 성공과 인기와 권세가 어느새 매력 있는 해답으로 다가온다.[9]

인간은 하나님의 사랑받는 자라는 것을 망각할 때, 수많은 형태의 자기 부정에 빠지게 된다. 자기 거부나 부정의 유혹은 때로는 교만의 형태로 때로는 열등감의 형태로 나타난다.[10] 자기 부정은 자신감 부족으로 나타날 수도 있고 지나친 자만심으로 나타날 수도 있다. "자기 거부는 영적인 삶의 가장 큰 적이다."[11]

버나드가 설명한 본성적 사랑과 타산적 사랑은 기복적인 경향이 있기 때문에 진짜 자기를 가짜 자기로 대체하기 쉽다. 본성적 사랑과 타산적 사랑은 자기 존재 자체를 사랑하기보다는 감각적인 소유와 성과와 인기에 목적을 두기 때문에 자기를 가짜 자기로 쉽게 대체한다. 물론 우리에게 소유와 성과와 인기가 필요하지만, 이러한 것들에 사로잡힐 때 우리는 자기 부정의 덫에 빠지게 된다. 우리의 정체성이 진짜 자기가 아니라 가짜 자기로 대체 될 때 무엇보다도 낮은 자존감에 노출되기 쉽다. 가짜 자기는 우리를 끊임없는 욕망과 비교의 터널로 끌고 가는 특성이 있기 때문이다.

버나드가 제시한 4단계의 하나님을 위한 자기 사랑은 하나님이 우리 존재 자체를 사랑하시듯이, 우리도 우리를 사랑하는 단계다. 이 사랑은 건강한 자존감을 형성하게 된다. 우리의 행위나 소유에 따라 우리의 가치를 규정하는 것이 아니라 우리 존재 자체를 사랑하는 데 목적이 있기 때문이다. 따라서 하나님 없는 자기 사랑은 진정한 자기 사랑에 이를 수 없고, 감각적인 우상에 빠지기 쉽다. 하지만 하나님을 위한 자기 사랑은 진정한 자기를 사랑하게 되므로 가장 복된 자기 사랑이다.

조쉬 맥도웰(Josh McDowell)은 우리 삶에서 건강한 자존감의 중요성을 강조하기 위해 낮은 자존감과 비교하여 설명한다.[12] 낮은 자존감의 사람은 세상에 도전하는 자기의 능력에 비관적이다. 그들은 새로운 상황이나 돌발적 상황을 자기를 위협하는 것으로 여기거나 자기를 공격하기 위해 계획된 것으로 간주한다. 그들은 자신을 향해 세상이 닫혀있다고 생각하며, 자기들을 억압하고 짓밟으려 한다고 본다. 그들은 세상에 도전하며 그것을 변화시키려 하지 않고 세상이 요구하는 것을 받아들이려는 경향이 있다. 반대로 건강한 자존감의 사람은 세상을 도전해야 하고, 자기의 능력을 발휘하며, 그리스도를 신뢰하며, 부딪혀야 할 기회로 여긴다. 그러한 사람은 그리스도를 통하여 세상에 영향을 주며, 하나님의 은혜로 효과적으로 환경을 변화시킬 수 있다고 생각한다.

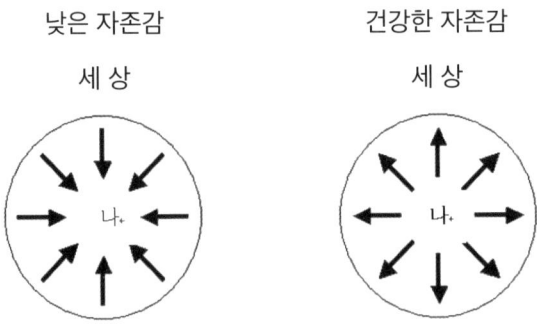

위의 그림은 낮은 자존감을 가진 사람은 세상의 가치가 다가오거나 공격할 때 쉽게 정복당한다는 것을 보여준다. 하지만 건강한 자존감을 가진 사람은 세상의 가치에 의해 정복당하는 것이 아니라 세상의 가치를 오히려 개혁하며 변혁하는 능력을 발휘한다. 이는 그리스도인들에게 아주 주요한 교훈을 준다. 그리스도인들이 신앙 안에서 건강한 자존감을 가질 때 그들은 세상이 유혹하거나 공격해 올 때, 그 가치에 정복당하지 않고 오히려 그리스도의 가치로 그것을 개혁하고 변화시킨다. 하지만 신앙 안에서 건강한 자존감이 형성되지 못할 때 세상의 가치에 쉽게 정복당하게 된다.

우리가 목표로 삼아야 할 사랑은 하나님을 위한 자기 사랑이다. 우리의 정체성은 "너는 내 사랑하는 자요 내 기뻐하는 자라"라는 말씀에 기초해야 한다. 하나님이 우리를 사랑하시듯이, 우리를 사랑하는 법을 알아야 한다.[13] 우리에게 온전한 사랑은 자기 자신을 위한 하나님 사랑이나 하나님을 위한 하나님 사랑이 아니라 하나님을 위한 자기 사랑이다.

영적 훈련의 중요한 목적은 참된 정체성의 문제와 깊이 관련된다. 자기를 바르게 사랑하는 것과 관계된다. 영적 훈련의 가장 중요한 목적은 하나님을 위한 자기 사랑에 있다. 영적 훈련은 하나님이 사랑스럽게 여기고 존귀하게 여기는 자신을 사랑하는 법을 알게 하는 데 목적이 있다.

> 영적 훈련의 중요한 목적은 성경에서 가르치고 있는 인간관을 통해 바른 정체성을 가지도록 해야 한다. 성경은 인간이 하나님의 형상대로 창조된 가치 있는 존재임을 명백히 하고 있다(창 1:26-28). 심지어 타락한 후에도 우리를 "천사보다 조금 못하고" "영화와 존귀의 관을 쓴 자"(시 8:4, 8)라고 말한다. 하나님께서는 인간을 사랑하셔서 인간의 죄를 대속하시기 위해 독생자를 보내셨다(요 3:16). 천사를 보내셔서 우리를 보호하시고, 성령을 보

내셔서 우리를 인도하신다. 성경의 가르침은 하나님의 형상으로서의 고귀한 인간과 죄로 타락하여 손상된 인간의 본성 간에 존재하는 파라독스가 하나님의 중보의 은혜로 해결된다는 것이다(눅 15장).[14]

제이 아담스(Jay Adams)는 진정한 자기 발견은 죄성으로 가득 찬 자아에서 출발하는 것이 아니라, 그리스도 안에서 새로운 피조물인 하나님의 자녀라는 사실에서부터 시작한다고 하였다.[15] 따라서 우리는 자신이 하나님 앞에서 새롭게 된 고귀한 존재임을 기억하고 바른 정체성을 가지도록 해야 한다. 영적 훈련의 중요한 목적은 예수 안에서 자기 정체성을 갖도록 도와주는 것으로부터 시작해야 한다. 레이 앤더슨(Ray Anderson)은 영적 훈련의 중요한 목적 중의 하나를 인간의 존엄성과 가치에 대한 근본적인 깨우침이라고 진술한다.

> 인간 정신에 가장 깊은 상처를 주는 것의 하나가 자기 존엄성과 자기 가치가 조직적으로 침식될 때 일어나는 고립감이다… 인간의 기원에 대한 성경 안의 이야기는 이러한 인간의 인격적 존재의 상실로부터 구원이라는 관점에서 읽혀질 필요가 있다… 모세는 창조의 이야기를 통해 인간성의 기초로서 하나님의 형상과 모습을 드러내 보임으로써 각 개인에게 본래 주어진 내재적인 존엄성과 가치에 대해 근본적인 깨우침을 가져오기를 원했다.[16]

영적 훈련은 단지 영적 기술을 터득하는 것이 아니라 인간의 존엄성과 가치에 대한 정체성과 관련되어야 한다. 자존감이 낮은 사람일수록 자기의 삶에 스스로 만족하기보다는 자기를 향한 타인의 시각과 행동에 의해 모든 것을 평가하는 경향이 있다. 이런 사람은 하나님이 존귀하게 지으신 자기 존엄성을 생각하지 못하고 보지도 못한다. 하나님 없는 자기 이해와 사랑은 본성적 사랑과 유아기적 사랑에 머무르게 된다. 하나님을 위한 자기 사랑을 할 때 온전하게 하나님과 자신을 사랑할 수 있다. 하나님 없는 자기 사랑은 타산적 사랑에 머무르고, 진짜 자기 없이 하나님 사랑을 할 수 없다. 하나님을 위한 자기 사랑이야말로 우리를 온전한 사랑에 이를 수 있게 한다.

하나님 사랑과 자기 사랑은 유기체적 관계다. 건강한 영성의 핵심은 가짜 자기를 벗어 버리고 참 자기로 살아가도록 하는 데 있다. 존 칼빈은 "우리의 지혜는 크게 두 부분으로 구성되어 있다. 하나님에 대한 앎과 우리 자신에 대한 앎이다. 이 둘은 매우 복잡하게 연결되어 있어서 어느 것이 먼저이고 나중인지, 어느 것이 원인이고 결과인지 구별하기가 쉽지 않다"고 했다.[17] 마이스터 에크하르트(Meister Eckhart)는 "먼저 자기 자신을 알지 못하는 사람은 하나님을 알 수 없다"고 했다.[18] 아빌라의 테레사는 "영적 생활의 거의 모든 문제는 자기 이해의 부족에서 비롯된다"고 했다.[19]

영혼의 계절에 어두운 밤도 있다

인간은 하나님의 사랑스런 얼굴을 원하기보다는 만질 수 있고 느낄 수 있고 볼 수 있는 하나님의 창조세계 안에서 궁극적 만족을 찾는다. 하나님이 아닌 하나님의 창조물을 더 사랑하게 된다. 심지어 하나님의 창조물인 피조 세계의 것들을 더 얻기 위해 하나님을 우상화시키기까지 한다. 즉 더 움켜쥐고 더 많이 소유하기 위해 하나님도 대상화(it)시킨다. 인간은 하나님을 사랑하는 것이 아니라 하나님의 것을 더 많이 소유하기 위해 하나님을 사랑한다. 인간은 하나님 대신에 감각적인 것들을 숭배하고, 이것들에 정성을 기울이며, 시간과 에너지를 바친다. 대체 중독이 심화된다. 대체 중독은 우리의 가장 깊고 진정한 욕구의 대상이며 근원인 하나님의 사랑을 대체한다. 하나님의 인격성을 대상성으로 전환한다.

마치 탕자가 아버지와의 관계보다 물질에 더 집착했던 모습과 같다. 이렇게 아버지(Thou)보다 아버지의 것(it)을 더 사랑했던 탕자의 귀향 여정을 가리키는 영적인 명칭이 많다. 정화, 성화, 자유, 영혼의 어두운 밤 등이다.

십자가의 요한(John of the Cross)에 따르면, 하나님은 영적 여정에서 감각적 단맛을 추구하고 정신적 우상을 섬기는 영혼의 감각과 파토스를 정화시키기 위해 영혼에게 '밤'을 경험하게 하신다. 요한이 말하는 영혼의 어두운 밤은 사람들이 한때 기도와 예배와 같은 영성생활에서 누렸던 기쁨을 잃어버리는 시기를 말한다. 하지만 하나님은 이러한 밤을 통해 영혼을 더 정결하게 하여 깊은 신앙으로 이끄신다. 하나님은 영혼의 어두운 밤을 통해서 감각적인 단맛에 중독되어 있는 영혼을 정화시키는 데 목적이 있기 때문이다. 하나님은 영혼을 정화시키기 위해 메마름을 경험하게 하신다. 기도와 예배의 기쁨을 빼앗아가 버리신다. 하나님은 영혼이 어두운 밤을 경험하게 한다.

요한은 어두운 밤의 모호함과 혼동을 극복할 수 있도록 돕기 위해서 진정한 어두운 밤의 경험과 그 밖의 잠재적인 원인들인 죄와 결함, 연약함, 욕망, 우울증과 신체적 질병을 서로 구별할 수 있는 세 가지 신호에 관하여 설명했다.[20]

영혼의 어두운 밤의 첫 번째 신호는 기도와 삶 속에서 지속적이고 만연된 건조함과 불만족과 메마름에 대한 경험이다. 기도와 같은 영성생활을 통해서 누렸던 기쁨과 충만함이 사라지는 경험이다. 하나님은 정신의 모든 기능인 감정과 느낌들, 감각적인 것들과 영적인 것들, 외부적인 것과 내부적인 것을 고통스러울 정도로 드러내신다. 단맛에 중독되어 있는 영혼을 정화시키신다. 왜냐하면 영혼은 감각적인 단맛 중독증에 빠져 있을 뿐만 아니라 영적 단맛에도 중독되어 있기 때문이다.

요한은 무미건조함의 지속적인 경험은 영혼의 어두운 밤과 자신의 죄와 결함 때문에 발생하는 것 사이를 구별해 주는 증거라고 했다. 자신의 죄와 결함으로 발생하는 고통이나 밤은 보통 다른 것들 속에서 어느 정도의 만족감을 누릴 수 있고 어느 정도의 시간이 흐르면 예전으로 회복이 가능하다. 하지만 영혼의 어두운 밤에는 예전 방식들이 모두 공허해 보일 뿐만 아니라 똑같은 방식으로 다시 기도하거나 삶을 이어갈 수 없다는 것을 발견하게 된다.

영혼의 어두운 밤의 두 번째 신호는 예전의 기도 방식이나 영성 생활의 방식에 대한 욕망이 저하되는 현상이 나타난다. 즉 이러한 현상이 나타날 때 한동안 익숙했던 기도의 방법들과 영성 생활을 위해 더 많은 노력을 해도 열망은 자라나지 않는다. 영혼의 어두운 밤에는 한동안 새벽기도에 나가서 열정적으로 부르짖고, 공적인 예배에 성실하게 참석을 했지만 이제는 그런 열정이 사라지게 된다. 이러한 경험은 타락한 것처럼 느껴질 수 있다. 왜냐하면 자신의 영적 삶이 퇴보하고 있는 것처럼 여겨지기 때문이다. 이런 경험은 영혼에게 고통과 슬픔과 불안과 같은 현상이 발생할 수도 있다. 이러한 현상은 반드시 우울증과 같은 침울함이나 그 밖의 어떤 기분에서 기인한 것만은 아니다.

영혼의 어두운 밤의 세 번째 신호는 "내적인 고요함과 평안함 가운데서 하나님의 사랑스러움을 인식하며 그 안에 혼자 머무르길 원하는 형태로 나타난다."[21] 어두운 밤을 경험하는 과정에 있는 사람은 하나님과 함께하며 이성적 사고와 걱정과 노력을 내려놓고 하나님의 사랑 안에서 쉬기를 원한다. 영성 생활과 관련된 어떤 규범적인 훈련이나 행동 없이도 내적인 평화와 고요함 속에서 하나님에 대한 사랑어린 인식 가운데 홀로 머무르고 싶은 열망이 일어난다. 요한은 이 세 번째 신호가 어두운 밤의 가장 확실한 신호라고 했다.

일반적으로 어두운 밤의 체험에 대한 반응과 뇌의 신경전달 물질의 농도가 불균형하게 되어 심리적 일차성(급성) 우울증과 어두운 밤 체험에 대한 반작용은 모두 희망과 의욕의 상실, 메마름과 공허감 등을 포함한다. 제랄드 메이(Gerald May)는 어두운 밤에 나타나는 현상과 심리적 일차성 우울증과의 차이점을 다음과 같이 설명하였다.

> 첫째, 어두운 밤의 체험들은 일차성 우울증과 달리 생활이나 직업에서의 능력 상실이 나타나지 않는 것이 보통이다. 사실 자기가 계속 제대로 역할을 다하는 것을 신기하게 생각하는 경우도 많다. 특히 다른 사람들의 영적 여정을 도와주는 일에 대해서는 더욱 그러하다.
> 둘째, 놀랍게도 어두운 밤 체험 이후에도 유머 감각은 지속된다. 이 유머는 가벼운 우울증에서 나오는 냉소적이거나 쓴웃음을 짓게 만드는 유머가 아니고, 밝은 빛이 느껴지는 것이다.
> 셋째, 다른 사람을 긍휼히 여기는 마음이 어두운 밤 체험 이후로 더욱 커진다. 임상적 우울증에서 보이는 자기 몰두는 거의 또는 전혀 나타나지 않는다.
> 넷째, 어두운 밤이 아니었다면 있을 수 없는 일들이 나타난다. 표면적으로는 불만족과 혼란이 매우 심하면서도, 가장 정직한 대답과 가장 깊은 반응을 들여다보면 모든 것이 제대로 되어 가고 있다는 감각을 지니고 있다. 이것은 일차성 우울증과는 극히 대조적이다. 우울증의 경우에는 깊은 곳에서 무언가 잘못되어 가고 있다는 느낌이 있으며, 적어도 의식적인 수준에서는 철저하고 기적적인 변화를 바라는 욕구가 팽배하다.

다섯째, 어두운 밤을 경험하는 사람은 임상적 우울증에 빠진 사람처럼 도움을 간절히 요청하는 것 같지는 않다. 설명이나 평가를 바라기는 하겠지만, "날 좀 여기서 구해 주세요"라는 식의 말은 거의 들을 수 없다.

여섯째, 아주 미묘하긴 하지만 가장 중요한 것은, 어두운 밤을 경험하는 사람은 다른 사람이 어두운 밤의 시기를 통과하고 있는 것을 보고 좌절하거나 분노나 짜증을 느끼지 않는다는 것이다. 이런 감정들은 내면화된 분노를 지닌 우울증을 가진 사람들에게서 흔히 볼 수 있다. 그러나 어두운 밤을 체험하는 사람은 다른 사람이 같은 체험을 하는 것을 알고 위안을 받을 때가 많다.[22]

물론 어두운 밤의 체험과 우울증의 이러한 차이점을 일반화시키는 것은 적절하지 않을 수 있다. 때문에 이러한 차이점들은 우리가 경험하는 두려움과 메마름과 공허 등이 단지 인간의 내면적인 심리적인 현상만이 아니라 하나님과의 관계에서 발생하는 영적 체험이 될 수 있다는 것을 알도록 도와주는 보완적인 현상으로 이해되어야 한다. 또한 이러한 차이점의 현상들을 가지고 모든 사람에게 동일하게 적용하거나 억지로 적용하여 사람들의 체험을 규격화하려고 해서도 안 된다. 예를 들어 어두운 밤의 체험과 다른 어떤 요인으로 발생한 일차성 우울증이 함께 진행되는 것도 가능할 수 있기 때문이다. 이러한 경우에는 위에서 제시한 차이점들이 오히려 우울증을 경험하고 있는 사람에게 필요한 심리치료나 약물치료를 간과해버리는 과오를 범할 수 있기 때문이다. 때문에 인간의 영적 체험이나 심리적 체험에 대한 이론적 연구나 임상적 연구를 통하여 내놓은 객관적인 자료라고 할지라도, 어떤 영적 체험이나 심리적 체험을 한 사람에게 그 자료는 항상 이차적인 것이다.

나아가 어두운 밤을 알아채는 경험처럼 보이는 것들 중에는 나태와 영적 교만과 영적 탐식으로 인해 발생하는 영적 질병 일 수도 있다. 또한 어두운 밤의 경험처럼 보이는 것들 중에는 어떤 것은 사실상 악한 영의 일일 수도 있다는 것도 염두에 두어야 한다. 때문에 어두운 밤의 체험과 다른 영적 체험들을 통해 여러 질문을 해보아야 한다. 자신의 체험에 대한 건강한 개방성이 유지되는가? 자신의 체험을 모든 방향에서 그 경험에 대해 도움받고자 하는가? 체험에 대한 자신의 느낌과 상관없이 다른 사람에게 그것이 정직과 사랑과 믿음을 격려하는 것으로 느껴지는가? 자신의 체험이 하나님을 의지하도록 하는가, 아니면 가로막는 것 같은가? 자신의 체험이 하나님 사랑과 이웃 사랑을 자라게 하는가, 아니면 방해하는가? 자신의 체험이 하나님의 임재와 은혜에 대한 더 깊은 감각으로 이끄는가, 아니면 냉랭함, 분리, 이기심, 적대감으로 이끄는가? 만약에 자신이 체험한 것이 하나님으로부터가 아니라 악한 영의 작용으로 의심이 생기는 경우 기도해야 한다. 그리고 그 기도가 자신 안에서 어떻게 작용하는지를 살펴보아야 한다. 하나님이 주신 은혜의 체험을 대면하는 경우, 그 기도는 자신에게 편안하고 조용하게 느껴진다. 자신의 기도가 악한 영을 대면하고 있을 경우, 기도는 방해를 받거나 때로는 가로막히기도 한다. 물론 기도에 대한 이런 지침은 보충적으로 이해되고 사용되어야지 절대적인 것처럼 남용되거나 완전한 분별 기준처럼 여겨서는 안 된다.

제자훈련 멘토링   *Disciple Training Mentoring*

1. 배운 내용과 기도

1) "신앙에도 사계절이 있다"는 내용을 읽고 마음에 다가온 문장이나 배운 내용이 있다면 기록한다.

2) 마음에 다가온 문장이나 배운 내용을 통해 소망하거나 결심한 것을 기록한다.

3) 소망하거나 결심한 내용을 가지고 '쓰기 기도'를 통해 하나님께 도움을 구한다.

2. 토론 주제와 나눔

1) 영혼의 봄의 계절은 쟁기질하고, 파종하고, 청소해야 한다는 의미를 말해봅시다.

2) 영혼의 여름 계절에서 주의해야 할 것들을 토론해 봅시다.

3) 영혼의 가을에 창고에 저장해야 할 것들에 대해 말해 봅시다.

4) 왜 하나님을 위한 자기 사랑이 온전한 사랑인지 말해 봅시다.

5) 영적(신앙) 여정에서 영혼의 어두운 밤에 대해 이야기해 봅시다.

6) 영혼의 어두운 밤과 우울증의 차이에 대해 말해 봅시다.

3. 적용 및 실천 방안

1) 개인적으로 배운 내용과 토론을 통해 배운 내용을 기록한다.

2) 배운 내용을 가지고 구체적인 적용 및 실천 방안을 나누며 기록한다.

3) 삶에서 개인적인 적용 방안이나 실천 방안을 구체적으로 기록한다.

Disciple Training Mentoring

PART 06

영적 이력서를 다시 쓰자

우리가 건강한 영적 이력서를 쓰기 위해서는 믿음의 이력서를 다시 써야 할 뿐 아니라 무엇보다도 신앙적 배타성, 영적 교만을 경계해야 한다. 이러한 배타성과 교만은 우리를 건강한 삶과 사회로부터 소외시키는 영적 게토주의를 형성할 수 있다.[1]

믿음의 이력서를 다시 써야 한다

캐나다에 있는 유명한 신학대학이 하나 있다. 리젠트 칼리지이다. 영성 신학으로 유명한 신학대학이다. 한국 학생들이 어느 날 이 학교를 설립한 제임스 휴스턴을 찾아가 특별히 우리에게 당부하고 싶은 말이 있느냐고 물었다. 그때 휴스턴은 한국 학생들에게 이렇게 말했다. "아내의 얼굴은 너희 믿음의 이력서다." 참으로 의미심장한 말이다. 아내의 얼굴이 나의 믿음의 이력서란 말이다. 믿음의 이력서는 자기 아내의 얼굴의 모습과 비례한다는 것이다.

사람이 몸이 아프거나 병들면 얼굴에 나타난다. 사람이 병들면 기쁨이 사라진다. 사람이 앓는 대부분의 병은 관계적인 산물이다. 우리의 삶의 모습은 관계의 이력서이다. 우리의 믿음도 마찬가지이다. 우리는 쉽게 나의 믿음의 이력서는 모태 신앙, 세례는 언제 받고, 집사는 언제 되고, 이렇게만 생각하기 쉽다. "나의 아내의 얼굴이 나의 믿음의 이력서다." 이 말은 성경에 나와 있는 말씀이다. 고린도전서 12장 26절에 "만일 한 지체가 고통을 받으면 모든 지체가 함께 고통을 받고 한 지체가 영광을 얻으면 모든 지체가 함께 즐거워 하느니라." 상대방의 얼굴은 내가 만드는 것이다. 나의 지체의 얼굴은 내가 만드는 것이다. 우리는 우리 지체들이 스스로 자기 얼굴의 모습을 만든다고만 생각하며 살아왔다. 하지만 상대방의 얼굴은 내가 만들어 놓은 얼굴이라는 사실이다.

나의 아내의 얼굴이 나의 얼굴이고, 나의 지체의 얼굴이 나의 얼굴이고, 나와 함께 살고 있는 나와 함께 신앙생활하고 있는 사람들의 얼굴이 나와 관련된 얼굴이라는 것이다. 우리는 상대방의 얼굴을 아름답게 만드는 사람들이 되어야 한다. 어떻게 이렇게 할 수 있을까? 상대방을 칭찬하고 격려하면 된다. 우리는 '잘한다' 칭찬하고 격려하는 삶을 살아야 한다. 우리 모두는 서로가 받은 은사를 확인하고 감탄하는 그런 사람이 되어야 한다.

특히 교회 공동체는 사람들의 얼굴을 밝게 만들고, 웃게 만들고, 아름답게 만들어야 한다. 상대의 아픔이 나의 아픔이 되고 상대의 기쁨이 나의 기쁨이 되는 교회 공동체가 되어야 한다. 이것이 교회다. 우리 교회는 사람들의 얼굴을 미남 미녀로 만들어야 한다. 영적 성형수술을 하는 공동체가 되어야 한다. 성형외과 가서 수술 잘못하면 부작용이 있지만, 영적 성형수술은 부작용이 없다. 교회 공동체가 격려의 말과 축복의 언어로 가득할 때 사람들의 얼굴을 밝게 할 수 있다.

신앙적 배타성을 경계해야 한다

그리스도인들이 경계해야 할 것이 영적 그리고 신앙적 배타성이다. 특히 신앙은 하나님과만 관련이 있다고 생각하고 인간의 의무와 책임을 간과하는 것을 주의해야 한다. 이러한 신앙적 배타성은 인간의 잘못이나 오류를 하나님께만 회개하면 된다는 신앙적 논리로 발전하기 쉽다.

한 현직 여성검사가 법무부 검찰 남성 고위간부로부터 성추행을 당한 후 인사 불이익을 받았다고 폭로했다. 그 여성 검사의 고백을 통해 성추행을 경험한 후 말할 수 없는 고통을 경험하였지만 사과를 받기보다는 오히려 권력의 힘에 의해 불이익을 당했다는 사실이 세상에 알려졌다. 성추행의 고통을 경험한 여성 검사는 "가해자가 최근 종교를 통해 회개하고 구원을 받았다고 간증하고 다닌다고 들었는데 회개는 피해자들에게 직접 해야 한다는 말을 전해드리고 싶다"고 하였다. 물론 한 개인의 회심과 회개는 개인적인 신앙의 문제라는 인식이 필요하기도 하지만, 그의 회심과 회개는 그의 삶의 내력과 전적으로부터 무관하다고 볼 수는 없다. 이는 성경이 증언하고 있기 때문이다. 성경은 사도 바울의 회심과 회개가 단지 그의 내적인 차원과만 관계된 것이 아니라 그의 삶의 내력으로부터의 전환이라는 것을 자세히 증언한다. 그리스도인의 회개는 교리적인 것을 넘어서는 것이다. 그것은 정서적인 전환이다. 우리 자신의 이기적인 욕망이나 유익에 몰두하는 것에서 다른 사람들의 유익에 관심을 두는 것으로의 전환이다. 이 전환은 말에서 행동으로, 즉 헌신적인 사랑으로 표현된다.

여성 검사의 외침은 그리스도인들에게 많은 교훈을 준다고 할 수 있다. 우리는 자주 우리의 잘못을 하나님 앞에 회개했다는 명목으로 우리가 감당해야 할 책임을 회피해 버리는 경우가 있다. 하지만 성경은 "그러므로 예물을 제단에 드리려다가 거기서 네 형제에게 원망들을 만한 일이 있는 것이 생각나거든 예물을 제단 앞에 두고 먼저 가서 형제와 화목하고 그 후에 와서 예물을 드리라"(마 5:23)고 교훈한다. 성경의 교훈은 우리의 믿음은 하나님과만 관계되는 것이 아니라 사람과의 관계도 포함 된다는 것을 지시한다. 우리의 삶의 여정에서 회개하고 잘못을 구해야 할 대상이 사람인데 그것에 대한 의무를 다하지 않고 하나님에게 회개하는 것은 오히려 우리의 잘못을 회피하는 행위가 되어 버릴 수 있다.

하나님의 임재 안에서 하나님과 깊은 사귐이 없는 사람은 자신의 잘못을 눈에 보이는 형제에게 용서를 구하는 것보다 보이지 않는 하나님께 입술로만 하는 회개가 더 쉬워 보일 수 있다. 하나님의 깊은 임재 의식이 없는 사람은 자기의 잘못을 하나님께 입술로만 말함으로 면제 받을 수 있다고 여길 수 있기 때문이다. 하지만 진정한 회개는 회개의 대상을 엄격하게 인식하고 행한다. 하나님의 임재 의식이 빈약한 사람이 잘못한 사람에게 회개하지 않고 하나님에게만 회개하는 것은 엄밀한 의미에서 회개를 통해 자기의 수치심과 고통을 회피하는 행위로 전락시킬 수 있다. 왜냐하면 심리적으로 외적으로 잘못한 사람에게 하는 회개는 수치심과 고통을 감내해야 하는 용기가 필요하기 때문이다.

　회개의 대상이 인간임에도 하나님께만 회개를 하는 것은 진정한 회개의 행위라고 할 수 없다. 엄밀한 의미에서 회개의 대상이 인간임에도 불구하고 그 대상을 하나님에게로 전환하는 행위는 신앙적 행위가 아니라 신앙적 배타성의 한 형태라고 할 수 있다. 즉, 신앙을 인간적 삶의 도리를 회피하는 수단으로 삼는 것이다. 이러한 신앙적 배타성은 우리도 모르게 무의식적으로 일어날 수 있다. 무의식적으로 표출되는 신앙적 배타성은 우리가 함께 감당해야 할 책임을 회피하게 한다. 이렇게 표출되는 신앙은 치료 받아야 할 특성이지 보호 받아야 할 신앙은 아니다. 신앙적 배타성은 건강한 신앙이 아니라 해로운 신앙이다. 해로운 신앙은 인간의 책임을 하나님의 이름으로 희석해버린다.

　하나님은 어떤 사람에게도 지나치게 하나님에게만 집중해서 다른 사람들과 관계할 필요가 없을 정도로 되는 것을 결코 의도하시지 않으신다. 하나님을 믿는 신앙이 다른 사람들에 대한 의무와 책임으로부터 자유로울 수 없다. 인간에 대한 의무와 책임이 결여된 신앙은 하나님에 대한 신앙이 결여되었고 자기에 대한 신앙을 앞세운다는 확실한 표지이다. 다른 사람과의 관계에서 자신이 마땅히 해야 할 의무와 책임이 결여된 신앙은 옳은 신앙이 아니라 가짜 신앙이다. 때문에 신앙적 배타성,

즉 신앙을 가지고 다른 사람에게 해야 할 의무와 책임을 회피하는 것은 진정한 신앙이 아니다.

　신앙적 배타성의 특징 중 하나는 신앙의 이름으로 인간적 관계와 의무를 회피해버리는 것이다. 신앙적 배타성을 가진 사람들에게 나타나는 가장 중요한 문장이 있다. '나는 오직 하나님께만 책임이 있습니다.' 또는 '나에게는 오직 하나님만이 중요합니다.' 우리가 기억해야 할 것은 결혼한 그리스도인은 배우자에 대해 책임이 있다는 것이다. 결혼한 그리스도인이 하나님에게만 책임이 있고 하나님만이 중요하다고 생각하는 것은 배우자에 대한 책임과 하나님과의 관계와 특징을 혼동하는 것이다.

　신앙적 배타성에 노출된 사람들은 하나님과의 건강한 관계뿐만 아니라 하나님이 사람들을 소중히 여기듯이 다른 사람들과 더불어 건강하고 책임지는 관계에 들어간다면 이러한 신앙은 자랄 수 없을 것이다.

　하나님 형상으로 창조된 모든 인간은 그 안에 하나님의 신성을 담고 있는 거룩한 존재이다. 이는 하나님을 사랑하는 것과 하나님 형상인 인간을 사랑하는 것은 분리할 수 없는 특성을 암시한다. 하나님을 사랑하는 것과 인간을 사랑하는 것은 구분은 되지만 분리되지 않는다. 때문에 하나님 형상인 인간에 대한 책임과 의무를 다하지 않고 하나님에게만 회개하는 것은 인간 자체를 무시하는 행위를 넘어 인간을 창조한 하나님을 무시하는 행위이다. 신앙은 단지 하나님을 사랑하고 믿는 행위에만 관계된 것이 아니다. 신앙은 하나님 안에서 우리의 인간성을 완성하는 것과 분리될 수 없다. 이러한 맥락에서 하나님 형상으로 창조된 인간성을 완성시키는 것이 곧 신성에 근접할 수 있는 방법이기도 하다. 따라서 가장 인간적인 것이 가장 신적인 것이기도 하다. 진정한 신앙은 인간적인 것을 거부하는 것이 아니라 오히려 인간적이 특성을 포함한다고 할 수 있다. 때문에 진정한 신앙은 하나님 사랑을 위해서 이웃 사랑을 희생시키지 않는다. 진정한 사랑은 이웃 사랑을 포함한다.

하나님 형상 교의는 모든 사람 안에 있는 하나님 형상에서 이웃 사랑을 위한 초석이 된다. 그 결과 선한 일을 하는 것에는 어떠한 제한이나 예외가 없다. 그리스도인은 하나님을 섬기는 의무뿐만 아니라 인간에 대한 책임이 있다. 그리스도인이 하나님 형상을 지닌 이들에게 베푸는 사랑은 거룩한 제사와 같다. 그러한 사랑은 하나님 앞에 드린 선물과 같다. 칼빈은 그리스도인에게 요구되는 사랑의 실천이란 단지 사람들 사이에서 행하는 문제가 아니었다. 오히려 하나님께 드려야 할 거룩한 영적 예배가 된다고 하였다.[2] 칼빈은 "하나님이 우리에게 요구하시는 사랑의 실천은 단지 인간에게만 주는 것이 아니라, 하나님께 행하는 거룩한 영적 봉사다"라고 하였다.[3] 그러므로 이웃에게 사랑을 실천하는 "자선이란, 일상의 봉사 혹은 예배에서 하나님께 드리는 것에 관한 적절한 표현이다. 또한 자선은 가난한 자들의 제단 위에 달콤한 향으로 드려지는 그리스도인의 희생물"이다.[4] 나아가 칼빈은 이웃에 대한 사랑의 실천의 의미를 다음과 같이 설명하였다.

> 자기 이웃을 보살피는 일을 거절하는 사람은 자신의 가치를 훼손하며 더 이상 인간이 되고 싶지 않다고 선포하는 사람이다. 우리는 불쌍하고 천대 받는 사람들의 얼굴에서 반사되는 우리 자신의 얼굴을 볼 수 있어야 한다. 심지어 우리와 가장 다른 사람에게서도 그렇게 해야 한다.[5]

하나님을 믿는 그리스도인은 보편적 책임과 사랑에 열려 있어야 한다. 칼빈은 "교회 예배당의자에 앉은 우리 이웃과 도시 거리에 서 있는 우리 이웃을" 한결 같은 마음으로 대해야 한다고 주장하였다.[6] 하나님을 신실하게 따르는 신앙인은 하나님을 대하듯이 이웃을 대해야 한다. 하나님께 의무를 다하듯이 이웃에게도 의무를 다해야 한다. 하나님을 사랑하듯이 이웃을 사랑해야 한다. 이러한 신앙이 하나님이 원하는 신앙이다. 왜냐하면 그리스도인에게 이웃 사랑은 신적 사랑을 소통하는 아주 독특한 방식이기 때문이다.

영적 교만을 경계해야 한다

한국 교회 안에는 하나의 공식이 자리 잡고 있다. "예수 믿으면 복 받고 예수 믿지 않으면 복을 받지 못한다"는 공식이다. 모든 인간은 복을 받고 싶어 한다. 그리스도인들도 결코 예외는 아니다. 사도 요한은 이렇게 간구하였다. "사랑하는 자여 네 영혼이 잘됨 같이 네가 범사에 잘되고 강건하기를 내가 간구하노라"(요삼 1:2). 훌륭한 자녀가 경건한 가정의 열매라고 한다면 우리가 그렇게 잘한 일에 대해 칭찬하지 말아야 할 이유는 없다. 하지만 우리가 놓치지 말아야 할 것이 있다. 훌륭한 자녀는 경건한 부모의 열매라는 공식은 불행한 자녀는 불행한 또는 불경건한 부모의 열매라는 공식도 암시하기 때문에 좋은 공식이라 할 수 없다. 나아가 이러한 생각과 공식은 우리의 성공과 실패 그리고 경건한 삶과 관련시켜 불필요한 죄책감에 사로잡히게 하는 동력으로 작용하기도 한다.

그리스도인들이 죄의 개념과 관련해서 하나님이 결코 계획하지 않은 이러한 부당한 죄책감에 사로잡히는 경우가 있다. '부당한 죄책감'의 이면에는 '어리석은 교만'이 있다. 이러한 교만은 특히 경건하고 모범적인 신앙생활을 하거나 성공한 자녀를 둔 사람들에게서 흔히 볼 수 있다.

다음 이야기는 '어리석은 교만'이 어떠한 삶의 특징이 있는지를 설득력이 있게 보여 준다.[7] 불행한 가정환경에서 자란 미치(Mitch)의 이야기이다. 미치는 불행한 가정에서 자랐기 때문에 자신의 부모가 저지른 지독한 실수를 반복하지 않으려고 다짐했다. 그리고 다른 사람들도 그렇게 되지 않기를 소망했다. 그는 목사로서 자신이 하는 거의 모든 가르침에 가정의 가치관에 관한 내용을 포함시켰다. 그는 또 자신이 원하는 대로 살았다. 우편엽서에 자기 모습이 나올 만큼 모범적인 그의 가정 덕분에 그는 성도들로부터 신임을 받았고, 자녀 양육에 대한 자신의 이론과 노련함에 대해 확신을 가질 수 있었다.

그 자신은 불행한 가정에서 자랐지만 모범적인 가정을 이루었다고 생각하고, 사적인 자리에서 그는 훌륭하게 성장하지 못한 자녀를 둔 친구들은 왜 할 수 없는지, 그리고 오래 전에 있었던 컨퍼런스에서 자신이 수집한 커다란 자녀 양육 자료집과 성경에서 찾아낸 단계적인 처방들을 그들이 왜 따르지 않는지 이해할 수 없었다.

그런데 뜻하지 않는 일이 일어났다. 40대 초반에 미치는 휴가에서 돌아와 자녀 양육이 아직 다 끝나지 않았다는 사실을 알게 되었다. 갑자기 아이가 생겼기 때문이다. 처음에는 아내와 함께 짜릿한 기쁨을 느꼈다. 일종의 전율 같은 것이었다. 물론 충격이기도 했다. 이 부부는 그와 같은 전율을 17년이 지난 이후에도 경험하였다. 그러나 아들의 출생은 더 이상 충격이라 할 수 없었다. 그 아들은 그들이 다른 두 아이를 키우는 동안 대단히 잘 들어맞았던 자녀 양육 방법과 체계와 도구에 아무런 반응도 보이지 않았다.

미치의 아들은 믿음을 부인하지는 않았다. 그러나 믿음에 대해 처음부터 이해하기 힘들어했다. 아주 어릴 때부터 그랬다. 그 아이는 참지 못하고 화를 자주 분출했다. 그 아이가 가족들을 사랑하고 그들을 기쁘게 해주고 싶어 한다는 데에는 의심의 여지가 없다. 그러나 무슨 이유 때문인지 그 아이는 가족의 가치관과 규칙을 도무지 이해하지 못했다.

미치와 그의 아내는 아들로 인해 염려의 나날을 보내야만 했다.

미치는 과거를 돌아보면서 자신이 한때 통제하기 어려운 자녀와 사춘기 자녀와 씨름하는 부모를 경멸한 것이 부끄러웠다. 자신의 교만이 얼마나 어리석은 것이었는지를 그는 힘들게 배웠다. 그리고 처음에 경험한 두 자녀의 성품과 하나님을 찾는 마음과 긍정적인 특성이 자신이 생각했던 것처럼 자신의 노력의 결과가 아니라는 사실을 깨닫게 되었다. 그 후 미치는 그의 생각을 바꾸었다. 그가 하는 설교의 분위기도 눈에 띄게 달라졌다.

미치의 이야기는 부모라면 모두 이해할 수 있는 내용이다. 하지만 중요한 것은 자녀가 하나씩 들어나고 자녀 양육의 경험이 늘어난다고 해서 우리의 교만이 꺾이는 것은 아니다. 우리의 어리석은 교만은 우리의 경험만으로 극복되는 것은 아니다. 이는 마치 매년 거두어들이는 추수가 반드시 농부의 경험이나 기술만을 대변하는 것은 아닌 것처럼, 아이가 이룬 죄나 성취가 그 부모의 양육 방법이나 경험을 반영하는 것 또한 아니다. 거기에는 다른 많은 요소들이 다양하게 개입되기 때문이다. 우리는 단지 최선을 다할 뿐이다. 최종 결과는 궁극적으로 우리 밖에 있다(잠 21:30-31).

물론 부모에게 건강한 자녀 양육이 필요 없다는 것은 결코 아니다. 구약 성경은 자녀 양육을 매우 중요하게 말하고 있다. 성경이 자녀 양육을 얼마나 중요하게 여기는지를 보여주는 이야기가 있다. 많은 존경을 받던 엘리 제사장은 부모의 책임을 다하지 못했고, 자신의 두 아들이 죄를 짓지 않도록 그들을 저지하는 노력을 하지 못했다. 그 이유로 하나님은 그의 두 아들을 죽게 하셨을 뿐만 아니라 엘리 제사장 자신의 목숨과 유산까지 거두어가셨다. 하나님은 그 일이 모두에게 경고가 될 수 있도록 숨기 없이 기록하게 하셨다(삼상 2:22-24; 3:11-18). 신약 성경도 영적 경건과 횃불을 자녀에게 물려주는 것이 모든 부모가 가장 중시해야 할 사명이라는 것을 가르치고 있다.

래리 오스본은 자기 친구 미치의 경험과 변화를 보며, 그가 전하는 메시지에도 변화가 일어나는 것을 경험하게 되었다고 고백하였다. 오스본은 자신의 자녀가 태어나기 전에는 '경건한 자녀를 양육하기 위한 열 가지 규칙'이라는 제목으로 자녀 양육에 관한 설교를 했었지만, 아이들이 하나씩 태어날 때마다 설교 제목이 달라졌다고 하였다. 그 진행 과정은 이렇다.

- 경건한 자녀를 양육하기 위한 열 가지 규칙
- 선량한 자녀를 양육하기 위한 열 가지 지침
- 자녀를 양육하기 위한 다섯 가지 원리
- 자녀 양육에서 살아남기 위한 세 가지 제안[8]

오스본의 고백은 설교자 뿐만 아니라 그리스도인들에게 주는 교훈이 많다. 특히 우리가 성경에 대한 자신의 이해나 영적 경험만을 가지고 영적 문제와 삶의 문제를 함부로 처방하는 것도 영적 교만의 한 형태다. 건강한 그리스도인은 항상 영적 교만을 경계한다.

영적 게토주의를 경계해야 한다

그리스도인들은 영적 깨달음이나 경험은 종교적 차원에만 제한하는 것을 경계해야 한다. 영적 경험은 일상의 영역에서도 경험될 수 있다. 하나님은 일상의 영역에서도 일하고 계시기 때문이다. 켈러(Timothy Keller)는 일상 속에서의 하나님의 사역을 설명하였다.

유대인 공동체는 뉴욕시를 풍요롭게 만드는 데 크게 기여하였다. 병원과 의료 혜택을 확장하고, 예술과 문화센터들을 만들고, 노인들을 보살피며, 젊은이들을 길러 내는 탄탄한 사회로 이끌었다. 성경의 유산과 신앙에 기대어 "정의를 행하며 인자를 사랑하며 겸손하게 네 하나님과 함께 행하는 것"(미 6:8)에 헌신했던 것이다. 비록 그리스도를 좇는 제자들은 아니지만 하나님이 그 안에 역사하셨다는 데는 재론의 여지가 없다.[9]

하나님의 사역은 그리스도인들에 의에서만 실현되는 것이 아니다. 영적 깨달음이나 경험도 종교적 차원에서만 경험할 수 있는 것도 아니다. 하나님의 성품과 거룩성은 교회 공동체나 종교 기관에서도 경험할 수 있지만, 일상의 여러 영역에서 경험할 수 있다. 하나님의 보통 은혜 덕분이다. 하나님의 거룩성은 보통 은혜 안에서도 경험할 수 있다. 그리스도인들이 보통 은혜를 바르게 이해하지 못한다면, 영적 게토주의나 엘리트주의에 빠지기 쉽다. 영적 게토주의는 기도와 같은 종교적 활동만을 통해서 영적 경험을 할 수 있다고 여긴다. 그리스도인들이 일반은총의 개념이 없으면 "스스로 문화적인 게토(ghetto)에 들어앉아 자급자족하는데 만족할 가능성이 높다. 크리스천 의사에게만 치료를 받아야 하고, 크리스천 변호사에게만 일을 맡기고, 크리스천 상담가의 말만 듣고, 크리스천 예술가의 작품만 즐겨야 한다고 생각할 수 있다. 그러나 하나님은 세상에 선물을 쏟아 부으시면서 상당 부분을 그리스도를 모르는 이들에게 맡기셨다."[10] 하나님의 사역은 그리스도인들에게만 제한되는 것이 아니며, 영적 경험도 종교적 차원에만 종속되는 것도 아니다.

영적 분야와 세속적 분야 또는 영적 장소와 세속적 장소로 구분하거나 범주화하는데서 영적 경험의 장을 잘못 이해하거나 왜곡하는 경우가 많다. 이러한 잘못된 구분이나 왜곡된 범주화는 영적 경험을 교회나 종교

기관과 같은 특별한 곳에서만 할 수 있다고 여기게 하였다. 일상의 영역인 정치 사회 교육의 영역에서는 영적 경험을 할 수 없다는 왜곡된 신념을 갖게 하였다. 신학적 관점에서 영적 경험은 분명히 특별 은혜의 영역 안에서도 경험할 수 있지만 보통 은혜 안에서도 경험할 수 있다. 따라서 그리스도인들이 영적 경험과 생활을 효과적으로 설명하고 이해하기 위해서 영적 차원, 윤리적 차원, 사회적 차원 등으로 구분하는 것은 바른 것이지만 영적 분야와 세속적 분야로 범주화하는 것은 바른 것이 아니다. 그리스도인들이 스스로 영적 분야와 세속적 분야로 범주화하여 일상의 문화적 정치적 사회적 차원들을 영적 삶과는 무관한 것으로 여길 때 영적 게토주의를 낳을 수 있다. 영적 게토주의는 영적 경험이나 깨달음의 장을 교회나 종교적 기관으로만 한정하거나 영적 또는 신령한 직분(spiritual estate)을 종교적 일이나 소명으로만 여길 때 심화될 수 있다.

마르틴 루터(Martin Luther)는 고린도전서의 '부르심'(고전 7:24)이란 단어를 '직업'을 의미하는 독일어 '베루프'(Beruf)로 번역해서 신령한 소명을 종교적 소명으로만 여긴 중세교회를 비판하였다.[11] 중세교회는 신부와 수도사 또는 수녀만을 신령한 직분이라고 여겼다. 신령한 직분에 대한 교회의 이러한 관점은 일상의 노동이나 직업은 영적인 일과는 무관하다고 보았을 뿐 아니라 신령한 직분이 아니라 천박하지만 불가피한 것으로 보았다. 루터는 "교황, 주교, 주부, 신부, 수도사들을 '신령한 직분'으로 정하면서 왕족, 귀족, 장인, 농부들은 '세속의 직분'이라고 부르는 것은 모두 지어낸 허구이다. 철저한 기만이요 위선이 아닐 수 없다"라고 하였다.[12] 루터에게 직업이나 일을 영적 분야와 세속적 분야로 나누는 것은 잘못된 것이었다. 루터의 이러한 관점은 영적 경험이나 깨달음도 교회나 종교적 기관이나 종교적 활동에만 종속되는 것이 아니라는 것을 말해준다.

제자훈련 멘토링   *Disciple Training Mentoring*

1. 배운 내용과 기도

1) "영적 이력서를 다시 쓰자"는 내용을 읽고 마음에 다가온 문장이나 배운 내용이 있다면 기록한다.

2) 마음에 다가온 문장이나 배운 내용을 통해 소망하거나 결심한 것을 기록한다.

3) 소망하거나 결심한 내용을 가지고 '쓰기 기도'를 통해 하나님께 도움을 구한다.

2. 토론 주제와 나눔

1) 제임스 휴스턴이 말한 "아내의 얼굴은 너희 믿음의 이력서다"에 대해 말해 봅시다.

2) 미치의 경험이 우리에게 주는 의미에 대해 토론해 봅시다.

3) 마르틴 루터가 고린도전서의 '부르심'(고전 7:24)이란 단어를 '직업'을 의미하는 독일어 '베루프'(Beruf)로 번역한 것에 대한 의미에 대해 토론해 봅시다.

4) 칼빈이 "하나님이 우리에게 요구하시는 사랑의 실천은 단지 인간에게만 주는 것이 아니라, 하나님께 행하는 거룩한 영적 봉사다"라고 말한 내용에 대해 토론해 봅시다.

5) 영적 게토주의에 대해 토론해 봅시다.

3. 적용 및 실천 방안

1) 개인적으로 배운 내용과 토론을 통해 배운 내용을 기록한다.

2) 배운 내용을 가지고 구체적인 적용 및 실천 방안을 나누며 기록한다.

3) 삶에서 개인적인 적용 방안이나 실천 방안을 구체적으로 기록한다.

Disciple Training Mentoring

PART 07

무릎 꿇는 사람은
넘어지지 않는다

무릎 꿇는 사람은 아름답다

존 스토트(John Stott)는 "사람들은 하나님 앞에서 기도하며 무릎을 꿇을 때 가장 고귀하고 훌륭한 상태가 된다. 기도하는 것은 진정으로 하나님을 닮는 일일 뿐 아니라 진정으로 사람이 되는 일이기도 하다"라고 하였다.[1] 기도는 영혼의 소중한 에너지이며 가장 아름다운 소명이다. 자신을 위해 기도하는 것과 다른 사람에게 기도를 받는 것과 다른 사람을 위해 기도하는 것은 모두 그리스도 안에서 자라는 과정이다.

우리는 하나님에 대한 교리를 믿는 것만으로는 충분하지 않다. 우리가 필요로 하는 것은 하나님이 없는 경험도, 경험이 결여된 하나님과의 지적인 만남도 아니다. 우리에게 중요한 것은 하나님을 경험하는 것이다. 하나님에 대한 신학이나 심리학이 아니라 하나님과 살아있는 관계 안에서 생명력을 경험하는 것이다. 다윗은 "너희는 여호와의 선하심을 맛보아 알지어다"(시 34:8)라고 하였다. 우리에게 가장 필요한 것은 하나님의 선하심을 경험하는 것이다. 아브라함 카이퍼는 "우리가 살아가면서 전능하신 하나님의 존재를 경험하고 그분과 인격적이고 특별한 관계를 가지기 시작할 때 비로소 하나님은 하늘에 계신 나의 주님이 된다"고 고백하였다.[2] 우리에게 중요한 것은 하나님에 대한 지적인 믿음이 아니라 우리의 삶 속에서 우리와 함께 하시는 하나님을 경험하는 것이다.

기독교 역사에서 하나님의 사랑을 경험하는 가장 귀한 젖줄은 기도였다. 기독교 전통의 중심 가르침에는 항상 기도가 있었다. 기독교의 영적 광맥을 지탱해 온 것은 바로 기도다. 기도하는 것이 신앙이다. 신앙인이란 기도하는 사람이다. 기도가 없는 영혼은 가정이 없는 영혼과 같다. 기도는 하나님의 학교에서 배우는 가장 중요한 과목이다. 무릎 꿇는 사람은 결코 넘어지지 않는다. 우리가 일하면 우리가 일할뿐지만, 우리가 기도하면 하나님이 일하신다.

서양 격언에 "인간의 극한 상황은 하나님의 기회다"라는 말이 있다. 기도하는 사람에게는 낙심과 고난의 순간이 하나님을 경험할 수 있는 기회가 된다. 하나님을 믿는 자들의 죄는 윤리적인 것이기보다는 하나님의 사랑을 믿지 않은 것이다. 기도는 영혼의 소중한 에너지이며 가장 아름다운 소명이다.

자신을 위해 기도하는 것과 다른 사람에게 기도를 받는 것과 다른 사람을 위해 기도하는 것은 모두 그리스도 안에서 자라는 과정이다. 하지만 기도 중의 기도는 중보기도이다. 중보기도는 우리가 다른 사람과 함께 하나님의 사랑 안으로 들어가는 것이다. 중보기도는 가장 순결한 기도일 뿐만 아니라 축복기도의 다른 이름이다. 자기 자신과 다른 사람을 위해 하나님 앞에 무릎 꿇는 사람은 넘어지지 않는다. 무릎 꿇는 사람은 아름답다. 복 있는 사람이다.

진정한 복은 물질적이고 감각적인 것에 있는 것이 아니라 하나님과의 성숙하고 경건한 관계라는 것을 간과해서는 안 된다. 성경에 나타난 복의 의미는 '하나님 앞에서 무릎을 꿇는다' 또는 '하나님께 가까이 나아간다'는 뜻이 있다. 역대하 6장 13절에 보면, "솔로몬이... 이스라엘의 회중 앞에서 무릎을 꿇고 하늘을 향하여 손을 펴고"라고 하였다. 여기서 '무릎을 꿇다'는 히브리어 단어가 '바라크'인데, 즉 '복되다'는 뜻이다. 성경이 말하는 복 있는 사람의 진정한 의미는 하나님 앞에 무릎을 꿇을 줄 아는 사람이다. 하나님 앞에 무릎 꿇어 기도할 줄 아는 사람이 복 있는 사람이다.

간구기도는 낮은 수준의 기도가 아니다

우리의 기도는 기본적으로 간구 또는 청원(petition)으로부터 시작한다. 영적으로 새로 거듭난 사람의 최초의 부르짖음, 즉 간구 또는 청원은 자연스러운 것이다. 이는 막 태어난 아이가 어머니의 젖을 찾는 것과 같이 아름다운 행위요 생명을 위한 길이다. 모든 기도는 청원기도로 시작한다. 제임스 휴스턴(James Huston)의 기도에 대한 관점처럼, "기도는 간청에 의해 활발해지고, 간구에 의해 절박해지며, 감사에 의해 만족스럽고 마음에 드는 것이 된다. 그리고 효력과 용납이 결합하여 간청을 효과 있게 만들고 보증한다."[3]

기도란 '간청하다', '빌다'라는 뜻인 라틴어 동사 프레카리(precari)에서 유래되었다. 이 말은 우리가 의도적으로 간구하지 않을 때조차도, 하나님 앞에서 언제나 가난한 존재일 수밖에 없다는 사실을 나타내는 말이다.[4] 우리는 연약하고 가난한 존재이기 때문에 우리가 필요로 하는 것들을 위해 하나님께 기도하는 것은 우리 모두에게 지극히 자연스러운 것이다. 우리는 하나님이 우리의 필요들을 보시고 우리의 요구를 자상하게 들어주시도록 하려고 애를 쓰는 기도를 많이 한다. 우리는 이러한 종류의 기도를 피할 수 없다. 염려 가운데 있을 때, 우리는 자연적으로 어떤 문제의 위험으로부터 구조를 위해 하나님께 울부짖는다. 성경에는 개인이나 공동체가 필요로 하는 일을 하나님께서 해 주시도록 요청하는 노력으로서의 기도를 보여주는 예들을 많이 볼 수 있다. 비를 위한 기도, 전염병이 그치길 간구하는 기도, 건강과 장수를 위한 기도, 병 고침을 위한 기도 등이다. 인간의 필요를 위한 기도가 이기적이라고 생각하면서 하나님께 아무것도 구하지 않는 것은 하나님 앞에 가식 된 것이다. 존 칼빈(John Calvin)은 "하나님께서는 어린아이가 어려운 근심 걱정이 있을 때마다 부모님께 달려가 피난처를 구하듯이, 우리도 어려운 일이 있을 때마다 당신을 찾도록 경고하고 촉구하신다"라고 하였다.[5]

한스 발타자르 (Hans Balthasar)도 "마치 소리 내어 하는 기도는 초보

자들에게 더 어울리고 묵상기도는 수준 높은 사람들에게 더 어울리는 것인 양 생각하거나, 혹은 말하는 것을 묵상하는 것보다 더 열등하게 보는 것은 잘못이다. 왜냐하면 이 둘의 관계는 어느 한 편이 다른 한 편을 결정짓고 전제하기 때문이고, 전자는 후자의 결과를 직접 가져오기 때문이다"라고 하였다.[6] 이와 같은 관점에서 포스터는 간구기도에 대해 다음과 같이 설명한다.

> 간구는 낮은 수준의 기도가 아니다. 그것은 우리의 주식이다. 어린아이 같은 믿음의 표현은 하늘 아버지께 우리의 매일의 필요와 욕구를 아뢰는 것이다. 자녀가 떡을 달라고 할 때 돌을 줄 사람은 없다고 예수님께서 말씀하셨다. 또한 생선을 달라고 할 때 뱀을 줄 사람도 없다고 하였다. 그렇다. 자기중심적인 계획들로 가득 차 있는 우리들도 부모 자식의 가장 기본적인 도리는 존중할 줄 아는데, 하물며 사랑으로 우리를 존중해 주시고 기쁨으로 우리의 구하는 것을 주시는 하나님께서는 얼마나 더하시겠는가?(마 7:9-11).[7]

예수님은 자기를 따르는 자들에게 강하게 간청하는 간구기도를 하라고 촉구하였다. 예수님이 제자들과 마지막 만찬을 하던 저녁 자리에서 제자들에게 말씀하셨다. "구하라. 그러면 너희가 받을 것이니, 너희 기쁨이 넘칠 것이다"(요 16:24). 간구기도는 본질적으로 우리의 연약함과 공허함을 인정하는 것이고 수용하는 기도다. 간구기도는 우리의 공허함은 오직 사랑의 하나님만이 채울 수 있으며, 오직 하나님만이 우리의 능력이시라는 고백이 담긴 기도다.

간구기도에서 간과해서는 안 되는 세 가지 요소가 있다. 비록 우리의 기도가 우리의 필요와 치유를 구하는 것이라 해도, 간구할 때 필수적인

세 가지 요소를 간과하지 말아야 한다. 그것은 사랑과 용서와 평화이다.[8]

첫째, 우리는 하나님 앞에 설 때, 우리 자신이 얼마나 상처가 많은 존재인지를 깨닫게 된다. 하나님의 사랑에 응답하기에는 우리가 얼마나 죄 많고 부족한 존재인지를 깨닫게 된다. 이때 우리가 기억해야 할 것은 우리의 기도가 우리의 상태에 의존된 것이 아니라 하나님의 사랑에 의존되어 있다는 것을 분명히 해야 한다. 기도의 출발은 하나님의 사랑이다. 어떤 사람은 우리는 예수님께 가까이 갈 자격이 없으며, 하나님의 사랑을 받을 만큼 선하지 않다고 말할 것이다. 예수님은 이런 자세를 가진 사람들에게 탕자의 비유를 들어 설명하신다(눅 15:11-32). 이 비유를 통해서, 예수님은 우리가 아버지 집으로 돌아올 때 하나님은 우리들의 죄를 진심으로 뉘우쳤기 때문이 아니라 무한하신 사랑으로 인하여 우리를 기쁘게 맞아주시는 하나님의 무조건적인 사랑을 계시하셨다. 우리는 기도할 때, 이런 사랑에 마음을 열게 해달라고 구하고, 우리들의 삶 속에 자비를 구해야 한다.

둘째, 우리는 자신과 이웃의 용서, 그리고 그것을 받아들이는 은혜를 구해야 한다. 우리는 과거로부터 쉽게 벗어나지 못하는 성향이 있다. 하나님은 이미 기억하지 않음에도 불구하고 우리는 죄와 죄책감에 매달려 있는 경우가 많다. 이런 말이 있다. "하나님은 우리의 죄를 호수에 던져버리시고, 그곳에 "낚시 금지"라는 푯말을 세워두셨다." 완전하지 못한 내 자신을 용서하기 위해서 다른 사람을 용서하는 열린 마음이 필요하다. 그래서 구송기도 또는 청원기도에 용서를 구하는 것이 포함되며 우리에게 해를 끼친 사람들을 용서하는 은혜까지 구하는 것이 포함된다.

셋째, 우리는 기도할 때 평화를 구해야 한다. 우리는 하나님께 우리의 삶을 다른 사람을 위한 평화의 선물이 되게 해 달라고 구해야 한다. 엄밀한 의미에서 기도는 '개인적'(personal)인 관계이지 '사적인'(private)

것이 아니다. '개인적'(personal)은 상호 인격적인 관계에 있는 것을 의미하며, '사적인'(private)은 타자와 엄격히 분리된 사적인 관계를 의미한다.[9] 기도할 때 우리는 항상 그리스도의 몸, 교회, 성도들의 공동체와 교제를 갖는다. 기도는 평화를 위한 행동이다.

아멘은 기도의 끝이 아니라 시작이다

간구 또는 청원기도에 대한 논의에서 또 하나의 문제가 남는다. 그것은 우리가 기도할 때마다 기도한 대로 다 이루어지는 것은 아니라는 것이다. 병든 사람을 위해서 기도하지만 때로 오히려 악화되는 경우도 있다. 이때 우리는 이에 대해 '충분한 믿음이 없기 때문이다', '우리가 옳지 않은 것을 구했기 때문이다', '하나님은 우리가 구한 것을 다른 방법으로 이미 주셨는지도 모른다', '하나님은 부모처럼 우리에게 무엇이 더 좋은지를 우리보다 더 잘 아신다'라고 나름대로 해석하려는 경향이 있다. 마태복음에서 말하는 청원기도(마 7:7-12)를 이런 이유들과 관련하여 답을 제시하는 것은 기도를 나타난 결과로만 판단하려는 무리한 시도일 수 있다. 그러나 마태복음을 더욱 깊이 살펴보면 마태가 말하는 청원기도는 신앙의 공동체 안에서 구체적인 행위에 깊이 관련되어 있을 뿐만 아니라 공동체의 행위 또한 청원기도와 밀접하게 연결되어 있다.

그리스도인에게 기도를 마치는 일정한 방식이 있다. 바로 '예수님의 이름으로 기도합니다'이다. 이 내용은 기도가 끝났다는 의미 이상을 지닌다. 예수님의 이름을 통해서 기도를 하는 것은 하나님과 사람 사이의 유일한 중보자가 오직 예수 그리스도라는 고백이 담겨 있다. 또한 '예수 그리스도를 통하여'라는 말은 그리스도는 우리의 중보자일 뿐 아니라 그리스도의 몸으로서 기도한다는 의미를 내포하고 있다.

바울은 하나님의 백성을 그리스도의 몸이라고 말한다. "너희는 그리스도의 몸이요 지체의 각 부분이라"(고전 12:27). 하나님의 백성으로서 그리스도의 몸에서 그리스도는 몸의 머리이며, 하나님의 백성들은 몸의 지체들이다. 마이클 프로스트(Michael Frost)는 성육신적 관점에서 몸을 구원받은 이들의 통전적 몸(holistic body)으로 이해하고, 통전적 몸으로서 그리스도인들은 그리스도의 삶을 따르는 제자도와 관계된다고 보았다.[10] 나아가 여기서 "몸이라는 용어는 교회 안에 현재 참석하고 있는 지체 간의 관계뿐만 아니라 교회 밖의 지체에게도 적용될 수 있다."[11] 그리스도의 몸으로서 교회는 그리스도인의 기도 생활에도 중요한 의미를 제공해 준다. 그리스도인은 그리스도의 몸으로서 기도하는 것이기 때문이다(엡 1:15-23). 필립 얀시(Philip Yancey)는 이렇게 말한다.

> 그리스도인은 세상에 존재하는 그리스도의 지체다. 예수님이 가진 손은 우리뿐이다. 그러나 주님의 지체로 제 몫을 다하기 위해서는 몸에서 멀어지지 않고 항상 잘 붙어 있을 필요가 있다. 하나님의 눈으로 세상을 바라보며 주님의 권능이 흘러나갈 때 그 흐름에 동참해야 한다. 기도해야 하는 이유가 바로 거기에 있다.[12]

그리스도의 몸의 지체로서 기도할 때, 우리는 그리스도의 몸의 한 지체로서 자신의 기도에 응답할 책임이 있다. 지체인 우리가 간청할 때 몸의 머리이신 예수 그리스도는 우리를 위해 중보하시고 실행하시므로, 우리는 그리스도의 몸의 지체로서 드린 그 기도에 개입되고 있는 것이다. 그리스도의 몸(공동체)인 우리의 기도는 간청과만 관련된 것이 아니라, 지체로서 간청한 바를 성취하려는 참여와도 관련되어 있다. 이러한 맥락에서 기도는 입술로 간청하는 소리와만 관계된 것이 아니라 그리스도의 몸의 지체로서 참여하는 것과도 관계된다. 우리는 기도할 때 그리스도의 몸의 지체로서 참여적 동역자가 된다. 여기서 동역자는 존재론적 동역자가 아니라 실천적 동역자다. 따라서 세계 평화를 위해 그리스도를 통해 기도하면서 내게 상처를 준 사람을 용서하지 않는다면, 그것은 바른 기도가 될 수 없다. 그리스도의 몸으로서 기도는 간청과 참여 모두와 관계되는 특징이 있기 때문이다.

본회퍼(Bonhoeffer)는 기도의 본질을 "세상에서 사역하시는 하나님과의 파트너십"으로 이해했다.[13] 그는 세상에 가득한 악을 보고도 "세상이 다 그렇지 뭐"라고 체념한 채 신앙생활 하면서 기도하는 것은 바른 기도가 아니라고 보았다. 그는 기도만 해놓고 나머지는 모두 하나님에게 떠맡기는 것도 올바른 태도가 아니라고 보았지만, 기도의 능력에 의지하지 않고 무작정 악에 맞서겠다고 덤벼드는 행동주의에 대해서도 엄중히 경고했다. 악과 싸우려면 '행동하는 기도'와 '기도하는 행동'이 모두 필요하다고 하였다.[14] 기도와 실천, 묵상과 행동 사이에서 저마다의 역할이 있고 때로는 갈등도 있지만, 행동이나 묵상 둘 중 어느 하나가 아니라 둘 다 필요하다. "행동이나 묵상이 아니라 행동과 묵상이다. 가장 중요한 단어는 '과'라는 접속사다."[15]

세인 클레어본(Shane Claiborne)는 "기도는 하나님을 설득해 우리가 원하는 일을 하시게 만드는 것이 아니라 우리 자신을 설득해 하나님이 원하시는 일을 우리가 하는 것이다"라고 하였다.[16] 그래서 역설적으로 클레어본은 기도에 대한 하나님의 응답은 우리가 입술로 드린 기도에 삶으로 반응하며 실천하는 것이라고 주장했다. 기도에 대한 이러한 관점은 기도의 실천적 의미를 제공해 준다. 진정한 기도는 말하는 기도와 행위적 기도가 함께 어우러지며, 언어와 행동을 분리시키지 않고 삶에서 통합된다.

기도의 이러한 실천적 의미는 예수 그리스도가 가르쳐 주신 주기도의 "아멘"이라는 선포에도 내포되어 있다. "아멘"이라는 말로 주기도를 마치는 것은 "그렇게 되기를 바랍니다"라고 선포하는 것이다. "아멘"이라고 기도를 맺을 때, 우리는 이 땅에 하나님 나라를 세우는 도구가 되기로 헌신하는 것이다. 아멘은 끝이 아니라 시작이다.[17]

기도는 대화보다 크다

기도는 기본적으로 하나님과의 대화의 여정으로 이해한다. 하지만 우리의 기도가 충만해질수록 아름다운 교제로 발전하게 된다. 교제는 대화를 포함하지만 그보다 훨씬 넓다. 기도는 대화의 특징을 넘어 하나님과 함께 하는 것이다. 이것이 바로 교제의 특성이다. 교제할 때 의사소통을 위한 대화를 끊임없이 해야만 하는 것은 아니다. 기도는 마치 사랑하는 사람과 깊은 교제를 나누는 체험과도 같은 것이다.

나아가 교제로써 기도는 깊은 의미를 지닌다. 즉, 하나님과 참되고 친밀한 교제는 하나님과 모든 기쁨과 슬픔과 불평까지도 함께 나누는 것을 포함한다. 제임스 패커(James Packer)는 하나님과 참되고 친밀한 교제에 필요한 참된 자기 지식, 참된 자아 됨은 처음에는 불평을 일으키는 고통, 상실, 슬픔, 상처 입은 경험을 통해서만 오는 경우가 많다고 하였다.[18]

아빌라의 테레사와 관련된 일화가 있다. 한번은 그녀가 마차를 타고 여행을 하는데, 공교롭게도 마부가 내려준 곳이 진흙탕 길이었다. 그러자 테레사는 넘어지지 않으려고 애쓰며 이렇게 소리를 질렀다. "주님, 당신께서는 친구를 언제나 이런 식으로 대하시나요? 그러니 친구가 별로 없죠!" 그녀가 매력적인 것은 이처럼 하나님과 농담을 주고받을 정도로 친밀한 사이였다는 사실이다. 기도의 가장 중요한 목적은 하나님과 친밀함을 형성하는 것이다. 기도는 수행해야 할 과제가 아니라 하나님의 사랑과 우정에 대한 반응이다.

기도는 간구, 감사, 찬양의 차원뿐 아니라 탄식, 불평과 같은 차원도 포함한다. 패커는 특히 불평은 거듭난 사람들의 기도에서 없어서는 안 될 성분으로 보았다. 불평은 거듭난 그리스도인들이 드리는 기도에 끊임없이 등장하게 마련이라고 하였다.[19] 악에 대한 탄원과 불평, 억울함에 항변하는 눈물의 탄원과 불평, 고통과 슬픔 가운데서 하나님께 탄원하는 기도는 지극히 성경적이다. 찬양과 감사뿐 아니라 불평도 하나님과의 교제 안에서 중요한 기도의 차원이라고 할 수 있다. 특히 불평 기도는 자신의 고통과 슬픔에 대한 자기중심적 푸념이 아니라 두려움과 상처 속에서 만물을 다스리시는 아버지께 달려가는 자녀로서 불평이다. 하나님과의 친밀한 관계 안에서 자신의 실체를 그대로 드러내어 말하는 불평은 자녀 됨의 증거일 뿐 아니라 자신이 하나님의 피조물임을 확증하는 행위이다.

월터 부르그만(Walter Brueggeman)은 하나님을 아는 신앙인이 오로지 하나님을 찬양하고, 높이기만 해야 한다는 강요 속에서 살아갈 때, 오히려 거짓 자아(false self)를 만들게 된다고 하였다. 그는 이러한 신앙은 두려움과 죄책감을 불러일으켜 오히려 자기 기만적인 의를 추구하며 살게 된다고 지적하였다.[20] 진정한 자신의 실재적 자아를 마주하지 못하는 사람은 하나님과 관계 안에서 영적 가면을 쓰게 된다. 특히 시편의 애가는 이러한 영적 가면을 벗어던지도록 도전한다. 즉, 우리 안에, 그리고 우리 사이에 있는 부정적인 감정들을 하나님 앞에 있는 그대로 내어놓도록 도전한다.

인간의 불평과 같은 부정적인 감정을 단지 해결해야 할 문제로만 보면 하나님과의 친밀한 관계를 추구하는 대신 문제를 해결할 열쇠만을 찾게 된다. 하지만 우리의 기쁨의 감정뿐 아니라 고통과 슬픔과 불평의 감정까지도 하나님 앞에 내어놓을 때 진정한 교제를 형성할 수 있다. 하나님은 우리의 부정적인 감정들까지도 모두 들으시는 자비로운 아버지이기 때문이다.

기도는 우리를 변화시키는 통로다

기도는 신학적으로도 매우 중요할 뿐 아니라 종교 심리학적으로도 중요한 의미가 있다. 종교 심리학의 개척자인 윌리엄 제임스는 종교를 인간의 생존에 큰 도움을 주며 삶에 긍정적인 영향을 끼치는 자원으로 이해하였다. 그는 삶에 긍정적인 영향을 끼치는 많은 종교 행위들 가운데 특별히 기도라는 행위가 가져오는 효과를 강조하였다. 그는 기도야말로 인간에게 가장 본질적인 도움을 주는 것으로 이해하면서 이렇게 설명하였다.

> 종교는 기도 이외의 다른 어떤 방법으로도 실현할 수 없는 것들을 기도의 행위가 가능하게 함을 증거 한다. 에너지라는 것도 기도를 통하여 그 굴레가 풀리며 자유롭게 작동할 수 있는 자원이 된다. 기도할 때와 기도하지 않을 때의 차이점은 마치 우리가 사람을 대할 때 사랑의 마음으로 바라보는 것과 사랑의 마음 없이 바라보는 것에서 나타나는 경험의 차이와도 같다. 우리가 아주 오래된 (진부한) 세상 속에 산다 할지라도 기도가 개입되면 우리의 정신은 완전히 새로운 세계를 맛볼 수 있다.[21]

기도는 신학적 의미와 차원을 지닐 뿐 아니라 심리영적 차원에서도 중요한 의미를 지닌다. 즉 정규적으로 기도하는 사람들에게는 중요한 효과들이 나타나는 것으로 보고되고 있다.

첫째, 기도는 자기 절제력을 향상시킨다. 즉, 정신적인 어려움을 겪기 전에 평소 기도를 해온 사람들의 경우 자신의 감정을 잘 다스리며 직면한 문제에 효과 있게 대처하는 힘을 보인다. 특별히 기도는 스트레스로 인한 알코올 섭취량을 줄인다. 이는 학계에서 너무도 잘 알려진 사실이다.

둘째, 기도는 성품 개선에 효과적이다. 어려운 일을 당한 사람을 위하여 기도를 해주는 사람들은 그렇지 않은 사람에 비하여 자신이 부당한 일을 당할 때 덜 폭력적인 방법으로 대처한다. 그리고 과거에 폭력적이었던 사람들도 기도를 통해 그 성향이 크게 감소된다.

셋째, 기도는 용서의 의지를 향상시키고 강화한다. 특히 연인들이나 부부 사이에 좋은 관계를 위하여 기도하게 하면 서로를 용서하려는 마음의 의지도 함께 커진다.

넷째, 기도는 신뢰 동기를 증가시키는 데 효과적이다. 낯선 사람들이라 할지라도 함께 모여 서로를 위하여 기도할 기회가 조성되면 서로에게 친근감이 높아지고 신뢰의 마음이 커진다. 기도는 인간관계 형성과 신뢰 조성의 기회를 높인다. 사회성 있는 기도는 인간관계를 발전시킨다.

다섯째, 기도는 스트레스의 부정적인 영향을 감소시킨다. 평소 다른 사람을 위하여 기도해 주는 사람들의 경우 재정적으로 심각한 스트레스를 받는 상황에서 신체적 건강에 부정적인 영향을 덜 받는 것으로 나타난다. 하지만 자신의 재정적인 유익만을 위하여 기도하는 사람들은 스트레스로 인한 부정적인 정서를 잘 다스리지 못한다. 기도하는 사람이 자기만이 아닌 다른 사람들을 위하여 기도할 때 더욱 긍정적인 효과를 경험하게 된다.[22]

한국 교회는 그동안 기도의 초월적 차원만 강조하여 왔지만, 기도가 기도자의 정신세계와는 어떤 관계가 있는지에는 그리 큰 관심을 두지 않았다고 할 수 있다. 스필카와 래드(Spilka and Ladd)는 기도의 가장 중요한 구성개념을 소통과 경험으로 보았다. 기도의 구성요소들과 관련되어 나타나는 내면적 정신작용들을 다음과 같은 질문들을 통해 밝혔다. 먼저 기도는 어떤 면에서 소통의(communicative) 특징을 가지고 있는가? 기도가 가진 소통의 특징이 보여주는 인간의 심리적 욕구들은 무엇인가? 스필카와 래드는 먼저 기도의 이러한 소통의 특징을 이렇게 설명한다.[23]

첫째, 간구(요청) 욕구이다. 인간의 필요나 소망을 기도의 대상에게 부탁하고자 하는 것이다. 부탁의 내용은 여러 가지 형태가 있을 수 있으나 주로 고충과 고통의 극복, 당면한 문제의 해결을 받고자 하는 것으로 시작된다. 처음에는 현실의 문제들에 대하여 수동적으로 해결 받기를 소망하지만, 점차 그 문제를 기도자가 조명하여 해결할 수 있는 힘을 확보하게 하여 기도는 기도자의 소망을 변화시킨다.

둘째, 관계의 욕구이다. 기도하는 사람이 기도를 받는 대상과 친밀한 관계를 형성하고 싶어하는 것이다. 기도하는 사람은 처음에 친밀감의 소망으로 시작하여 나중에는 기도의 대상과 하나가 되는 일체감을 갈망하게 된다.

셋째, 대화의 욕구이다. 간구와 관계에의 욕구는 기도의 대상과 대화로 표현되어야 한다. 여기서의 대화는 일상적인 정보나 외부적 혹은 표면적인 일들을 처리하는 수준이 아니라 인간 내면의 교감을 나누는 차원을 말한다. 인간관계에 얽힌 생각과 신념체계 그리고 정서 상태를 포함하는 다양한 형태를 지닌다. 그리고 이 대화의 형식은 기도하는 사람이 속한 공동체의 영향을 받는다. 예를 들면, 먼저 기도의 대상을 높이고, 그 자비에 감사하며, 자신의 문제를 드러내고, 현재 삶 속의 감정을 토해내고, 생각과 의견을 나누며 요청과 간구로 이어지는 형식을 갖추고 있음을 볼 수 있다.

넷째, 사회문화적 성향의 욕구이다. 기도하는 사람이 기도의 대상을 인식하고 관계를 형성하는 모습은 그가 속한 가족과 사회문화적 영향을 떠나서 생각할 수 없다.

스필카와 래드는 또한 기도는 경험적 특징과 관계가 있다고 하였다. 그렇다면 기도가 가져오는 경험적인 특징들은 무엇인가? 기도가 인간으로 하여금 도달하게 하는 인간 내면의 새로운 경험은 무엇인가? 스필카와 래드는 기도의 경험적 특징을 밝히기 위해 기도가 보편적으로 주는 심리적 위안과 긴장의 완화와 감정의 정화에 주목하였다. 물론 기도는 감정 부분에 있어서 격앙되거나 긴장이 증폭되는 경험을 하게 하는 특징도 있다. 하지만 그 모습이 어떤 것이든 인간은 기도를 통하여 가장 큰 긍정적 경험을 얻는데, 그것은 인간이 '자기'의 굴레를 벗어나 해방을 맛보며 더 나아가 이전의 감정과 사고로부터 새로운 감정과 사고를 갖게 하는 것이다.

기도는 자신의 필요와 욕구를 가지고 기도를 시작하지만 기도의 대상과 관계를 형성해 나아가면서 기도자 자신에 대한 성찰, 즉 자신의 부족함과 어리석음 그리고 잘못된 모습을 보게 하고, 이에 대하여 안타까운 정서를 드러내기도 하고, 새로운 자아를 향하여 삶의 방향을 돌리게 하기도 한다.

그리스도인들에게 기도는 삶의 변화에 그 어떤 방식보다도 핵심적인 것이다. 기도의 본질은 하나님을 변화시켜 어떤 것을 얻는 데 있기보다는 우리를 변화시키는 데 있다. 모든 참된 기도란 자아를 하나님께 열어 드리는 것이므로 모든 기도는 하나님이 우리 안에 변화를 이루시는 은혜의 통로가 될 수 있다.

제자훈련 멘토링

1. 배운 내용과 기도

1) "무릎 꿇는 사람은 넘어지지 않는다"는 내용을 읽고 마음에 다가온 문장이나 배운 내용이 있다면 기록한다.

2) 마음에 다가온 문장이나 배운 내용을 통해 소망하거나 결심한 것을 기록한다.

3) 소망하거나 결심한 내용을 가지고 '쓰기 기도'를 통해 하나님께 도움을 구한다.

2. 토론 주제와 나눔

1) "인간의 극한 상황은 하나님의 기회다"라는 말에 대해 토론해 봅시다.

2) 역대하 6장 13절에 나타난 진정한 복의 의미에 대해 토론해 봅시다.

3) "간구기도는 낮은 수준의 기도가 아니다"라는 의미에 대해 토론해 봅시다.

4) 간구 기도의 필수 요소 세 가지에 대해 말해 봅시다.

5) "아멘은 기도의 끝이 아니라 시작이다"라는 말의 의미에 대해서 토론해 봅시다.

6) 기도의 심리영적 효과에 대해 토론해 봅시다.

3. 적용 및 실천 방안

1) 개인적으로 배운 내용과 토론을 통해 배운 내용을 기록한다.

2) 배운 내용을 가지고 구체적인 적용 및 실천 방안을 나누며 기록한다.

3) 삶에서 개인적인 적용 방안이나 실천 방안을 구체적으로 기록한다.

Disciple Training Mentoring

PART 08

충만하게 살아있는 인간 자체가 하나님의 영광이다

잊혀 진 기도로서 탄식 기도

얼마 전 오방 최흥종 목사님이 섬기셨던 교회에서 목회를 하고 있는 대학 후배와 대화하던 중에 후배가 "기도의 언어를 다양하게 표현하고 실천하면 좋겠다"는 제안을 했다. 대화 후에 후배의 말이 내 머리 속에서 떠나지 않았다. 신대원에서 영성 신학을 가르치면서, 그 문제로 많은 고민을 하고 있었기 때문이다. 후배는 새벽예배 후에 성도들과 함께 걷기 기도를 실천하고 있는 목회자이기도 하다. 요즈음 실제로 걷기 기도를 실천하는 교회들과 공동체들이 늘어나는 추세다.

한국교회가 사용하는 기도의 언어는 통성기도와 묵상기도가 일반적인 것 같다. 하지만 기도는 그 내용과 방법 면에서 다양하게 표현될 수 있다. 특히 내용면에서는 감사기도, 찬양기도, 축복기도, 회개기도, 간구기도, 탄식기도, 중보기도 등과 같이 다양하게 표현될 수 있다. 한국 교회 안에 잊혀 진 기도가 있다. 바로 시편의 애가에 나타난 탄식 기도다.

150개의 기도문과 시와 노래들로 구성되어 있는 시편은 기독교 초기부터 예배와 기도에서 사용돼 왔다.[1] 특히 시편으로 찬송하면서 하나님께 기도를 드렸다. 예수님도 시편을 애용하였다. 예수님은 제자들과 만찬을 나누는 자리에서 시편으로 노래하셨으며 십자가에 달려 돌아가시는 순간에도 시편의 한 구절을 인용하셨다. 디트리히 본회퍼(Dietrich Bonhoeffer)는 시편은 "예수님의 기도", "예수 그리스도 교회의 기도"라고 칭하기도 했다.[2] 시편은 인간의 보편적인 정서를 있는 그대로 그리고 풍성하게 표출하는 기도들을 통하여 하나님 앞에서 인간의 마음을 그대로 노출시킨다. 칼빈의 표현을 빌리면, 시편은 "도대체 무엇이 인간을 자극해서 하나님께 기도하러 나가게 만드는지 알려주는" 책이다.[3] 암브로시우스(Ambrosius)는 시편을 일컬어 "모든 심령을 연마하는 일종의 체육관"이라고 했다.[4] 시편은 기도 선수들을 훈련시킬 운동기구들이 가득 들어찬 감정 단련실이라는 것이다.

유진 피터슨(Eugene Peterson)은 시편 가운데 3분의 2는 애가 또는 탄식시라고 하였다.[5] 시편의 애가들은 견딜 수 없는 슬픔, 고난, 억울함 등으로 인해 내면세계에 일어나는 부정적인 감정들과 함께 기도하는 지혜와 방법을 알려준다. 시편의 애가에 등장하는 인물들은 하나님 앞에서 불평하는 법을 알고 있었다. 그들은 하나님 경외와 더불어 의심과 실망과 불평도 표현했다. 그들은 하나님의 인격을 신뢰했을 뿐만 아니라 하나님이 아무런 활동도 하지 않는 것같이 보일 때 의심하고 분노하기도 했다(시 42:9). 시편의 애가들은 우리에게 내적인 갈등과 모순이 있을 때 기도하는 법을 가르쳐 준다.[6]

시편의 애가는 다양한 시적 양식을 동반한다. 복수를 위한 요구는 탄원 시나 구원을 위한 기도문과 동일한 구조를 가지고 있다. 이 구원은 적대자들의 손으로부터의 구원이다. 시편의 탄원은 교리적 선언이 아니라 오히려 근심, 걱정, 쓸쓸함, 절망, 분노와 불만의 토로이며 악인이 사라지기를 갈망하고 소망하는 표현이다. 감정을 지닌 인간은 근심과 불만을 표출할 수밖에 없는 피조물이기에 시편은 인간의 경험과 감정들을 하나님 앞에 내놓는다.

존 칼빈(John Calvin)은 시편을 가리켜 "영혼 전체의 해부"라고 묘사했다.[7] 시편은 인간의 내면세계의 구석구석을 모두 꺼내 보여주고, "인간이 체험할 수 있는 모든 감정이 망라되어 있기 때문이다."[8] 시편 기도에는 찬양과 감사와 사랑뿐만 아니라 두려움, 불안, 분노, 근심, 슬픔, 의심, 고통, 복수 등 인간의 모든 감정과 경험들이 녹아 있다. 시편은 기도의 형태와 범위를 안내해 주는 지침서이자 기도하는 방법을 삶의 현장에 적용해보는 실습서다. 특히 기도에서 부정적인 감정을 하나님 앞에 표현하는 지혜와 방법에 대해 탁월한 혜안을 제공해 준다.

잊혀 진 탄식 기도 회복하기

그리스도인은 일반적으로 기도는 하나님께 감사와 회개와 간구로 이해하는 경향이 있다. 하지만 시편의 애가는 개인과 공동체가 슬픔과 고통과 절망 속에서 느낀 부정적인 감정들을 있는 그대로 하나님께 말한다. 시편의 애가는 파괴적인 상황에서 불안함을 느끼는 이들의 정직한 기도였다. 제임스 패커(James Packer)는 이런 형식의 기도를 '불평 기도'라고 불렀다. 그는 "성경에서는 착한 이들에게 나쁜 일들이 일어날 때, 그들은 마음껏, 그리고 시시콜콜 하나님께 불평한다. 그리고 성경은 그처럼 불평하는 기도를 지혜로 간주 한다"고 하였다.[9] 이러한 기도는 성경 전반에 걸쳐 중요한 자리를 차지하고 있다. 따라서 그리스도인들이 슬픔과 고통과 절망 가운데서 하나님 앞에 자신의 부정적인 감정을 표현하는 것을 불경스럽게 여기거나 제한해서는 안 된다.

그리스도인들이 부정적인 감정을 하나님 앞에 표현하는 것을 부정적으로 여기면, 이러한 기도는 현실을 부정하게하기 때문에 오히려 두려움과 죄책감을 불러일으켜 자기 기만적인 의를 추구하며 살게 할 수 있다. 그러므로 부정적인 감정인 분노와 불평을 억눌러서 내면의 무의식 속으로 흡수되도록 해서는 안 된다. 억눌린 부정적인 감정은 매우 해롭다. 그것은 낙심에 이르게 할 수도 있고, 질투, 심한 조롱, 비참함 등의 뒤틀리고 파괴적인 행태로 나타날 수도 있다.

그리스도인들이 기도에서 불평과 탄식과 같은 부정적인 감정을 표현하는 것을 부정적으로 평가하는 현상은 성경의 가르침에서 기인한 것이 아니라 플라톤의 사상에서 연유된 것이다. 플라톤은 인간 이성이 원활하게 작용하려면 감정을 통제하고 억눌러야 한다고 생각했다. 플라톤의 사상으로부터 직간접적으로 영향을 받은 기독교 신학은 마음의 감정을 표현하는 것을 도덕적으로 신앙적으로 허약한 사람이나 하는 것이라는 생각을 갖게 했다. 나아가 오늘날 왜곡된 경건이해 때문에 지나치게 많이 슬퍼하는 사람이나 탄식하는 사람들의 믿음은 의심받기까지 한다. 사실 심각한 상실로 고통 받은 후 깊은 슬픔을 느끼지 못하거나 느낄 수 없는 사람은 정서적 장애가 있거나 비정상적인 사람이라고 할 수 있다.

우리가 알아야 할 것은 인간의 부정적인 감정을 단지 해결해야 할 문제로만 보면 하나님과의 친밀한 관계를 추구하는 대신 하나님을 단지 자신의 문제를 해결하는 열쇠로 여기기 쉽다. 나아가 인간이 단지 부정적인 감정을 바꾸려고만 할 때 하나님을 찬미의 대상이 아니라 치유의 기술자로 삼을 수 있다.

진정한 자신의 실재적 자아를 마주하지 못하는 사람은 하나님과 관계 안에서 영적 가면을 쓰게 된다. 시편의 애가는 이러한 영적 가면을 벗어던지도록 도전한다. 그리고 우리 자신을 새롭게 인식하도록 돕는다. 특히 우리 안에, 그리고 우리 사이에 있는 부정적인 감정들을 하나님 앞에 있는 그대로 내어 놓도록 도전한다. 시편의 애가는 불의하고 부당한 일들로 인해 발생하는 인간의 마음과 인간 공동체의 부정적인 감정의 언어들을 하나님 앞에 쏟아내는 고백과 양도를 통해 진정한 자기발견, 즉 피조물임을 확증하게 한다.

충만하게 살아있는 증거로서 탄식 기도

시편의 애가에 나타난 기도는 인간의 내면세계에 있는 부정적인 감정들과 마음의 울부짖음을 대변한다. 시편의 애가의 이러한 특징은 기도생활에 중요한 실천적 의미를 준다. 즉, 그리스도인들의 기도생활에서 마음의 상태를 현실적으로 다루려고 노력하며 기도하는 사람을 폄하하는 분위기를 조성하거나 그러한 기도를 제한해서는 안 된다. 그리스도인들이 부정적인 감정을 하나님 앞에 표출하는 것을 부정적으로 여기면, 이러한 기도는 현실을 부정하게 하기 때문에 오히려 두려움과 죄책감을 불러일으켜 자기 기만적인 의를 추구하며 살게 할 수 있다.

그러므로 부정적인 감정인 분노와 불평을 억눌러서 내면의 무의식 속으로 흡수되도록 해서는 안 된다. 억눌린 부정적인 감정은 매우 해롭다. 그것은 낙심에 이르게 할 수도 있고, 질투, 심한 조롱, 비참함 등의 뒤틀리고 파괴적인 행태로 나타날 수도 있다. 특히 인간관계에서 발생한 부정적인 감정을 상대에게 극단적으로 쏟아 낼 때 얼마나 해롭고 치명적인가를 그리스도인들이 인식하고, 그러한 부정적인 감정을 하나님 앞에 쏟아 내는 법을 알아야 한다.

그리스도인이 기도의 여정에서 자신의 내적 감정, 특히 부정적인 감정에 솔직해야 한다. 영적 가면을 써서는 안 된다. 부정적인 감정과 믿음은 중요한 관계가 있다. 불완전한 인간의 믿음은 의심과 불평 없이 자랄 수 없는 특성이 있다. 의심과 불평과 믿음은 동전의 양면과 같아서 믿음은 의심, 불평, 즉 참된 의심과 불평으로부터 자란다. 의심과 불평과 같은 솔질한 고백 없이는 올바로 기도할 수 없음에도 그리스도인들은 의심과 불평을 피하려 하는 경향이 있다. 불평과 의심은 불신앙이라고 여기는 생각 때문이다. 이로 인해 그리스도인들은 하나님 앞에서 거짓된 자아를 만들게 되고, 그런 자아의 영속성을 정당화시킨다. 이런 맥락에서 의심, 분노, 불평 기도는 하나님에 대한 저항이 아니라 하나님 앞에서 거짓된 자아의 가면을 벗도록 도와주는 역할을 한다.

물론 그리스도인들은 바람직한 의심, 분노, 불평 등과 같은 부정적인 감정을 파괴적인 의심, 분노, 불평과 구분할 필요가 있다. 불완전한 피조물인 인간은 부정적인 감정의 경험을 피할 수 없는 존재다. 그리스도인들이 기억해야 할 것은 바람직한 의심, 분노, 불평과 파괴적인 의심, 분노, 불평은 내용과 관계된 것이 아니라 그러한 부정적인 감정을 표출하는 방식과 관계된다는 것이다. 이런 맥락에서 그리스도인들에게 파괴적인 의심, 분노, 불평은 인간관계에서 발생한 부정적인 감정들을 인간에 바로 쏟아내는 것이다. 하지만 바람직한 의심, 분노, 불평은 인간관계에서 발생한 부정적인 감정들을 하나님 앞에 정직하게 내놓는 것이다. 이런 부정적인 감정을 인간에게 쏟아내면 정죄와 공격이 되지만 하나님 앞에 탄원하면 간구가 된다. 시편의 애가에 나타난 기도의 특징과 탁월성이 여기에 있다.

그리스도를 따르는 자가 된다는 것은 생명을 사랑하고, 하나님이 우리에게 주신 사람과 사물을 귀하게 여기며, 그것들을 잃었을 때 고통과 슬픔을 느끼는 것이다. 3세기의 이레니우스(Irenaeus)가 "충만하게 살아있는 인간 자체가 하나님의 영광이다"라고 말했듯이,[10] 비록 우리가 불평과 탄원을 할 수 밖에 없는 피조물이지만, 불평과 탄원을 할 수 있다는 그 자체가 충만하게 살아있다는 증거다.

기도와 내재된 은총

듀크 대학의 종교와 건강 연구 센터를 담당하고 있는 헤럴드 쾌니히 박사는 『신앙의 치유력』(*The Healing Power of Faith*) 다음과 같이 기술하였다.

- 신앙을 가진 사람은 상대적으로 더 튼튼한 부부관계와 가정생활을 유지한다.

- 신앙을 가진 사람은 상대적으로 더 건전한 생활방식을 가지고 있다.
- 신앙을 가진 사람은 상대적으로 스트레스를 더 쉽게 이겨낸다.
- 신앙은 우울증을 예방해 주며 그런 증상을 가지고 있다고 할지라도 신속하게 회복할 수 있게 도와준다.
- 신앙을 가진 사람은 상대적으로 더 건강하게 오래 산다.
- 신앙은 심각한 혈관관계 질환을 막아준다
- 신앙을 가진 사람은 상대적으로 더 강력한 면역 체계를 가지고 있다.
- 신앙을 가진 사람은 비용이 많이 드는 의료 서비스를 상대적으로 덜 이용한다.[11]

특히 기도는 스트레스와 같은 정신 세계에 중요한 영향을 발휘한다. 즉, "뇌파와 심박동, 혈액성분을 측정하는 장치들은 기도하는 동안 인간에게 극적인 변화가 일어난다는 사실을 명백히 보여준다."[12] 하나님을 믿지 않는 사람들은 초자연적 치유가 일어날 때 마다 '심신증'(psychosomatic)이라는 맥락에서 설명한다. 이러한 현상은 기적이라기보다는 자기 암시가 낳은 결과라는 것이다. 하지만 기독교 신앙을 가지고 있었던 폴 브랜드 박사는 "하나님이 주로 마음을 통해 인체에 내재된 치유 자원들을 소집하는 방식으로 역사하신다고 해도 그분을 향한 존경심은 눈곱만큼도 줄어들지 않는다. 심신증이라는 말에는 주님의 역사를 폄하하는 의미가 전혀 없다고 본다. 이 말은 몸과 마음을 뜻하는 '프쉬케'(psyche)와 '소마'(soma)라는 그리스어에서 나왔다. 초자연적인 치료사들은 마음이 나머지 신체에 영향을 행사한다는 사실을 잘 보여준다."[13]

브랜드는 건강을 유지하는 데 영혼이 중요한 역할을 한다는 점을 인식하고 '영'을 의미하는 그리스어 '프뉴마'(pneuma)를 붙여 '영심신증'(pneumapsychosomatic)이라는 말을 새롭게 만들어 썼다.[14] 몸과 마음과 영이 삼위일체를 이루어 창조주가 거룩한 뜻을 표현하는 방식에 부응할 때, 인간은 최고의 건강 상태를 누릴 수 있다는 것이다. 브랜드는 기도할 때도 그 점을 생각하라고 말한다.

> 질병이나 고통을 거둬주시길 요청할 때는 먼저 몸 안에 그토록 대단한 치유력을 심어주신 창조주를 찬양하고, 그 다음에 특별한 은혜를 베푸셔서 어려움에 처한 이가 그러한 자원을 최대한 끌어낼 수 있게 해주시길 간구해야 한다. 그렇게 해서 질병이 치유된 놀라운 사례를 여러 번 보았다. 하나님의 통제를 받는 인간 내면의 치유력을 작동시킨다는 점에서 그리스도인들의 기도는 실제적이고 구체적인 도움을 준다.[15]

브랜드의 관점은 기도 생활에 중요한 지혜를 제공해 준다. 그리스도인들이 기도를 통해 신비적이고 초월적인 경험만을 추구하기보다는 하나님이 우리에게 주신 일반은총, 즉 내재된 기적이 잘 펼쳐지도록 기도해야 한다. 우리에게 내재된 기적을 통한 치유가 "자연법칙을 거슬러가며 직접 개입하시는 하나님의 역사보다 못할 이유가 전혀 없다. 성령님은 거룩한 뜻을 성취하기 위해 자연 환경(마음, 신경, 세포를 지배하는 호르몬 체계 등)을 최대한 이용하신다."[16]

브랜드는 기도가 하나님의 초월적인 은총 뿐 아니라 보통 은혜와도 관계되어야 한다고 보았다. 그는 우리에게 주신 하나님의 보통 은혜, 즉 우리 인체에 내재된 치유력과 인류가 습득한 의학 지식이 충분히 활용되어 질 수 있도록 기도하는 것의 중요성을 다음과 같이 설명한다.

> 수술이라는 작업은 처음부터 끝까지 인체의 자가 치유 시스템에 의존한다. 골절을 치료한다고 할 때, 의사는 그저 부러진 양쪽 끝을 정확하게 맞

취놓는 일을 할 따름이다. 뼈가 다시 붙는 데 필요한 칼슘은 몸에서 나온다. 분비가 제대로 이뤄지지 않으면 의사가 아무리 애를 써도 소용이 없다. 그리스도인은 상처나 감염을 이겨낼 채비를 갖추도록 창조주가 설계한 몸을 가지고 있는 덕분에 병을 고칠 수 있다. 하나님을 모르는 이들 역시 똑같은 설비를 체내에 갖추고 있지만, 제대로 사용할 줄 몰라서 치유 기능이 최대한 발휘되지 못하고 있는지도 모른다. 그러나 의로운 이에게나 불의한 이에게 햇살이 비치게 하신 것처럼, 조골세포는 의로운 이와 불의한 이의 뼈를 모두 치유한다. 병이 들었거나 고통을 당하고 있는 이들을 위해 기도할 때 반드시 기억해야 할 일이 있다면, 먼저 놀라운 치유와 회복 메커니즘을 고안해서 인체에 장착해 주신 하나님을 찬양하고, 이어서 특별한 은혜로 환자의 몸을 단단히 붙잡아서 그러한 자원을 최대한 활용할 수 있는 능력을 베풀어주시길 기도해야 한다는 것이다. 아울러 교회도 기꺼이 달려와서 도움을 주고 믿음과 소망과 사랑이 필요한 환자의 머리 위에 치유의 손길을 더해야 한다.[17]

19세기에 천연두라는 질병 때문에 500만 명이 목숨을 잃었다. 당시 천연두 백신이 처음 개발되었을 때, 기독교 지도자들 중에 '하나님의 뜻'을 거스르는 행위라며 백신 접종 반대를 부추기는 사람들도 있었다. 하지만 천연두 백신을 개발한 에드워드 제너는 하나님의 뜻을 충실하게 성취해낸 사람이라고 할 수 있다. 하나님의 형상으로 창조된 사람들을 고통과 죽음으로부터 구했기 때문이다.

그리스도인의 기도의 궁극적 목표가 '하나님의 뜻'을 실현해 가는 여정과 관련되어 있다면, 그리스도인의 기도는 단순히 기도한 대로 믿기만 하면 된다는 논리에서 벗어나 하나님의 일반은총이 인류 안에서 충만히 펼쳐지도록 기도해야 한다.

제자훈련 멘토링

1. 배운 내용과 기도

1) "충만하게 살아있는 인간 자체가 하나님의 영광이다"는 내용을 읽고 마음에 다가온 문장이나 배운 내용이 있다면 기록한다.

2) 마음에 다가온 문장이나 배운 내용을 통해 소망하거나 결심한 것을 기록한다.

3) 소망하거나 결심한 내용을 가지고 '쓰기 기도'를 통해 하나님께 도움을 구한다.

2. 토론 주제와 나눔

1) 시편의 애가에 나타난 기도의 특징에 대해 말해 봅시다.

2) 제임스 패커(James Packer)가 말한 다음 내용을 중심으로 토론해 봅시다. "성경에서는 착한 이들에게 나쁜 일들이 일어날 때, 그들은 마음껏, 그리고 시시콜콜 하나님께 불평한다. 그리고 성경은 그처럼 불평하는 기도를 지혜로 간주 한다."

3) 사람들과의 관계에서 입은 상처로 인해 발생한 부정적인 감정을 인간에게 쏟아내면 정죄와 공격이 되지만 하나님 앞에 탄원하면 간구가 된다는 의미와 함께 불평 또는 탄원 기도의 중요성에 대해 말해 봅시다.

4) 이레니우스(Irenaeus)가 "충만하게 살아있는 인간 자체가 하나님의 영광이다"라는 말해 대해 토론해 봅시다.

5) 기도와 내재된 은총의 관계에서 "우리 인체에 내재된 치유력과 인류가 습득한 의학 지식이 충분히 활용되어 질 수 있도록 기도하는 것의 중요성"에 대해 토론해 봅시다.

3. 적용 및 실천 방안

1) 개인적으로 배운 내용과 토론을 통해 배운 내용을 기록한다.

2) 배운 내용을 가지고 구체적인 적용 및 실천 방안을 나누며 기록한다.

3) 삶에서 개인적인 적용 방안이나 실천 방안을 구체적으로 기록한다.

PART 09

노래로 기도하는 것은
두 배로 기도하는 것이다

일찍이 어거스틴은 입으로 기도하는 것은 한 배로 기도하는 것이요, 노래로 기도하는 것은 두 배로 기도하는 것이라고 했듯이,[1] 기도는 단지 입으로만 하는 것이 아니다. 다윗은 두 배가 아니라 네 배로 기도한 하나님의 사람이었다. 다윗은 하나님의 궤가 예루살렘으로 들어올 때 기쁨과 감사함으로 여호와 앞에서 뛰놀며 춤을 추었다(삼하 6: 16). 시편은 "나팔 소리로 찬양하며 비파와 수금으로 찬양할지어다. 소고 치며 춤추어 찬양하며 현악과 통소로 찬양할지어다. 큰 소리 나는 제금으로 찬양하며 높은 소리 나는 제금으로 찬양"(시 150:3-5)하라고 말한다. 우리는 하나님 앞에서는 어린아이처럼 순전한 마음으로 다윗처럼 찬양하며 기도할 수 있어야 한다. 우리는 하나님과 더 풍성하게 교제할 수 있어야 한다. 하나님이 우리에게 주신 창조적 선물인 이성, 마음, 몸, 비파와 수금으로 기도할 때 보다 더 풍성하게 기도할 수 있다. 입으로 하는 이성을 통한 기도는 한 배로 기도하는 것이고, 노래로 하는 이성과 마음을 통한 기도는 두 배로 기도하는 것이고, 몸으로 하는 이성과 감성과 몸을 통한 기도는 세 배로 기도하는 것이며, 다윗처럼 온 몸과 함께 비파와 수금으로 기도하는 것은 네 배로 기도하는 것이다.

요즈음은 총론의 시대이기보다는 각론의 시대라고 할 수 있다. 구체적으로 설명하고 표현하는 것을 중요하게 여기는 시대이다. 교육, 문화, 과학, 설교 등에서도 각론에 뛰어나야 하는 시대다. 총론은 많은 노력을 하지 않아도 말할 수 있지만, 각론은 깊은 연구와 고민과 경험 없이 불가능하다. 한국 교회도 이제는 기도와 신앙을 구체적으로 실천하는 방법을 알아야 한다.

한국 교회가 그동안 말씀 중심의 설교는 강조해 왔지만, 말씀 중심의 기도는 덜 강조해온 경향이 있다. 한국 교회는 성경 말씀과 성경의 기도문을 통해 기도하는 훈련을 보다 더 충실하게 할 필요가 있다. 우리의 기도는 성경에 깊이 침잠하는 데서 비롯되어야 한다. 그리스도인은 성경을 읽고, 귀를 기울이고, 생각하고, 묵상하며, 기도해야 한다. 따라서 우리는 말씀 기도를 회복해야 한다. 나아가 말씀 기도와 함께 노래 기도, 쓰기 기도, 독서 기도, 몸 기도, 금식 기도 등을 통해 하나님과 보다 풍성하게 교제할 수 있어야 한다.

말씀 기도

기독교 역사에서 기도의 가장 중요한 젖줄은 성경이었다. 성경을 통해 기도의 언어를 발견하고 성경을 붙들고 기도했다. 우리의 기도생활에서 성경과 기도를 분리시켜 생각해서는 안 된다. 우리는 하나님이 우리의 기도를 들어 주실 것이라 기대하며, 성경에 있는 기도와 찬양을 자신의 것으로 삼아 하나님께 기도하는 것이 좋다. 우리의 기도의 언어가 빈약할 때 성경을 통해 기도의 언어와 지혜를 얻어 기도할 때 보다 더 풍성하게 기도 할 수 있다.

기독교 전통에서 성경 말씀과 함께 기도하는 중요한 방법 중의 하나가 렉시오 디비나(lectio dinia)였다. 렉시오 디비나의 문자적 의미는 '성독', 즉 성스러운 독서, 성경 독서, 성령에 의한 독서이다. 하지만 렉시오 디비나의 실천적 목적은 성경을 통해 하나님과 대화하는 데 있다. 렉시오 디비나는 성경 말씀을 읽고, 묵상하며, 기도하는 데 그 실천적 목적이 있다.

렉시오 디비나는 하나님의 말씀인 성경을 머리가 아닌 순수한 마음으로 읽고, 그 말씀을 통하여 그리스도를 만나고, 또 그분과의 만남을 통하여 그리스도와의 우정을 깊게 하고, 우리 존재의 변화를 추구하는 독서방식이다. 이 독서 방식은 우리의 눈과 생각만을 가지고 말씀을 읽는 것이 아니라, 전인격으로 말씀을 읽는 것을 의미한다. 이것은 단순히 말씀에 대한 지식이나 정보를 얻기 위하여 읽는 것이 아니라, 말씀을 통해 하나님을 만나고자(encounter) 하는 목적을 가진다. 말씀을 통해 하나님을 만나고, 그분과 대화하고, 그분의 임재 안에 머무르는 독서와 기도의 전 과정을 '렉시오 디비나'라고 부른다. 단, 렉시오 디비나에서, "먼저 알 것은 성경의 모든 예언은 사사로이 풀 것이 아니니"(벧후 1:20)라는 말씀처럼 말씀을 너무 자의적으로 해석하거나 적용하는 것을 주의해야 한다. 또한 렉시오 디비나 실천에서 말씀을 통해 주시는 성령의 음성과 자신의 주관적인 내면의 음성을 혼동하는 것도 주의해야 한다. 렉시오 디비나는 성경말씀을 깊이 묵상하며 기도하는 데 목적이 있기 때문에 이를 바르게 실천하기 위해서는 성경에 대한 기초적인 이해가 있어야 한다.

렉시오 디비나는 우리가 성경을 해석하는 데 목적을 두기보다는 하나님의 말씀이 우리를 해석하고 인도하도록 성경 앞에 열린 자세로 나아가는 것이다. "하나님의 말씀은 살았고 운동력이 있어 좌우에 날선 어떤 검보다도 예리하여 혼과 영과 및 관절과 골수를 찔러 쪼개기까지 하며 또 마음의 생각과 뜻을 감찰"(히 4:12)하는 능력이 있기 때문이다. 렉시오 디비나는 다음과 같은 단계로 실천될 수 있다.

첫째, 준비단계이다. 우선, 몸과 마음을 바르게 한다. 렉시오 디비나를 할 때 기억해야 할 것은 하나님의 임재이다. 시작하기 전, 성경은 하나님이 주신 사랑의 편지임을 상기한다. 성경 말씀을 펼치기 전 "도우소서 성령님!" 하고 성령님의 도움을 청한다.

둘째, 말씀읽기이다. 손으로 성경책을 들고 읽을 곳을 편다. 눈으로는 성경말씀을 보면서 입으로는 그 말씀을 작은 소리로 천천히 읽는다. 귀로는 그 말씀을 듣는다. 여기서 읽는다는 것은 우리를 구원하는 하나님의 말씀 앞에 우리 자신을 열어 드리는 것을 의미한다. 말씀의 지식을 얻기 위해서가 아니라 말씀이 우리를 변화시키도록 우리를 말씀 앞에 드리는 것이다. 말씀을 읽다가 한 줄의 글이나 단어가 마음에 부딪혀 와 관심을 사로잡으면, 거기에 멈춰 서 그 말씀에 머문다. 그리고 그 말씀을 주의 깊게 반복해서 읽고 또 읽는다.

셋째, 말씀묵상이다. 마음에 와 닿는 그 구절에 밑줄을 그어 표시한다. 그리고 작은 소리로 천천히 반복 암송한다. 관심을 끄는 단어나 구절을 반복한다. 되새김질한다. 주어진 말씀을 반복함으로써 말씀이 내면 깊이 뿌리를 내려서 말씀과 내가 하나가 되게 한다. 그 말씀이 왜 나의 마음을 움직였는지, 그 말씀은 내게 무엇을 말하고 있는지를 마음과 이성과 감성, 즉 전 인격을 동원하여 묵상한다. 여기서 묵상은 말씀에 대한 지적인 연구를 하는 것을 의미하는 것은 아니다.

넷째, 말씀기도이다. 주어진 말씀과 그 말씀의 의미를 통해서 하나님이 나의 삶을 어떻게 인도하시는지 발견한다. 이 단계는 말씀이 나의 전 존재의 가장 깊은 곳까지 들어갈 수 있도록 나를 더욱 말씀 앞에 열어 놓는 단계이며, 주신 말씀에 대하여 나의 생각, 뜻, 결심, 느낌을 동원해서 하나님께 응답하는 단계이다. 하나님은 성경을 통해서 우리에게 말씀하시고 우리는 기도를 통해서 하나님께 말한다.

다섯째, 말씀안식 단계이다. 말씀안식은 말씀을 통해서 우리를 찾아 오신 하나님의 현존 앞에 머무르는 단계이다. 성령이 나와 하나님의 관계를 더욱 깊게 해 주시고, 인도하고 변화시킬 수 있도록 하나님의 품 안에 깊은 사랑과 평화 속에 머물러 있는 상태다. 하지만 이러한 경험을 할 수 없을 때는 부담을 갖지 말고 자연스럽게 넘어 간다. 이 단계는 하나님이 은혜로 주셔야 경험할 수 있기 때문이다.

여섯째, 마침단계이다. 끝마칠 때에는 하나님께 대한 감사의 기도로

마무리한다. 기도의 자리에서 일어나기 전에 고요히 감사기도나 주님의 기도를 드린다. 일어나기 전에 마음에 와 닿았던 성경구절들 중 하나를 택하여 기억하거나 쪽지를 간직한다. 일어나면서 그 구절을 가지고 일상으로 돌아간다. 선택한 성경구절은 일상에서 끊임없이 반추한다.

우리가 하나님 말씀과 함께 복된 삶의 감미로움을 추구하며(독서), 복된 삶의 감미로움을 깨달으며(묵상), 복된 삶의 감미로움을 청하며(기도), 행복한 삶의 감미로움을 맛볼 때(안식) 우리의 기도는 더욱 풍성해질 수 있다.

노래 기도

에른스트 블로흐(Ernst Bloch)는 90세 생일날 인터뷰에서 "나는 지금까지 살아오면서, 동경이야말로 인간이 지닌 단 하나의 정직한 성품이라는 것을 알고 있습니다"라고 고백했다.[2] 동경은 우리의 마음을 넓어지게 한다. 동경은 우리로 하여금 에고(ego)의 한계를 넘어서게 하고, 우리 자신과 다투고 있는 문제를 상대화시켜준다. 동경은 모든 아름다운 것과 즐거운 것을 꼭 붙들어야 한다는 강박관념으로부터 우리를 해방시켜 준다.

우리는 두 가지 길을 통해 동경과 만날 수 있다. 하나의 길은 삶을 주시하는 것과 모든 것 뒤편, 즉 욕망, 열정, 욕구, 소망, 희망의 뒤편에 숨어 있는 동경을 발견하는 것이다. 다른 하나의 길은 영적인 길이다. '주님의 기도'에서 '아버지의 나라가 임하옵시며'라고 기도할 때, 어거스틴에 의하면, 우리는 하나님의 왕국이 오게 해달라고 하나님에게 간청할 필요가 없다. 그 대신 우리 안에 있는 이 왕국에 대한 동경을 자극하면 된다. 어거스틴에게 시편은 동경에 대한 노래들이다. 우리가 시편을 노래할 때, 하나님 안에 있는 진정한 고향에 대한 동경이 '우리' 안에서 자란다.

어거스틴(Augustine)은 시편을 방랑자의 노래에 비유한다. 그의 시대의 사람들은 강도들을 피하기 위해서 밤에 길을 떠났다. 밤길을 가는 방랑자들은 늘 불안했다. 이러한 불안에서 벗어나기 위해 그들은 고향 노래를 불렀다. 어둠에 대한 불안을 극복하기 위해 그리고 하나님에 대한 동경을 자극하기 위해 노래를 불렀다. 어거스틴은 노래 기도를 가장 높은 차원의 기도로 이해했다.[3]

어거스틴은 노래는 사랑하는 사람들의 것이라고 보았다. 사랑하는 사람만이 노래할 수 있다고 여겼다. 노래는 사람들을 내면으로, '내 집의 가장 안쪽으로' 데려가는 특징이 있기 때문이다. 음악을 들으면 바이올린과 첼로의 선율이 우리에게로 들어간다. 우리가 우리 자신을 만났다고 느끼는, 우리가 고향이라고 여기는, 우리가 온전하고 건강하게 살고 있는 내면의 공간으로 노래는 우리를 인도한다. 이 내면의 공간에서 우리 자신에게 다다르고 고향을 느끼게 된다면, 더 이상 밖에서 고향을 찾으려는 수고는 필요 없게 된다. 우리 자신과 만나는 사람은 이 세상을 초월하고 이 세상의 혼돈 한가운데서 우리만의 안전한 장소를 발견할 수 있다.

어거스틴은 평생에 걸쳐 동경을 추구했다. 처음에는 여성에게서 행복을 찾았고, 다음에는 철학, 학문, 성공, 우정에서 동경을 추구했다. 그리고 마침내 하나님을 만났다. 하나님을 만나고서야 그의 마음은 비로소 평온해졌다. 그가 하나님과 대화를 위한 가장 중요한 방식은 노래였다.

아름다운 음악을 들으면서 우리는 영혼의 신비를 느끼게 된다. 음악은 영혼에 날개를 선사하여 영혼으로 하여금 자유롭게 고향을 찾아 평온함을 느끼게 한다. 또한 음악은 출구를 찾을 수 없을 정도로 지독한 슬픔과 절망에 빠진 마음을 깨워, 살아 움직이게 할 수 있다. 어두운 마음을 음악을 향해 열면, 우리는 슬픔의 한가운데서도 저 밑바닥에 숨어 있는 기쁨을 인지하게 된다. 음악이 그 기쁨을 살아 움직이도록 깨운 것이다. 하나님께서도 음악을 통해 영광을 받으시고 우리를 치유하시는 이유가 바로 여기에 있다.

히브리인들은 시편을 가리켜 '기도의 책'이라 부르지 않고 '찬양의 책'이라고 불렀다. 시편의 많은 부분의 시가 불평과 탄식과 비탄 가운데 드리는 기도이다. 히브리인들이 기도로 넘치는 시편을 찬양의 책이라고 부른 이유는 기도와 찬양을 분리된 관계로 여기지 않았다는 것을 암시한다. 시편에서는 끝없이 계속되는 수많은 기도가 찬양이 되고 있다. 절실하고 애절한 기도로 시작했더라도 모든 기도는 마침내 찬양으로 끝을 맺는다. 때로는 기도가 쉽게 찬양으로 변하는 것은 아니다. 그러나 모든 간구와 탄식과 비탄의 기도가 찬양으로 바뀌는 것을 시편은 보여 주고 있다. 비록 감당하기 힘든 탄식과 간구로 시작했더라도 마침내는 찬양으로 마치게 된다. 기도는 찬양으로 승화될 때 가장 아름답다. 찬양은 언제나 경이와 경탄을 수반하기 때문이다. 가장 아름다운 기도는 노래로 승화된 기도라고 할 수 있다. 노래 기도는 찬양으로 승화된 기도요 감사로 넘치는 기도의 표지라고 할 수 있다. 우리는 예배에서 기도를 노래로 승화시켜야 한다. 기도는 인간의 필요만을 위한 수단이 아니라 하나님을 찬양하는 노래가 되어야 한다. 기도는 우리를 초월하여 존재하시는 하나님께 우리의 간구와 찬양을 올려 드릴 때 천상의 노래가 되기 때문이다.

아마도 노래 형태로 기도를 드리는 대표적인 공동체는 떼제(Taize)라고 할 수 있다. 떼제는 기도를 할 때 대부분 노래 형태로 한다. 떼제 노래의 중요한 특징은 기도의 형태로 되어 있다. 때문에 떼제 노래는 자연스럽게 기도로 나아가게 한다. 떼제 노래는 그 자체가 기도요 또한 기도가 노래로 이어지게 하는 유기적인 특성이 있다. 떼제 노래는 단순하고, 반복적이며, 기도의 성격을 띤다. 떼제 노래는 즐겁게 부르는 노래에서도 묵상의 분위기를 형성한다. 떼제 공동체를 설립한 로저 수사가 말한 다음의 내용은 떼제 노래의 본질과 특징을 잘 드러내 준다.

> 살아있는 하나님과 교제하는 데 있어서, 홀로 있을 때 절정의 순간에 마음 속에서 침묵으로 계속해서 끝없이 노래하며 묵상기도를 하는 것만큼 도움이 되는 것은 없다. 단순한 상징들의 아름다움을 통해 하나님의 신비를 감지할 수 있을 때, 그 신비가 너무 많은 말로 인해 질식되어 버리지 않을 때, 다른 사람과 함께하는 기도가 단조로움과 지루함이 전혀 없이 우리에게 이 땅에서의 천국의 기쁨을 일깨워 준다.[4]

떼제 노래는 1950년대 초 로저 수사가 공동체 기도에 좀 더 공식적인 수도원 전례를 도입하기 위해 '제네바 시편'에서 음악을 끌어 온 것으로부터 시작되었다.[5] 하지만 1960년대 후반부터 떼제 공동체에 세계 여러 곳에서 모여든 젊은이들의 모임이 시작되면서 그들이 효과적으로 함께 노래할 수 있는 방법을 모색하게 된다. 그때 스페인 바르셀로나 근처에 있는 몬세라트의 베네딕트 수도원에서 쓰는 '카논 형식'의 노래를 도입하게 된다. 베네딕트 수도원의 '카논 형식'의 노래는 단순성과 보편성 때문에 다양한 순례자들에게 수백 년 동안 호소력 있게 사용되었다.[6]

떼제 공동체도 베네딕트 수도원과 같이 단순한 카논 형식의 노래를 만들어 반복적으로 부르고 있다. 떼제 노래기도는 단순하고 아름답고 부르기 쉬운 특성이 있다. 뿐만 아니라 묵상할 수 있는 분위기를 조성하는 특성이 있기 때문에 현대 그리스도인들의 영적 성찰을 위한 노래로서 중요한 역할을 할 수 있다.

쓰기 기도

우리는 일반적으로 기도를 소리를 내어 하거나 묵상적인 형태로만 한다고 생각하기 쉽다. 하지만 기도는 다양한 형태로 실행될 수 있다. 특히 쓰기기도와 같은 기도는 매우 중요한 기도의 방편이 될 수 있다. 쓰기기도는 마음과 생각을 하나님 앞에 깊이 성찰하는 기도가 될 수 있기 때문에 큰 소리로 정신없이 하는 기도보다 더 깊고 풍성한 기도가 될 수 있다. 쓰기기도는 하나님과 관계를 성찰하는 기도로 작용할 수 있다. 쓰기기도의 목적은 하나님과의 관계에서 발생하는 것에 관한 우리의 인식과 해석의 파노라마를 마음과 펜으로 드리는 기도이다. 쓰기기도는 소리로 드리는 기도가 아니라 일명 '마음과 펜으로 드리는 기도'이다.

우리의 영적 여정에서 우리의 지식과 세계가 마음속으로 들어가야 비로소 영혼으로 화할 수 있다. 영혼을 만들 수 있는 그릇은 성찰과 경이로 빚어진 내면의 컨테이너이다. 만일 날마다 몇 분 동안의 시간을 내어 쓰기기도를 할 수 있다면, 틀림없이 심리치료의 경비와 수고를 덜 수 있다. 쓰기기도의 이런 소박한 실천은 우리의 삶 속에서 많은 것을 제공할 수 있다. 어떤 이에게는 하나님 앞에서 삶의 성찰을, 어떤 이에게는 하나님과 보다 더 깊은 관계를, 어떤 이에게는 하나님 앞에서 자기 삶의 변형을 체험할 수 있는 기회가 될 수도 있다.

쓰기기도의 가장 핵심적인 특징은 하나님 앞에서 자기를 깊이 성찰하는 가장 효과적인 방식이기 때문에 영성 지도의 특징을 가지고 있다. 즉, 쓰기기도는 일상에서 실제 일어나는 일들을 구체적이고 명확하게 서술하는 기도 형태이기 때문에 자기 인식과 동시에 영적 성찰과 감수성을 수련하는 데 효과적인 기도 방식이 될 수 있다. 쓰기기도는 삶의 의미를 획기적으로 변화시키는 데 도움을 줄 수 있다. 쓰기기도를 통해 우리 삶의 모양과 관련된 부정적이고 긍정적 암시를 주는 고정된 형태가 드러나기 시작할 수 있다. 때문에 쓰기기도는 단지 하나님과의 대화에만 목적이 있는 것이 아니라 영적 지도의 형태로 작용할 수 있다. 쓰기기도는 우리가 경험하는 것 속에서 하나님이 어떻게 일하고 계신지를 분별하는 데 많은 도움이 될 수 있다. 특히 쓰기기도는 감정에 주의를 기울임으로 우리의 내적 삶을 반영하는 하나의 분별 훈련이 될 수 있다. 쓰기기도는 우리의 생각, 감정, 행동에 많은 영향을 줄 수 있다.

쓰기기도는 일상의 구체적 상황을 넘어 뜬구름 잡는 것을 허용하지 않는다. 쓰기기도는 자신의 가장 깊은 내면(deepest self)을 감추고 사회적 공동체적 역할만을 강조하는 표면적 자아(surface ego)에만 머물러 있는 것을 허용하지 않는다. 쓰기기도가 영성 형성의 효과적인 방식이 되기 위해서는 개인적이어야 한다. 쓰기기도가 영성 형성을 위한 기도가 되기 위해서는 하나님께 자신의 모든 것을 드러내어 표현할 수 있어야 한다.

쓰기기도는 좋은 날이나 슬픈 날 모두 실제로 일어났던 일을 가지고 마음과 펜으로 하나님과 대화함으로서 '좋았던 옛 시절'을 그리워하는 향수병을 치료할 수 있다. 또한 쓰기기도는 '나에게는 좋은 일은 하나도 일어나지 않았다'는 비관적인 평가를 하는 것도 치료할 수 있다. 쓰기기도는 하나님과 더불어 자기 통찰력(self insight)을 기르는 좋은 방식이 될 수 있다. 쓰기기도는 고통스럽고 힘들 때 자신을 마주함으로써 내면의 긴장과 갈등을 성찰하는 데 많은 도움을 줄 수 있다.

나아가 쓰기기도는 자신의 기도 역사로 남을 수 있다. 쓰기기도는 자신의 삶 속에서 하나님의 임재와 역사를 통하여 감사의 삶과 능력을 증대시킬 수 있다. 쓰기기도는 다양한 내용을 포함할 수 있다. 쓰기기도는 성경의 구절이나 사건에 대한 통찰이나 묵상과 함께 드릴 수 있다. 특히 성경 묵상을 통해 성찰기도, 회개기도, 탄식기도, 기쁨기도, 감사기도의 형태로 쓰기기도를 할 수 있다. 쓰기기도는 영성 일기 형태로 실행될 수도 있다.

쓰기기도를 오랫동안 하면 기록된 기도를 통해 성찰하면서 읽을 때 삶의 일반적 방향에 대해 성찰하는 데 도움이 될 수 있다. 또한 삶의 시간과 에너지를 사용하는 데 실제적으로 우선순위를 어디에 두는가를 결정할 때 유용할 수 있다. 특히 고통스런 시기에 드려진 쓰기기도는 우리에게 구체적으로 일어나는 삶의 질문들에 대해 실제적으로 다시 회상하게 해주기도 한다. 쓰기기도는 전에 쓰인 기도를 통해서 다시 기도함으로 자신의 영적 여정의 패턴을 성찰할 수 있도록 해준다. 이는 우리가 기도했던 상황이나 하나님의 도우심으로 어려움을 이겨낸 것들을 후에 읽게 되면 현재와 미래에 대한 희망을 더욱 하나님께 둘 수 있게 된다.

플래너리 오코너(Flannery O'Connor)는 젊은 시절에 기도 생활의 깊이를 더하려고 애쓰던 가운데 펜으로 기도 일지를 쓰기 시작했다. 그는 마음속에서 약동하는 감성을 파악해서 토로하고 분출할 뿐 아니라 하나님의 임재 가운데서 솔직하고 있는 그대로 정직한 자세를 취했던 시편 기자들의 기도의 길을 따라갔다. 오코너는 이렇게 기록했다.

> 당신에 대해 생각하거나 늘 갈구하는 당신의 사랑으로 가슴 벅차기보다 예술적인 기교를 닦는 데 온 힘을 쏟았습니다. 사랑하는 하나님, 내가 원

> 하는 방식으로 주님을 사랑할 수 없습니다. 내 눈에 보이는 하나님은 가느
> 다란 초승달입니다. 내 자아는 옹근 달을 보지 못하게 가리는 지구의 그림
> 자와 같습니다. 사랑하는 하나님, 내 자아의 그림자가 점점 더 커져서 달
> 의 전모를 보지 못하게 될까, 그리하여 그야말로 아무것도 아닌 그림자를
> 근거로 나 자신을 판단하게 될까 두렵습니다. 스스로 길을 막고 선 탓에
> 난 하나님 당신을 제대로 알지 못합니다.[7]

오코너는 삶의 승패는 사랑의 우선순위를 다시 설정하는 데 달렸다는 것을 의식한다. 이는 어거스틴이 깨닫고 그의 기도 일지 고백록에 기록했던 내용과 맥을 같이한다. 하나님과 이웃보다 성공을 사랑하는 마음가짐은 심령에 공허를 증가시킨다. 오코너는 자신의 비범한 재주로 인해 오만하고 이기적인 작자가 될 뻔 했지만 기도로 끊임없이 마음의 지향점을 조절하였다. 그는 이렇게 썼다. "오 하나님, 제발 내 생각을 투명하게 해 주세요. 정결하게 씻어 주세요. … 만물의 밑바닥으로 내려가 주님이 머무시는 곳을 깨닫게 도와주세요."[8]

오코너는 형식적이고 습관적으로 되풀이하는 기도 행위를 답습하는 것에서 만족할 수 없었다. 그는 이렇게 고백하였다. "여태 되뇌던 기도문의 내용을 부정한다는 뜻은 아닙니다. 하지만 입으로 읊조릴 수 있을지언정 마음으로는 느낄 수가 없었습니다. 의식은 도망자처럼 사방팔방 떠돌았습니다. 매번 이런 식으로 기도했습니다. 반면에 하나님을 생각하고 그 심정을 적을 때는 사랑의 온기가 온몸을 감싸는 걸 감지했습니다."[9] 어느 날 그는 그의 쓰기기도의 마지막 부분에서 이렇게 적었다. "아무라도 좋으니 기도하는 법을 가르쳐 줄 수 없나요?"[10]

똑같은 질문을 던지는 이들이 지금도 헤아릴 수 없이 많다. 그리스도인이라면 기도가 중요하다는 것을 알지만, 어떻게 기도해야 하는지에

대해서는 잘 모르는 경우가 허다하다. 기도는 단지 소리로만 하는 것이 아니기 때문이다. 기도는 입으로만 할 수 있는 것이 아니라 쓰기로도 할 수 있다. 시편의 많은 부분이 기도이지만, 시편에 나타난 기도 실천방법은 입술의 기도보다는 쓰기기도였다고 할 수 있다. 시편은 쓰기기도의 전형적인 모델이라고 할 수 있다.

쓰기기도는 옳고 그른 특정한 방식이 있지 않다. 쓰기기도라고 해서 논리적인 형태의 글쓰기와 같이 할 필요가 없다. 쓰기기도의 형태는 문장으로 써도 되고, 구절이나 단어만 써도 된다. 쓰기기도는 내면의 성찰과 깊이 관련된 기도이기 때문에 빠른 속도로 소리 내어 드리는 기도가 아니라 천천히 마음과 펜으로 드려야 한다. 쓰기기도에는 적어도 참된 마음, 회개, 감사, 희망, 성찰, 두려움이 하나님 앞에 토로되어야 한다.

독서 기도

독서가 우리의 육체적, 정신적, 영적 건강에 도움이 된다는 사실은 이미 고대로부터 잘 알려진 사실이다. 독서는 우리의 사고방법이나 행동의 교정 등에도 영향을 준다. 고대 그리스의 도시인 테베(Thebes)의 도서관 입구에는 '영혼을 치료하는 곳'이라는 말이 새겨져 있다. 독서가 인간의 영혼을 치료할 수 있다는 전제는 독서는 우리의 인격과 행동에 중요한 역할을 할 수 있다는 것을 암시한다. 책은 우리를 가르칠 뿐만 아니라 우리의 친구가 되기도 하고 치료하기도 한다. 또한 독서는 우리로 하여금 우리의 경험을 조명하게 하고, 우리의 인식이나 경험을 토대로 분석, 종합, 추론, 판단하는 데 도움을 준다.

성경은 독서를 중요하게 말하고 있다. 성경을 읽고 듣고 그 가운데 기록한 것을 지키는 자들이 복이 있다고 하였다. "이 예언의 말씀을 읽는 자와 듣는 자와 그 가운데에 기록한 것을 지키는 자는 복이 있나니 때가 가까움이라"(계1:3).

나아가 독서는 우리에게 지혜를 주고 치료하는 역할도 하지만 하나님과 보다 더 풍성하게 교제할 수 있는 통로가 될 수 있다. 하나님은 우리와 직접 소통하시기도 하지만, 여러 전문 영역에 사람들을 부르셔서 하나님의 뜻을 행하게 하시고, 이런 전문가들을 통해 작성된 문서나 책을 통해서도 우리를 깨닫게 하시고 우리와 소통하실 수 있다. 따라서 성경 뿐 아니라 여러 분야의 전문가들에 의해 작성된 문서나 책들도 우리의 삶과 신앙과 기도에 도움이 될 수 있다.

보나벤투라(Bonaventure)는 신학적인 지식의 과정을 설명하기 위해서 '책'의 은유를 사용하였다. 그는 먼저 두 종류의 책을 말하였다. 하나는 하나님 자신 안에 기록되어진 것으로 하나님의 영원한 아이디어이며 지혜를 의미하는 '생명 책'이다. 다른 하나는 하나님 밖에 기록된 것으로서 지각할 수 있는 물질적인 세계를 의미하는 '피조물의 책'이다. '생명의 책'은 천상의 세계에서만 읽혀질 수 있는 가려진 책이다. 반면에 '피조물의 책'은 피조물의 세계에서 일상 생활의 경험으로 부딪혀 오는 것으로 인간이 읽어낼 수 있는 책이다. 보나벤투라는 이 피조물의 책을 세 종류의 책으로 구분하였다. 물질적인 피조물인 자연, 영적인 피조물인 인간, 그리고 성경이다. 피조물의 책은 영혼이 하나님께 이르도록 길을 열어주는 역할을 하게 된다.[11] 이런 맥락에서 '인간 책'과 '자연 책'을 읽는 것은 성경을 더 풍성하게 이해하고 묵상하도록 도와줄 뿐 아니라 우리의 기도 생활에도 도움을 줄 수 있다.

독서 기도를 위해 기독교 영적 고전을 읽는 것도 좋다. 기독교 고전은 하나님으로부터 소외된 성도들을 하나님과의 관계를 다시 회복시키는 한 가지 방법이 될 수 있다. 특히 영적 고전으로는 어거스틴, 토마스 아캠퍼스, 로렌사 수사, 헨리 나우웬 등의 책을 읽으면 좋다.

우리가 영적 고전들을 읽으며 깊이 사색하고 묵상하며 기도할 때 하나님과 보다 더 풍성한 교제를 할 수 있다. 우리가 보다 더 깊이 하나님을 사랑하며 교제하고 싶은 열망이 있다면, 성경을 읽어야 하지만 하나님을 깊이 사랑했던 사람들의 책도 읽어야 한다. 제임스 패커(James Packer)는 "개신교는 종교개혁과 복음주의적 유산뿐 아니라 그동안 무시해 왔던 교부시대, 중세, 청교도, 복음주의적 유산을 포함한 기독교 유산 전체를 다시 강조할 필요가 있다"고 하였다.[12] 영적 고전들과 하나님의 사랑을 깊이 체험하며 썼던 책들은 우리의 신앙과 삶을 더욱 풍성하게 할 뿐 아니라 하나님 앞에서 우리를 성찰하도록 도울 수 있기 때문에 우리의 기도에도 지혜를 줄 수 있다.

하나님이 기뻐하시는 비전의 사람이 되기를 원하며 기도할 때는 비전의 사람들의 책을 읽으며 기도하면 도움이 될 수 있다. 우리가 건강한 가정을 꿈꾸며 하나님 앞에 기도할 때 건강한 가정을 위해 수고한 이들의 책을 읽으며 기도하면 보다 더 구체적으로 하나님과 교제할 수 있다.

몸 기도

교회의 전통에서는 기도의 행위나 의도가 몸의 자세나 위치, 혹은 움직임과 결합하여 하나의 상징적인 기도의 '언어'를 형성해 왔다. 기도할 때 고개를 숙이거나 두 손을 맞잡거나 팔을 펼 수 있다. 이러한 몸짓들은 모두 '기도의 언어'의 일부이다. 기도할 때 무릎을 꿇고, 고개를 숙이거나 하늘을 향해 손을 들고, 눈을 감거나 위를 쳐다보고, 두 손을 꼭 쥐고, 얼굴을 땅에 대고 엎드리는 것, 옆 사람과 손을 잡는 등 다양한 자세는 기도의 만국 공용어다. 기도에서 몸은 만국공용의 신체어이기도 하다.

우리가 말을 통하여 기도할 수 있다면 몸을 통해서도 기도할 수 있다. 몸을 통한 웃음과 노래와 춤은 우리의 영적 삶에서 중요한 역할을 한다. 웃음, 박수치기, 춤추기 등과 같은 기쁨에 대한 육체적으로 드러나는 행위는 하나님과 전인적으로 교제하기 위하여 필수적인 것들이다. 다윗은 하나님 앞에서 내적 기쁨을 신체적 춤으로 표현하지 않을 수 없었다. 법궤 앞에서 춤추던 다윗의 시편에서 그 성경적 예를 볼 수 있다. "내 영혼이 여호와의 궁정을 사모하여 쇠약함이여 내 마음과 육체가 생존하시는 하나님께 부르짖나이다"(시 84:2).

우리는 결코 언어만으로 기쁨의 힘인 환호를 모두 표현할 수 없다. 환호는 현재적인 몸의 언어에서 구체화되기 때문이다. 단지 언어만을 가지고는 하나님 앞에서 우리의 아픔과 눈물과 고통과 기쁨과 환희를 다 담아낼 수 없다. 하나님의 사랑도 단지 언어에만 그칠 수 없어 그의 아들에게 몸을 갖게 하셨다. 하나님은 아들의 몸의 수난과 고통과 부활을 통하여 자신의 백성을 향한 사랑의 노래를 우리에게 전해지게 하였다.

> 기독교의 묵상에서는 정신만이 아니라 전인이 하나님을 찾는 데 참여하게 하기 위하여 항상 감정들, 가장 심오한 인간의 느낌들, 그리고 인간의 마음의 갈망들을 일깨웠다. 안타깝게도 마치 지성이 하나님을 찾는 일에 개입된 유일한 능력인 듯이 묵상은 종종 정신적인 기도라고 불려왔다. 기도할 때에는 하나님을 찾는 일에 전인이 개입된다.[13]

기도는 정신적인 활동만이 아니다. 하나님은 우리의 언어나 머릿속에 있는 분이 아니기 때문이다. 기도는 총체적인 인간의 활동이다. 기도를 할 때 신체적인 고요함은 중요하다. 기도에 몸을 사용한다는 사상의 신학적 토대는 성육신이다. 안디옥의 성 이냐시오는 "당신이 육체적으로 행하는 것들도 모두 영성적이다. 당신은 모든 일이 예수 그리스도 안에서 하기 때문이다"라고 했다.[14] 기도의 삶은 확실히 균형이 잘 잡힌 몸 조건을 전제로 한다. 몸을 무시하는 행위는 기도를 방해할 수도 있기 때문이다. "우리는 몸으로부터 거리감을 갖고 몸을 무시하며 혹은 가능한 한 육체성을 거부함으로써 하나님과 교통하는 것이 아니다. 오히려 우리는 창조를 거룩한 것으로써 지금 여기에서 경험되는 하나님의 현존으로 축하함으로써 하나님과 교통하는 것이다."[15]

사람들은 기도하는 동안에 몸의 다양한 부분들을 사용하도록 권유 받아야 한다. 이것이 특별히 중요한 것은 우리 문화와 교회가 정신적인 집중만을 지나치게 강조하기 때문이다.[16] 물론 기도에서 정신적인 집중은 중요하다. 하지만 지속적인 정신의 집중은 가능하지도 않을뿐더러 바람직하지도 않다. 하나님의 임재를 몸을 통해서도 알게 되도록 권장할 필요가 있다. 우리는 육체적 감각을 통해서 하나님과 하나님의 나라를 경험하도록 만들어졌기 때문이다. 우리는 듣고 보고 만지고 맛보고 냄새 맡는 오감을 통해서 우리는 하나님의 임재를 느낄 수 있다. 달라스 윌라드(Dallas Willard)에 따르면, "우리는 자신의 행동에 의해서만 하나님의 통치에 참여 할 수 있다. 우리의 행위는 육체적인 것이다. 우리는 다만 육체의 과정을 따라 살아간다. 종교에서 우리의 육체를 제외시키는 것은 우리의 삶에서 종교를 배제시키는 것과 같다. 우리의 삶은 하나님과의 연합 안에서만 성취할 수 있지만, 어디까지나 육체적인 것이다."[17] 인간의 영적인 삶은 자신의 몸을 사용하는 것을 피할 수 없다.

몸 기도는 다양한 형태로 실천될 수 있다. 대표적인 방법 중에 하나가 율동을 통한 찬양과 기도다. 만약 몸 기도를 부정한다면 말을 할 수 없는 사람은 기도할 수 없다는 결론이 나온다. 우리는 얼마든지 몸으로 하나님께 기도할 수 있다.

몸 기도는 발로 일정한 거리를 걸으며 하나님을 묵상하는 기도형태로 실행할 수 있다. 어떤 교회들은 새벽예배 후에 목회자와 성도들이 함께 일정한 거리를 걸으며 하나님께 기도하는 교회들도 있다. 이런 형태의 기도는 여러 면에서 중요한 의미를 갖는다고 할 수 있다. 몸으로 걸으며 전인으로 자연세계를 보며 하나님께 기도 할 수 있다는 것은 축복이다.

기독교 전통에서 중요하게 실천되고는 있는 금식 기도는 대표적인 몸 기도의 전형이라고 할 수 있다. 금식 기도는 몸과 함께 하나님께 드리는 전인적인 기도이다. 특히 금식 기도는 몸의 절제와 고난을 통해서 하나님 앞에서 자신을 성찰하고 이웃에게 사랑을 실천하기 위한 중요한 기도 방법이었다.

금식 기도

몸과 함께 하는 금식 기도는 다양한 유형으로 실천할 수 있다. 한국 교회 안에서 많은 그리스도인들은 일반적으로 금식을 물만 먹고 하는 것으로 생각하는 경향이 있다. 하지만 기독교 역사에서 금식은 반드시 절식으로만 하는 것은 아니었다.

기독교 역사에서 부분금식도 행해졌다는 것을 알 수 있는 한 예이다. 어느 날 "교부(abba) 요셉이 교부 포에멘에게 물었다. '금식은 어떻게 행해야 합니까?' 이에 대해서 포에멘이 대답하였다. '내 경험으로는 매일 먹는 것이 더 좋다고 생각한다. 그러나 만족하지 않기 위해서 단지 조금씩만 먹는 것이 좋다.'"[18] 교부들은 음식을 전혀 먹지 않는 금식보다는 평상시보다 음식의 양을 줄여서 조금씩만 먹는 '금욕적인 금식'이나 어떤 특정한 음식을 먹지 않는 '부분 금식'을 하였다는 것을 알 수 있다.

리차드 포스터(Richard Foster)는 일반적인 금식과 부분적인 금식 그리고 절대적인 금식을 구별하여 설명하였다. 일반적인 금식은 모든 종류의 음식, 그것이 고체 상태이든지 액체 상태이든지 간에 물을 제외한 모든 종류의 음식을 절식하는 것이다. 부분적인 금식은 모든 음식을 절식하는 것이 아니라 특정 음식만을 절식하는 것이다. 절대적인 금식은 음식과 물을 모두 먹지 않는 것이다.[19]

성경에 나타난 금식의 유형은 주로 부분 금식과 절대 금식이 소개되고 있다. 성경에는 단지 물만 먹고 하는 절식 형태의 일반 금식보다는 어떤 특정한 음식을 먹지 않고 하는 부분 금식과 큰 위기 가운데 주로 실천했던 절대 금식이 소개되고 있다. 먼저 고기 등과 같은 음식을 먹지 않고 한 부분 금식이다. 대표적인 예가 다니엘이다.

> 바사 왕 고레스 제삼년에 한 일이 벨드사살이라 이름한 다니엘에게 나타났는데 그 일이 참되니 곧 큰 전쟁에 관한 것이라 다니엘이 그 일을 분명히 알았고 그 환상을 깨달으니라 그 때에 나 다니엘이 세 이레 동안을 슬퍼하며 세 이레가 차기까지 좋은 떡을 먹지 아니하며 고기와 포도주를 입에 대지 아니하며 또 기름을 바르지 아니하니라(단 10:1-3).

천사가 다니엘을 방문했을 때 그는 3주 내내 채소만 먹는 부분 금식을 하였다. 다니엘은 부분 금식을 하면서 자신이 보았던 환상에 대한 주님의 뜻을 구하는 기도를 하였다. 다니엘은 이전부터 세 명의 히브리 친구들과 함께 바벨론 왕국의 기름진 음식을 거절하고 금식을 자주했다(단 1장). 다니엘은 고기를 먹지 않고 채소만 먹는 금식을 주로 하였다. 다니엘이 고기를 먹지 않고 부분 금식을 주로 하게 된 이유는 바벨론의 우상을 섬기지 않고 하나님 신앙을 지키고자 하는 믿음의 표시이기도 했다. 왜냐하면 그 당시 그에게 제공된 고기는 바벨론의 우상에게 제물로 바쳐졌던 것이었기 때문이다.

성경에는 절대 금식도 있다. 대표적인 예가 에스더의 경우이다. 에스더는 페르시아의 아하수에로 왕 때 하만에 의해 유대 민족이 말살될 위기가 왔을 때 유대인으로서 왕후가 된 그녀는 민족적인 수난과 위기를 극복하기 위해 수산에 있던 유대인들에게 3일간 금식기도를 하도록 선포하였다.

> 에스더가 모르드개에게 회답하여 이르되 당신은 가서 수산에 있는 유다인을 다 모으고 나를 위하여 금식하되 밤낮 삼 일을 먹지도 말고 마시지도 마소서 나도 나의 시녀와 더불어 이렇게 금식한 후에 규례를 어기고 왕에게 나아가리니 죽으면 죽으리이다 하니라 모르드개가 가서 에스더가 명령한 대로 다 행하니라(에 4:15-17).

에스더는 민족적 위기 앞에서 모든 음식을 먹지 않고 생명을 걸고 절대 금식을 하였다. 하나님께서는 에스더와 함께 절대금식을 한 유대 백성에게 응답하셔서 모든 위기와 상황을 바꾸어 유대 민족이 생존하도록 반전의 역사를 이루셨다. 에스더는 민족적인 위기와 같은 절체절명의 순간에 하나님의 도우심을 구하며 절대금식을 할 때 하나님의 큰 역사를 경험할 수 있었다.

현대 사회에서의 금식은 보다 더 넓은 의미에서 이해되고 실천할 수 있다. 금식은 단지 음식을 먹지 않는 것뿐만 아니라 그 밖의 다른 것까지도 절제하는 의미에서 금식을 실천할 수 있다.[20] 절제란 인생의 즐거움을 모두 거부한다는 뜻은 아니다. 윌라드가 지적한 것처럼 "우리가 세상적인 것을 즐거워하고 그것에 빠져 있으면서 하나님을 욕되게 하는 것만큼이나 그 즐거움을 피하고 두려워하는 것도 하나님을 욕되게 하는 것이기 때문이다."²¹ 절제의 진정한 목적은 하나님께서 주신 선물을 올바르게 즐기는 방법을 배우는 것이다. 이런 종류의 금식은 텔레비전을 시청하는 대신 자연의 소리를 듣거나 침묵을 지키는 것도 현대적인 의미에서 금식의 형태가 될 수 있다. 또한 육체적 건강에 열중하며 지나치게 매달리는 것도 자제해야 한다. 강박관념에 시달리면서 먹지 않는 것뿐만 아니라 그렇게 먹는 것 까지도 절제하는 것이 금식이다. 이 밖에도 절제를 통해서 금식을 실천할 수 있는 방법은 다양하다. 때로 창조적으로 접근하는 것도 필요하며, 자신의 성격과 환경에 맞는 금식 방법을 선택할 필요가 있다.

제자훈련 멘토링   *Disciple Training Mentoring*

1. 배운 내용과 기도

1) "노래로 기도하는 것은 두 배로 기도하는 것이다"는 내용을 읽고 마음에 다가온 문장이나 배운 내용이 있다면 기록한다.

2) 마음에 다가온 문장이나 배운 내용을 통해 소망하거나 결심한 것을 기록한다.

3) 소망하거나 결심한 내용을 가지고 '쓰기 기도'를 통해 하나님께 도움을 구한다.

2. 토론 주제와 나눔

1) 입으로 기도하는 것은 한 배로 기도하는 것이요, 노래로 기도하는 것은 두 배로 기도하는 것이요, 몸으로 기도하는 것은 세 배로 기도라는 것이요, 몸과 비파와 수금으로 기도하는 것은 네 배로 기도하는 것이란 말의 진정한 의미에 대해 말해 봅시다.

2) 한국교회 안에서 말씀 기도의 회복의 중요성에 대해 말해 봅시다.

3) 우리의 기도 생활에서 쓰기 기도가 주는 의미에 대해 토론해 봅시다.

4) 노래 기도의 중요성에 대해 토론해 봅시다.

5) 금식 기도의 다양한 실천 방법에 대해 토론해 봅시다.

3. 적용 및 실천 방안

1) 개인적으로 배운 내용과 토론을 통해 배운 내용을 기록한다.

2) 배운 내용을 가지고 구체적인 적용 및 실천 방안을 나누며 기록한다.

3) 삶에서 개인적인 적용 방안이나 실천 방안을 구체적으로 기록한다.

PART 10

우리는 우리가 사랑하는 것을 예배한다

우리는 우리가 사랑하는 것을 예배한다. 제임스 스미스(James Smith)는 우리가 가장 사랑하는 것이 우리를 형성한다는 어거스틴의 통찰을 통해 "예배는 문화를 만들려는 우리의 노력이 하나님과 그분의 나라를 지향하도록 우리의 사랑과 갈망을 길러내는 "상상력의 저장고다"라고 말한다.[1] 예배는 하나님을 사랑하는 마음을 형성한다. 예배는 우리의 삶을 형성하는 예전이다. 예배는 우리의 마음과 가치와 행동을 형성한다. 스미스는 예배의 진정한 의미와 지평을 매우 심도 있게 해석한다. 즉, 그는 우리의 마음을 지키는 것을 가정 예전으로, 자녀를 잘 가르치는 것을 신앙교육 예전으로, 우리가 소망하며 하는 일상의 일을 소명의 예전으로 그려낸다.[2] 그에 따르면, "예배는 '주중에 하는 일'에서 도피하는 것이 아니다. 그와 반대로 예배 의례는 우리의 마음을 훈련시키고 우리의 욕망이 하나님과 그분의 나라를 향하게 한다. 따라서 예배를 마치고 일터로 보냄을 받을 때 우리는 우리 영혼을 사랑하시는 분을 향한 습관으로 형성된 지향성을 지닌 채 우리의 일을 한다."[3] 스미스의 예배 이해는 바울이 로마서에서 말하고 있는 "영적 예배"의 의미와 일치한다. 바울이 말하는 영적 예배는 예배를 통해 우리의 가치, 태도, 행동, 삶의 방식을 형성하는 예전과 관계된다.

영적 예배란 무엇인가?

바울이 로마서에서 말한 '영적 예배'의 의미를 이해하는 것은 대단히 중요하다(롬 12:1). '영적'이라는 단어는 '로기코스'를 번역한 것이다. '로기코스'는 여러 의미로 번역되었다. 이 단어는 '합리적'(개역판), '영적'(RSV, 개역한글판, 새번역), '마음과 심성으로 드린'(표준새번역, 표준신약성서) 등으로 번역되었다. '로기코스'는 동사 '생각하다'와 명사 '말씀'

과 관계가 있는 단어로써 어떤 것의 참되고 핵심적인 본질에 부합한다는 의미의 '진정한'을 뜻하기도 한다. 또한 여러 번역서가 '이성적'(KJV, STV, NBG)로도 번역하고 있다.

바울의 관점에서 이성은 매우 중요한 주제이기 때문에, 비록 '로기코스'를 '이성적'으로 번역하는 것이 가장 타당하다고 하더라도, 여기서 말하는 것은 이성 그 이상을 의미한다. 바울이 말한 예배는 하나님에 의해 변화되고 갱신된 정신을 가진 이들이 드리는 믿음의 복종이기 때문이다. 즉, 영적 예배는 이 시대의 가치, 태도, 행동, 삶의 방식을 더는 따르지 않는 모습과 관련된다(롬 12:2; 비교 골 3:9-10; 엡 4:22-24).

게다가 '로기코스'는 단순하게 '이성적'으로만 번역할 수 없는 특성이 있다. 왜냐하면 '로기코스'는 문자적인 의미만 함축하고 있는 것이 아니라 '비유적'(figurative), '영적'(spiritual) 의미로 쓰이고 있다고 보아야 하기 때문이다. 구체적으로 서술하면, 몸을 비유적이고 영적인 의미로 사용하는 것과 같이 '로기코스'도 비유적이고 영적으로 쓰고 있다고 보아야 하기 때문이다. 바울이 몸을 살과 뼈만의 문자적인 개념이 아니라, 전인으로써 비유적이고 영적 의미로 사용하는 것과 같다. 이는 구약시대의 '제사'는 문자적인 의미로서 '동물'을 죽여 제물로 드리는 것이었지만, 바울이 '몸을 드리라'는 의미는 문자적인 의미가 아니라 비유적인 의미로서 온전히 하나님의 뜻에 순종하는 사람이 되는 것과 같은 것이다. 때문에 '로기코스'란 단어는 '비유적', '영적'으로 번역하는 것이 더 타당하다고 할 수 있다.

구약의 헬라어 번역인 70인 역은 '로기코스'를 사용하지 않지만, 구약의 선지자들은 하나님이 의식을 통해서가 아니라, 참다운 영적, 윤리적 관계를 통해서만이 경배드릴 수 있다고 가르친다(시 1:10-16; 미 6:6-8). 하나님이 가장 요구하시는 것은 회개, 믿음, 복종이다. 특별히 하나님의 공동체 안에서 의와 거룩함을 바로 세우는 노력을 통해 드러나길 기대했다. 제사 제도는 이러한 반응을 격려하는 방편이었지 죄를 덮는 방편이 아니었다.

바울 시대 당시에 헬라 문화는 일반적으로 내면화된 예배를 의미했고, 비인격적이고 간섭하지 않는 신 앞에서 침묵으로 나가야 할 필요를 가르치는 경향이 강했다. 이에 반해 유대교에서는 제의의 윤리적 의미를 더 강조하였다. 어떤 면에서는 신약 성경은 헬라 문화보다는 하나님 뜻의 실천을 더 강조했던 유대 사상가들의 영향을 받았다. 그렇지만 바울의 특징은 제사라는 개념을 단지 윤리적으로 그리고 영적으로 해석하는 데 주요한 목적이 있지 않았다. 도리어 속죄제로 예수의 죽음이라는 기초에 의지하여, 성령 안에서 우리를 하나님께 드리는 것이 영적 예배라고 정의했다고 할 수 있다. 바울이 '영적 예배'라는 표현을 사용한 이유는 다음과 같이 설명될 수 있다.

> 이것이 표현하는 영적 해석의 전통과 의미 때문이다. 이것이 피를 보는 동물 제사와는 다른 영적 윤리적 제사, 로고스를 따라 삶의 의미를 찾는 행위, 침묵기도의 신비주의적 경향 속에서 설명된다. 바울은 당시 일부에서 일반적으로 사용된 종교적 표현을 그대로 인용한다. 그럼으로써 당시 불투명하게 이해되었던 영적 예배라는 개념에 반대하여, 전혀 다른 정의를 제시한다. 과거의 피를 보는 동물 제사는 더는 필요하지 않다. 그러나 신비주의자들의 철저한 내면적 정의도 반대한다. 기독교의 영적 예배는 가장 극적인 현실을 포함한다. 그리스도께서 자신의 몸을 제물로 바치신 것 말이다.[4]

우리는 예수님의 죽음과 부활을 통해 죽음에서 생명으로 옮겨진 자로서 '산 제물'로 하나님의 소유가 되었다. 성도로 부름받은 사람은 생활의 실제적인 구별됨을 통해 변화된 관계를 드러내고, 하나님이 기뻐하시는 삶을 살아야 한다. 바울은 로마서 12-15장에서 그리스도의 몸 안에서 서로 섬기는 것, 그리스도의 공동체 밖에서도 사랑과 용서를 베푸는 것, 그리스도의 공동체 안에서 다른 의견을 가진 사람에게 사랑을 보여주는 모습도 예배의 일부로 여기고 있다. 바울은 예배를 광의적인 차원으로 확장시키고 있다. 삶의 예배로 확장시키고 있다.

바울은 신약시대의 예배는 제사에 의한 예배보다 삶의 예배로 전환되었다는 것을 역설하고 있다(롬 12:1). 구약의 제사에 의한 예배는 동물과 같은 대상을 드리는 예배였지만 신약의 예배는 전인을 드리는 예배로 전환되었다는 것이다. 희생 제사에서 생활 예배로의 전환이다.

그러나 영적 예배가 삶 전체를 드리는 예배를 뜻한다고 교회에서 함께 모여 예배를 드리는 것이 필요하지 않다고 생각해서는 안 된다. 왜냐하면 공동체로 함께 모여 하나가 되어 예배할 때 더 풍요롭게 하나님을 경험할 수 있기 때문이다.

영적 예배란 삶의 변화다

바울은 로마서 12장 1절에서 '영적 예배'로서 몸 또는 자신을 하나님께 드리는 예배의 상관적 의미를 다음 구절인 2절에서 설명한다. 로마서 12장 2절은 1절에 종속되어 1절의 포괄적 권면을 수행할 수 있는 수단을 제공하고 있다고 할 수 있기 때문이다.[5] 바울은 "너희는 이 세대를 본받지 말고 오직 마음을 새롭게 함으로 변화를 받아 하나님의 선하시고 기뻐하시고 온전하신 뜻이 무엇이지 분별하도록 하라"(롬 12:2)고 말한다.

바울이 '이 세대'와 '마음을 새롭게 하는 것'을 대조하고 있다. 이것은 세상을 본받는 것이 마음을 새롭게 하는 것과는 상반되는 사고방식을 포함한다는 것을 암시한다. 우리는 "이 세상을 본받지 않고", "마음을 새롭게 함으로 변화될" 때에만 우리의 몸은 제물로 주님께 드릴 수 있기 때문이다. 바울의 그리스도인의 삶에 대한 이해의 개발과 표현에 기본이 되는 구속사의 틀이 여기서 표출되고 있다고 할 수 있다.

1절의 '몸'과 2절의 '마음'이 엄격하게 구분되는 것이 아니다. 바울은 인간을 전인으로 생각하기 때문이다. 다시 서술하면, 전인으로서 몸과 마음은 부분(part)이 아니라 국면(aspect)이기 때문에 이 두 국면은 분리될 수 없다. 때문에 전인으로서 몸은 마음이며, 마음은 또한 몸이라고 할 수 있다. 그러므로 몸을 드리는 것과 마음의 변화, 또는 생각하는 것과 행하는 것은 통전적 관계라고 할 수 있다. 그리스도인들은 종종 '본받다'(시스케마티조마이)와 '변화를 받다'(메타모르포오)를 구분하여, 전자는 표면적으로 따르는 것을 의미하고, 후자는 내적이고 진정한 변화를 의미하는 것으로 이해하였다. 하지만 이러한 이해는 성경적인 이해가 아니다.[6] 왜냐하면 이 동사들은 종종 상호 교환하여 사용되기 때문에, 현재는 이 두 동사가 어느 정도 동의어라는 견해에 대체로 의견 일치가 이루어지고 있다.[7]

더욱이 '변화를 받다'는 동사 '메타모르포오'는 내적인 변화뿐만 아니라 표면적인 형태를 가리킬 수도 있다. 마가복음 9장 2절에서 이 동사는 예수님이 변화하실 때 경험했던 외적인 변화를 가리킨다. 때문에 '시스케마티조마이'와 '메타모르포오'를 구분하려는 시도는 받아들이지 않는다. 바울이 말하는 마음의 변화는 생각의 변화, 가치관의 변화, 행동의 변화를 함축한다고 할 수 있다. 인간은 전인이기 때문에 진정한 마음의 변화는 가치관의 변화나 행동의 변화와 아무런 관계가 없다는 생각은 불가능하기 때문이다.

바울이 말하는 영적 예배는 전인으로 드리는 예배다(롬 12:1). 전인으로 드리는 예배는 마음의 변화를 목적으로 한다(롬 12:2). 영적 예배는 마음 또는 의식의 변화(renewing of the mind)와 관련이 있다. 영적 예배는 의식의 변화가 일어나는 예배이다. 여기서 마음 또는 의식의 변화는 사고(thinking), 가치(value), 동기(motive), 삶의 방법(method)과 관련이 있다. 바울이 말하는 마음 또는 의식의 변화는 단지 우리의 사고뿐만 아니라 우리의 행동이 바뀌는 것을 말한다. 그러므로 영적 예배는 우리 마음의 변화이며 우리의 사고와 가치와 동기와 삶의 방법이 바뀌는 것과 관련이 있다. 단지 하나님의 이름만을 부르는 것이 아니다. 영적 예배는 우리의 의식이 하나님의 영역으로 변화되는 예배이다. 영적 예배는 우리의 의식의 고양과 삶의 고양을 지향하는 예배다.

바울이 언급한 '변화'를 현대적 용어로 보면 토마스 쿤(Thomas S. Kuhn)이 말한 '패러다임 변화'(paradigmatic shift)와 비견 될 수 있다. '패러다임 변화'라는 용어는 토마스 쿤이 만들었는데, 그는 패러다임을 '믿음, 가치, 기술 그리고 주어진 공동체 구성원에 의해 공유되는 전반적 인식체계'라고 정의한다.[8] 몸과 마음과 영혼이 일체라는 것을 인정하고 받아들이는 것은 인식체계에서의 패러다임 변화이다.

우리는 단지 드리는 예배에서 변화를 수반하는 예배를 추구할 필요가 있다. 영적 예배는 하나님의 영광을 위한 것이지만 동시에 우리의 의식과 삶의 변화를 추구한다. 영적 예배를 위해서는 패러다임 변화가 필요하다. 예배의 패러다임이 변한다는 것은 새로운 이론이나 프로그램에 관한 것이 아니라 의식의 변형에 관한 것이다. 우리의 예배는 하나님을 향한 의식과 삶을 위한 의식이 수반될 때 영적 예배를 드릴 수 있다. 예배는 단지 정신을 드리는 행위가 아니다. 예배는 단지 마음을 드리는 것이 아니다. 예배는 하나님의 영광과 의식의 변화와 삶의 변화를 위한 것이다.

예수님이 세리와 죄인들과 함께 먹기 위해 앉은 것을 비판하는 것에 대한 응답으로 예수님은 새 포도주는 새 부대에 넣어야 할 필요에 대해 말씀하셨다. "새 포도주를 낡은 가죽 부대에 넣는 자가 없나니 만일 그렇게 하면 새 포도주가 부대를 터뜨려 포도주와 부대를 버리게 되리라 오직 새 포도주는 새 부대에 넣느니라 하시니라"(막 2:22). 예수님의 복음과 가르침은 믿음 체계의 변화에 있었다. 예수님의 복음은 새 포도주와 같은 것이었다. 사람들은 자신의 마음과 행동의 변화 없이 예수님의 메시지를 받아들일 수 없었다. 예수님은 다양한 사람들로 구성된 새 공동체 즉 새 부대를 만들고 계셨다. 이 새 공동체는 하나님의 뜻을 행하는 사람들로 구성된 새 가족이 되어야 했다(막 3:35). 새 공동체를 위한 의식의 전환을 하고 계셨던 것이다. 주님이 원하는 예배는 새로운 공동체를 위한 의식의 전환이 있는 예배다.

캘리포니아 팔로 알토에 있는 정신연구소의 폴 와쯜라위크(Paul Watzlawick)와 그의 동료 존 위크랜드(John Weakland)와 리차드 피시(Richard Fisch)는 사람들이 어떻게 변화하는가를 연구했다. 그들은 사람들이 두 가지 변화를 한다는 것을 발견했다. 그들은 그것을 일차변화(first order change)와 이차변화(second order change)라고 말한다. 일차변화에서 사람들은 그들이 처한 현 상황에 맞게 조정한다. 더 잘 기능하는 것을 배우지만 그것은 근본적인 변화가 아니므로 쉽게 예전의 모습으로 돌아가게 된다. 이차변화는 패러다임 변화로써 현실에 대한 새로운 지각으로 인해 믿음과 태도와 행동 전체가 바뀌는 것을 말한다. 이차변화에서는 전체 체계가 바뀐다.[9]

영적 예배를 변화라는 관점에서 본다면 예배를 통해 우리가 감동을 받고 은혜를 받고 기쁨을 누리는 것은 일차변화에 머무는 것이 될 수 있다.

예배를 통해 우리의 믿음과 의식과 태도와 행동의 변화가 일어나야 한다. 예배의 목적은 일차변화에만 있지 않다. 진정한 예배는 이차변화를 가져온다. 예배 생활에서 일차변화는 예배를 정기적으로 드리고 예배를 통하여 삶의 기쁨을 누리는 것이다. 예배의 환경에 적응하고 누리는 것이다. 예배를 단지 드리는 것이다. 그러나 예배 생활의 이차변화는 우리의 의식과 가치와 행동이 바뀌는 것이다. 삶의 예배로 이어지는 것이다. 예배를 통해서 받은 힘과 에너지를 삶 속에서 경험하며 누리는 것이다.

성경 낭독과 봉헌도 예배다

하나님을 경외하는 마음은 신앙의 출발이요 신학의 목적이다. 사람들이 기독교에 귀의하게 되는 동기는 다양하다. 어떤 사람은 인간관계 때문에 기독교를 찾기도 하고, 어떤 사람은 고통 때문에 기독교를 찾기도 하고, 어떤 사람은 실질적인 필요를 채우기 위해 기독교를 찾기도 한다. 하지만 분명 기독교는 실용주의적 차원을 넘어선 진리요 복음이다. 현대인들은 무엇이든 실용주의적인 차원에서 모든 것을 바라보려는 마음을 가지고 있다. 현대 그리스도인들도 기독교를 믿는 목적이 어떻게 그리고 얼마나 삶에 유익한지에 초점이 맞추어져 있음을 본다. 하지만 실용주의적 문화는 이득을 사랑하는 데 있지만, 하나님의 공동체는 하나님과 이웃을 사랑하는 데 있다. 기독교는 실용주의적 문화를 넘어 하나님의 마음으로 사람들을 조율하여 삶의 리듬을 회복시키는 공동체이다.

하나님이 우리를 부르시고 대화하시며 조율하시는 시간이 바로 예배이다. 예배는 실용주의적 문명을 뛰어넘은 삶의 예술이다. 예배는 소유가 아니라 존재를 사랑하며 지배가 아니라 나눔으로 교제하는 장이기 때문이다. 기독교 공동체의 영성과 활력은 예배로부터 나온다. 예배는 하나님이 함께 하시고 함께 춤추시고 영광을 받으시고 돌보시는 구원의 축제이기 때문이다.

하나님에 대한 신앙과 신학이 지적으로 탁월할지라도 하나님의 진리와 신비에 눈뜨지 못하고 경외심이 없다면, 그런 신앙과 신학은 우상숭배로 전락할 수 있다. 참된 신앙과 신학은 하나님의 마음과 신비를 대면하여 경외심으로 승화되어야 한다. 최고의 신앙과 신학은 지적인 신앙과 신학이 아니라 하나님을 예배하는 신앙과 경배 신학이다. 예배의 기쁨이 없는 신앙과 경배가 배제된 신학은 생명력을 상실한 신앙이요 죽은 신학이다. 바울은 하나님을 예배하지 않는 것이야말로 모든 타락과 파괴의 원인이 된다고 밝힌다. 그는 "하나님을 알되 하나님으로 영화롭게도 아니하며 감사치도 아니하고 오히려 그 생각이 허망하여지며 미련한 마음이 어두워졌나니"(롬 1:21)라고 말한다. 인간은 하나님을 영광스럽게 하지 않으면 자기가 곧 하나님이 된다. 자신의 믿음에 대해 무지해지고 다른 사람에 대해 비정해진다.

기독교 예배는 말씀으로 넘쳐야 한다. 말씀으로 넘치는 예배는 설교보다 넓고 크다. 예배는 단지 설교를 수동적으로 듣는 것이 아니라 전인을 드리는 행위이다. 예배는 성령의 능력으로 예수 그리스도를 통하여 이루어지는 하나님을 향한 능동적인 움직임이다. 하나님을 향한 능동성으로 충만한 예배는 단지 수동적으로 설교를 듣는 것을 넘어 말씀이 낭독되고, 전해지며, 노래되고, 기도되고, 예물이 봉헌되고, 보여 진 말씀을 본다. 모든 요소가 예배로 넘칠 때 지적인 예배를 넘어 말씀으로 충만한 예배가 된다. 예배는 하나님을 영화롭게 하고 우리를 양육한다.

성경 낭독은 설교를 위한 것이 아니다. 성경 낭독은 그 자체로 중요한 예배 요소이다. 예배로 넘치는 성경 낭독은 하나님의 음성으로 넘친다. 예배로 넘치는 성경 낭독은 말씀을 들으며 감사와 경배로 넘친다. 예배는 하나님에 대해서 배우는 시간이기보다는 하나님으로부터 듣는 시간이다. 예배에서 성경 낭독이 정당한 위치로 되돌아갈 수 있도록 새로운 예배개혁이 필요하다.

설교는 예배에서 매우 중요한 역할을 한다. 하나님은 설교를 통해 말씀하시고 사람들을 세우시고 변혁시키시는 방법으로 사용해 오셨다. 때문에 설교는 하나님의 나라에서 대단히 중요한 직무이다. 하지만 설교는 예배의 한 요소이지 예배의 핵심은 아니다. 설교는 하나님의 백성이 드리는 예배 전체의 영광스러운 한 줄기이다. 때문에 설교를 위한 예배가 아니라 예배를 위한 설교가 되어야 한다. 예배로 넘치는 설교가 되어야 한다.

성만찬은 하나님의 '불가시적인 은총의 가시적 형태'로 이해된다. 성만찬은 하나님의 불가시적인 은혜를 가장 잘 표현해 주는 상징일 뿐만 아니라 하나님의 은혜의 방편이다. 성만찬을 통해서 우리는 하나님의 구속의 은혜를 깨달으며 구원하시는 능력을 전수받게 된다. 성만찬은 주님의 죽으심을 기억하고 기념하는 차원을 넘어서 감사와 희생과 사랑의 제사이다. 그러므로 예배로 넘치는 성만찬은 기억과 감사와 사랑의 제사로 넘친다.

기도는 기독교 예배의 가장 독특한 특징이다. 기독교 역사에서 '기도의 법이 곧 믿음의 법이다'(lex orandi lex credendi)라는 경구가 있다. 이 경구는 믿음의 법과 예배의 법을 형성해 왔다. 예배를 하나님의 계시와 우리의 응답으로 이해하는 것을 우리의 정의로 삼는다면 기도는 예배 중의 예배라고 할 수 있다. 기독교 역사에서 기도는 하나님과 대화에서 가장 핵심적인 위치를 유지해 왔기 때문이다. 기도의 법이 곧 예배의 법이라고도 할 수 있다. 우리가 어떻게 기도하는가에 따라 우리의 예배의 방식이 형성된다고 할 수 있다. 예배의 많은 종류의 기도는 예배의 특성을 형성하는 역할을 한다. 기도는 예배의 이차적인 요소가 아니라 일차적인 요소이다.

찬송은 노래된 말씀이다. 찬송은 하나님이 우리에게 주신 가장 큰 선물 중의 하나이다. 찬송은 하나님을 즐거워하는 가장 복된 행위이다. 최고의 가치 있는 대상이신 하나님을 사랑하고 즐거워하는 영혼은 최고의 복락의 상태가 된다. 찬송은 찬사와 경의를 표하는 것만이 아니라 기쁨이 자연스럽게 흘러넘치는 일이기 때문이다. 예배로 넘치는 찬송은 우리가 기도와 춤으로 하나님을 노래하게 한다. 예배로 넘치는 찬송은 단순히 하나님의 은혜와 영광에 찬사를 드리는 것뿐만 아니라 우리를 리듬 있는 삶으로 나아가게 한다. 찬송은 우리를 기쁨으로 기도하게 하고 감사함으로 하나님을 경배하게 한다.

봉헌은 예배의 주변적인 것이 아니다. 예배에서 헌금을 드리는 것은 마음으로 찬양을 드리는 것과 동일하게 중요한 요소이다. 예배는 단지 하나님의 이름을 입술로 부르고 귀로만 듣는 것이 아니다. 진정한 예배는 실천을 수반한다. 봉헌은 실천이 결여된 예배를 예방하는 실제적인 표지이다. 봉헌은 그리스도인들의 형제애의 가시적 표지이다. 하지만 봉헌은 단지 가난한 사람들에게 자선을 베푸는 것만이 아니라 이 세상의 감각적 행복에 대한 절제와 영적인 의미를 담고 있다. 진정한 예배는 하나님의 백성인 우리가 이기심과 물질적인 욕망의 의지를 버리고 하나님의 마음으로 우리의 욕구를 정화하며 가난한 사람들에게 나눔과 정의를 실현하는 것을 포함한다.

예배는 감사를 배우는 학교다

예배는 감사를 배우는 학교이다. 예배는 하나님의 은혜를 향해 감사를 표현하는 시간이다. 예배의 수준은 감사를 표현하는 정도에 따라 달라진다. 예배의 핵심에는 감사와 찬양의 패턴이 놓여 있다. 우리가 감사를 드리는 것을 배워야 하는 가장 중요한 이유는, 모든 것이 선물로 주어지는 것이기 때문이다. 이러한 사실을 우리가 인식할 때에 비로소 진정으로 하나님께 예배할 수 있게 된다. 감사는 무엇보다도 하나님의 은혜와 사랑을 인식하게 하는 가장 중요한 매개체이다. 감사는 우리로 하여금 우리가 가진 것을 긍정적으로 보게 하고 새로운 것을 인식하게 한다.

인간의 가장 근본적인 죄악은 감사를 잃어버린 것이다. 하나님의 거룩한 이름은 감사를 잃어버린 인간 존재의 깊은 심성을 치유하시는 능력이 된다. 감사를 배우는 것은 내적 여정을 치유하는 것이며, 하나님으로부터 멀어지게 하는 모든 것으로부터 우리를 지킬 수 있도록 해준다. 그러므로 "감사가 구체적인 언어로 표현되고 만물을 지으시고 참으로 놀라운 방법으로 그것들을 구속하시는 하나님 안에서 그것을 드려야 할 온전한 대상을 발견하게 될 때, 우리는 그러한 감사의 언어들을 통해 우리가 누구이며, 우리가 마땅히 어떠한 존재가 되어야 하는지에 대해서 배우게 된다."[10]

감사와 예배는 깊은 관계가 있다. 이러한 관계는 마이클 지가렐리가 임상적으로 연구한 자료를 통해서도 볼 수 있다. 이 연구에서 감사의 품성이 계발된 사람은 감사의 품성이 계발되지 않은 사람들보다 예배, 찬송, 기도 생활의 비율이 더 높게 나타났다.[11] 이런 맥락에서 예배가 하나님 인식과 밀접한 관련이 있다면, 감사의 품성이 계발된 사람들이 하나님께 예배하는 비율이 높기 때문에, 하나님 인식에서도 더 깊고 풍성한 인식을 할 수 있다고 할 수 있다.

마이클 지가렐리는 그리스도인 품성 지수(CCI)[12]에 관한 연구를 위해 미국 내의 50개주, 전 세계 60개국을 대표하는 5,000명 이상의 그리스도인을 대상으로 인터넷 설문 조사를 하였다. 이 연구는 그리스도인의 태도, 신앙의 우선순위, 종교적 관습, 그리고 광범위하게 분포되어 있는 그리스도인의 덕성 등을 조사하는 것이었다. 이 연구 자료의 분석 결과, 그리스도인들은 세 부류로 분류되었다. 예수님의 품성을 가진(high-virtue) 그리스도인, 평범한(average) 그리스도인, 그리고 예수님의 품성이 부족한(low-virtue) 그리스도인이다. 그런 다음에 이 연구는 예수님의 품성을 가진 그리스도인을 차별화시키고 있는 것이 무엇인가에 초점을 맞추었다.[13]

연구 결과 대부분은 평범한 그리스도인의 범주에 속했다. 성별, 나이, 그리고 신앙 연륜 등의 차원에서 예수님의 품성을 가진 그리스도인과 평범한 그리스도인 간의 차이는 아주 많지 않았다. 하지만, 예수님의 품성을 가진 그리스도인은 당연히 모든 인격 면에서 평범한 그리스도인보다 탁월했다. 게다가 또 하나의 중요한 특징이 발견되었다. 예수님의 품성을 가진 그리스도인들이 평범한 그리스도인들과 구별되게 해 주는 세 가지 요소와 태도가 발견되었다. 그것은 바로 감사, 기쁨의 생활, 그리고 예배와 기도와 찬양과 같은 영적 훈련을 통한 하나님 중심의 신앙이었다.[14] 다음 표는 평범한 그리스도인과 예수님의 품성을 가진 그리스도인의 영적 훈련의 유형을 비교하여 보여준다.[15]

훈련 유형	평범한 그리스도인	예수님의 품성을 가진 그리스도인
매일 5번 이상 기도하기	32%	61%
매일 예배하기	50%	77%
삶을 찬양하기	53%	77%
다른 사람을 위해 기꺼이 봉사하기	50%	74%

예수님의 품성을 가진 그리스도인은 성령의 열매인 사랑, 내적 평화, 친절, 관용, 신실함, 온유함, 절제, 긍휼, 그리고 용서의 능력을 경험하였다.[16] 이는 감사와 기쁨의 생활과 하나님 중심의 신앙은 성령의 열매의 원동력이 된다는 것을 보여준다. 그리스도인의 품성을 최대로 산출하는 이 세 가지 요소는 서로 독립적인 관계에 있는 것이 아니라 연동된 요소들이다.[17] 즉, 감사는 기쁨의 삶에 가장 큰 영향을 미쳤다. 또한 기쁨은 하나님 중심의 신앙 훈련을 실현하게 만드는 중요한 요소로 작용하였다. 그리고 하나님 중심 신앙은 감사와 기쁨의 두 가지 품성을 성장시키는 데 도움을 주었다.

흥미로운 사실은 이렇게 임상적 방법을 통해 밝혀진 지식과 성경적 지식 사이에 어떤 합치를 이루는 결과가 나타났다. 구체적으로 서술하면, 바울은 "항상 기뻐하라, 끊임없이 기도하라, 범사에 감사하라"(살전 5:16-18)고 하였다. 신약 성경에서 "이것이 하나님의 뜻이니라"라고 직접 언급하는 일은 흔한 것이 아니다. 하나님이 우리를 향해 직접 밝힌 품성의 청사진인 "기쁨과 기도(하나님 중심의 표지)와 감사"와 지가렐리가 연구를 통해 밝힌 모든 그리스도인 품성의 원동력이 되는 감사와 기쁨의 생활과 하나님 중심의 생활은 일치한다는 것이다. 이는 하나님의 진리는 과학적으로도 옳은 진리가 된다는 것을 보여주는 증거라고 할 수 있다.

예수님의 품성을 가진 그리스도인들이 인격 성장에 성공할 수 있었던 중요한 비밀 가운데 하나는 그들이 감사하는 성품을 유지하는 기술을 습득했기 때문이었다. 감사하는 성품을 유지하는 기술을 습득한 사람들은 대부분이 생각하는 방법이 달랐다. 이러한 사람들은 일반적으로 순수하고 경건한 마음을 가지고 있었다. 그들은 자기가 소유하지 않은 것보다 이미 소유한 것에 초점을 맞추는 마음을 지니고 있었다.[18] 삶에서 상실해버린 것에 대해 "만약 무엇을 했더라면 더 나은 인생이 될 수도 있었을 텐데"라고 생각하기를 거부하는 마음을 가지고 있었다.[19] 그들은 죄악 된 생각을 즉시 떨쳐버리는 데 숙련된 마음을 가지고 있었다. 그들은 그들에게 주어진 것에 대해 온전히 만족하며, 그 축복에 대해 하나님께 자주 감사하였다.[20]

높은 그리스도인의 품성은 부분적으로 고도의 감사에서 비롯된 것이다. 그리고 고도의 감사는 사고방식의 변화를 선택함으로써 시작되는 것이다. 감사의 최대의 적은 시기심이다. 다른 사람이 소유한 것을 우리가 갖고 싶어 할수록, 우리는 현재 우리가 소유한 것에 대해 덜 만족하게 된다.[21] 때문에 마음속의 시기심이라는 틀에 갇혀서 우리는 하나님의 은혜를 보지 못하게 된다. 하나님께서 우리 삶 가운데 베푸셨고, 계속 베푸시게 될 그 은혜와 사랑에 대해 감사할 줄 모르게 되는 것이다. 이런 맥락에서 감사의 마음을 기르는 것은 그 자체가 예배 행위라고 할 수 있다.

지가렐리의 연구 결과에 의하면, 하나님께 더 가까이 다가갈수록 감사의 품성을 낳는 더 많은 습관들이 형성된다는 것을 알 수 있다.[22] 하나님을 떠나서 감사의 품성을 성장시키는 프로그램에만 참여하는 일은 그리스도인의 품성 계발에 효과적이지 않을 수 있다. 현재 우리의 상황보다 더 하나님 중심의 사람이 되는 것을 보다 더 폭넓은 계획과 함께 감사의 품성을 계발하는 데 힘써야 한다. 하나님을 가까이 하는 삶의 다른 이름은 하나님의 임재를 늘 경험하는 생활 예배의 전형적인 패턴이라 할 수 있다.

감사와 예배와 어떤 관계가 있는가? 앞에서 이미 언급하였듯이, 예배는 감사를 훈련하는 학교이다. 진정한 예배는 감사와 같은 품성을 계발해 낸다. 예배는 감사의 품성을 기르는 가장 첫째가는 수단 중 하나이다. 진정한 예배는 우리의 품성을 변화시키는 중요한 역할을 한다. 그러므로 예배는 우리에게 수많은 품성의 특성들을 계발하는 하나님의 능률적이고 효과적인 커리큘럼이라 할 수 있다. 역설적으로도 이것은 진리이다. 즉 감사의 마음이 없는 사람은 진정으로 하나님을 예배할 수 없다는 증거이기도 하다. 성경은 감사를 모든 덕성의 중심에 두고 있다. 예배의 중심에는 항상 감사가 있다. 하나님을 예배하는 공동체 가운데서 핵심되는 요소는 바로 감사이다. 하나님을 예배하는 그 행위는 감사드림이다. 즉 "감사드림은 하나님의 은혜로우신 행하심을 인정하는 것이고, 하나님은 오늘도 역사하시는 분이심을 고백하면서 찬양하는 행위이다."[23] 감사를 드리는 것은 "값없이 주시는 은혜의 선물을 인식하는" 것이다.[24] 그러므로 예배는 감사의 풍성한 형태를 끊임없이 인식하는 여정이라 할 수 있다.

제자훈련 멘토링   *Disciple Training Mentoring*

1. 배운 내용과 기도

1) "우리는 우리가 사랑하는 것을 예배 한다"는 내용을 읽고 마음에 다가온 문장이나 배운 내용이 있다면 기록한다.

2) 마음에 다가온 문장이나 배운 내용을 통해 소망하거나 결심한 것을 기록한다.

3) 소망하거나 결심한 내용을 가지고 '쓰기 기도'를 통해 하나님께 도움을 구한다.

2. 토론 주제와 나눔

1) 로마서 12장 1절에서 말하는 "영적 예배"의 의미에 대해 토론해 봅시다.

2) 폴 와쯜라위크(Paul Watzlawick)와 존 위크랜드(John Weakland)와 리차드 피시(Richard Fisch)가 말한 사람들에게 나타난 일차 변화와 이차 변화를 예배의 관점에서 이야기해 봅시다.

3) 예배에서 기도의 중요성에 대해 토론해 봅시다.

4) 예배에서 봉헌은 실천이 결여된 예배를 예방하는 실제적인 표지라는 말의 진정한 의미에 대해 말해 봅시다.

5) 예배는 감사를 배우는 학교라는 의미에 대해 이야기해 봅시다.

3. 적용 및 실천 방안

1) 개인적으로 배운 내용과 토론을 통해 배운 내용을 기록한다.

2) 배운 내용을 가지고 구체적인 적용 및 실천 방안을 나누며 기록한다.

3) 삶에서 개인적인 적용 방안이나 실천 방안을 구체적으로 기록한다.

Disciple Training Mentoring

PART 11

일상의 노동도 하나님의 사역이다

노동은 하나님의 선물이다

일은 기도만큼이나 세련되고 거룩한 것이다.[1] 우리는 창조될 때 그 일을 하도록 부름을 받았다. 일은 인간의 소명이다. 일은 우리를 깨닫게 하고, 보람 있게 하고, 위로하고, 성취감을 준다. 우리가 일을 하면서 에로틱한 느낌을 받지 못한다면 십중팔구는 영적인 차원이 부족한 것이다.[2]

노동은 하나님의 선물이다. 하지만 노동이 죄의 결과로 주어진 것이라고 이해하는 경향이 있다. 이러한 경향은 에덴동산의 아담과 하와의 불순종의 결과로 노동이 주어졌다고 이해하기 때문이다.

에덴의 추방 이야기의 본질은 고통이나 노동에 있기 보다는 하나님의 보호와 사랑에 있다고 할 수 있다. 아담과 하와가 하나님의 명령을 어기고 선악을 알게 하는 나무의 열매를 따먹자 하나님은 "여자에게 이르시되 내가 네게 임신하는 고통을 크게 더하리니 네가 수고하고 자식을 낳을 것이며 너는 남편을 원하고 남편은 너를 다스릴 것이니라 하시고 아담에게 이르시되 네가 네 아내의 말을 듣고 내가 네게 먹지 말라한 나무의 열매를 먹었은즉 땅은 너로 말미암아 저주를 받고 너는 네 평생에 수고하여야 그 소산을 먹으리라"(창 3:16-17)고 하였다. 이 진술에서 보통 아담과 하와를 향한 하나님의 대응은 단지 직접적인 형벌로 이해하는 경향이 있다. 그리고 이 형벌의 결과가 노동이기 때문에 노동은 죄의 결과라고 생각하기 쉽다. 문자적으로 보면 형벌처럼 표현되어 있기 때문에 노동을 하나님의 형벌로 이해 될 수 있는 여지도 있다. 하나님은 명령을 어기고 불순종한 아담과 하와를 에덴으로부터 쫓아내고 그룹들과 화염검을 두어 "생명나무의 길을 지키게"하였다.

창세기 이야기를 살펴보면 하나님은 인간이 "그 손을 들어 생명나무 실과도 따먹고," 하나님의 권능과 통치에 대적하게 될 충분한 신적 자질들을 얻게 될 것을 두려워하시는 것처럼 보일 수도 있다. 하지만 이것이 진정한 하나님의 동기라면, 그것은 권세와 영광에 대한 집착에서 오는 것이라고 할 수 있다. 하나님의 행위가 거기에서 비롯되었다면 이러한 행위는 부당할 뿐만 아니라 하나님의 속성에도 부합될 수 없다. 그룹들과 화염검과 추방 그 자체는 아담과 하와의 어리석은 불순종의 행위를 막기 위한 하나님의 수단일 수 있다. 추방은 사탄이 아담과 하와에게 하나님 같이 될 수 있다는 가능성에 집착함으로서 하나님이 부여한 자유의지를 하나님께 반역하는 제멋대로의 의지로 왜곡하는 것을 막기 위한 수단이라고 할 수 있다. 그러나 창세기는 아담과 하와가 두 번째 나무의 열매를 먹고자 하는 충동을 이겨 내지 못하리라는 것을 알고 있는 하나님의 순수한 사랑 이야기이다. 그러므로 추방은 형벌이라기보다는 보호에 가깝다고 할 수 있다. 그룹들과 화염검은 하나님의 권세를 지키기 위한 것이 아니라 인간의 진정한 자유를 보호하기 위한 것이라고 할 수 있다. 이는 아담과 하와가 에덴동산을 떠나기 전에 하나님은 어머니의 심정으로 그들을 위해 옷을 지어 입혔다는 것에서 증명된다. 따라서 에덴동산에서 아담과 하와의 추방은 신성에 집착하는 하나님의 행동이 아니라 인생이 그 창조주께 의지하지 않고는 온전해질 수 없다는 것을 아시는 사랑의 하나님의 행동이다. 하나님이 하나님 되심에 단호하다는 것은 의심의 여지가 없다. 그것을 거부할 때는 그에 따르는 확실한 결과가 있다. 그러나 하나님의 행위는 이기심이 아니라 사랑에 기초한 것이다.

 노동은 아담과 하와의 불순종의 결과로 인해 주어진 죄의 결과로 보아서는 안 된다. 하나님께서 아담과 하와를 에덴에서 추방하신 후에 나타난 성경 이야기들에서, 인간의 공허한 자율성의 약속으로부터 인도하고 보호하기 위한 율법, 즉 토라가 만들어졌다는 것에서도 보듯이 에덴의 추방 이야기는 사랑 이야기라고 할 수 있다. 노동은 아담과 하와의 타락 전에 주어진 하나님의 사랑의 선물이지 죄의 결과는 아니다. 죄가 세상에 들어온 후에 노동은 오염되었지만 노동은 본질적으로 하나님의 선물이다. 인류 타락 후에 노동은 유쾌하기보다는 고통스러울 때도 있다. 그렇지만 노동은 여전히 우리의 소명이다. 따라서 노동은 하나님에 대한 봉사이다.

종교개혁의 주요 특징 가운데 하나는 성경적인 노동관을 재정립하는 데 있었다. 종교개혁자들에게 지대한 영향을 끼쳤던 에라스무스(Erasmus)는 기도와 같은 행위는 거룩한 것이고 노동은 세속적인 것이라고 여기는 것을 경멸하며 다음과 같은 질문을 던졌다. "저 밭을 갈고 있는 비천한 농부가 한 일이 수도원의 의식보다도 하나님을 더 기쁘게 해드리지 않는가?"[3] 개혁자들은 중세가 생명처럼 여겼던 '거룩한 것'과 '세속에 속한 것' 사이의 구분을 거부했다. '신령한' 질서와 '세속의' 질서 사이에는 그 지위에 어떤 진정한 차이도 존재하지 않았다. 모든 그리스도인들이 제사장으로 부름을 받았고, 나아가 그 부르심은 일상세계까지 확장되었다. 때문에 개혁자들은 노동과 같은 일상의 일에 대한 부정적 인식과 노동을 신앙적 삶과 무관한 것으로 여기는 현상은 성경의 가르침이 결코 아니라고 보았다.[4]

노동에 대한 부정적인 태도는 고대 헬라 문화와 깊이 연계되어 있다. 헬라 문화권에서는 특히 몸으로 하는 노동을 경시하는 현상이 있었다. 헬라 문화권에서는 정신적인 일을 하는 정치인과 철학자는 존경하였지만, 노동자는 일을 해야 하기 때문에 일종의 노예 같은 존재로 여겼다. 헬라 문화권에서 가치 있는 삶은 정치와 철학 혹은 종교를 추구하는 것이었으며 필수적인 노동에서 벗어난 삶을 사는 것이었다. 진정한 자유인은 일을 할 필요가 없었다.[5]

헬라 노동관은 중세 스콜라 철학에도 많은 영향력을 발휘하였다. 중세 스콜라 철학은 일하는 행위보다 기도하는 묵상을 우선시했다. 이러한 이해 때문에 영적 가치가 노동으로부터 서서히 분리될 수밖에 없었다.

칼빈은 스콜라 철학의 이런 태도를 비판하고 노동을 공동선을 향한 예전과 같다고 보았다. 그는 인간의 정신과 육체를 사용하는 노동과 이 노동이 지니는 영적 위엄과 가치를 중요하게 인식했다. 칼빈은 "인간은 다양한 종류의 노동에 종사하라는 명백한 목적 아래 창조되었다. 그 어떤 희생제사도, 모든 인간의 공동선에 기여하도록 하나님의 부르심에 부지런히 몰두하며 힘껏 노력하는 것보다 하나님께 더 기쁨이 되지 않는다"고 하였다.[6] 칼빈은 일이 지닌 영적 사회적 가치를 공동선의 관점에서 이해한다. 그는 에베소서 4장 26-28절의 주해에서 다음과 같이 기술하였다.

> 우리는 그 일이 선한지, 공동의 선을 위해 이득이 되는지, 내 이웃이 그 일로 인해 더 잘 지낼 수 있게 되었는지를 살펴보아야 한다. 하나님은 공동체 전체에 유익하고, 또한 쓸 만하며, 모든 사람에게 선한 것을 반영해 주는 직업만을 인정하실 것이다. 그러니 하나님의 자녀는 기술을 사용하거나 직업을 결정할 때 반드시 자신의 이웃을 섬길 수 있어야 하며, 그 일이 모든 사람의 공익을 위한 것이 될 수 있도록 조치해야 한다.[7]

칼빈은 노동의 영적 의미와 공동체적 기여를 중요하게 여겼다. 그는 원래 자발적인 즐거움이 있던 노동에 타락 이후에는 고통이 스며들었지만, 그럼에도 노동은 하나님의 동역자인 인간에게 주어진 선물로 보았다.

종교개혁의 전통에서도 모든 종류의 일이나 노동이 하나님의 사역이라는 생각보다는 하나님의 사역을 교회 안에만 가두는 일이 많았다. 교회 안의 일은 신성한 사역으로 여겨졌지만 일상의 일은 거룩한 사역이라는 인식이 미약했다. 성경 번역에 중요한 공헌을 한 윌리엄 틴데일(William Tyndale)은 다음과 같은 글을 썼다가 이단으로 몰려서 고소를 당하고 유죄 판결까지 받아야 했다. "하나님을 기쁘시게 하는 데는 더 좋은 일이나 더 나쁜 일이 없다. 물을 붓는 일이나 접시를 닦는 일이나 구두를 만드는 일이나 사도가 되는 일이나 모두 동일하다. 접시를 닦는 일과 설교하는 일은 하나님을 기쁘게 하는 점에서 동일하다."[8] 틴데일은 접시를 닦는 일을 설교하는 일과 영적으로 같은 가치를 지닌 것으로 보았다.[9] 이러한 관점에서 "우리는 진정한 인간의 과업 모두가 동등하게 하나님에 의해서 주어진 것이며 동동하게 영적인 것임을 인정해야 한다. 분명 때때로 어떤 것들은 더 시급하며 다른 것들보다 우선한다. 그러나 어떠한 종류의 행위에 대해서도 다른 행위와 비교하여 근본적인 영적 우선성을 주장할 수 없다."[10]

영적 의미와 가치를 기도와 예배와 같은 행위에만 두고 노동과 같은 일과는 무관한 것으로 여기는 것은 비성경적 태도이다. 또한 밤을 지새우면서 알츠하이머병 치료약 개발을 위해 연구실에서 시간을 보내는 것은 하나님의 사역과 무관하고 교회 안에서 사역하는 것은 사역이라는 생각도 바른 태도가 아니다. 알츠하이머병 환자들을 위한 연구를 통하여 이루어낸 장기적이고 광범위한 효과들이 지역 교회에서 가끔씩 행해지는 치유집회들보다 효과적인 사역이 될 수 있다. 집회들에서는 몇 사람들이 잠시 증상이 호전되었다고 주장하다가 몇 달 만에 전과 똑같은 상태로 돌아갈 수도 있지만, 헌신적인 연구 활동이 수많은 사람의 고통을 덜어 주는 잠재력을 더 발휘할 수 있기 때문이다.

일상의 거룩함을 회복해야 한다

에블린 언더힐(Evelyn Underhill)은 그리스도인의 삶을 2층짜리 집에 비유했다. 아래층은 평범하게 지속되는 잘 정돈된 일상적인 삶을 가리키고, 위층은 기도하며 가꾸어 나가는 영적 삶을 가리킨다. 온전한 집이 되기 위해서는 우리의 신체적, 정서적 세계와 영적 세계 모두를 가꾸어야 한다고 역설했다.[11]

우리는 평범한 일상 속에서도 영적 거룩함을 경험할 수 있어야 한다. 부모에게 전화를 하는 일에서 거룩함을 느낄 수 있어야 하고, 일기를 쓰는 가운데서 거룩함을 경험할 수 있어야 하고, 설거지를 하면서도 하나님의 임재를 경험할 수 있어야 한다. 이런 차원들을 거룩한 삶 또는 영적인 삶과 일체화시킴이 없으면, 기독교는 인간의 상황으로부터 분리되어 버리기 때문에 그만큼 타당성을 잃게 된다. 일상을 떠난 영적 추구는 거룩한 것을 이상화시키거나 고귀하게 만들려는 의도와는 반대로 오히려 삶으로부터 멀리 떨어져 나가게 하기 때문에 실제로는 거룩한 것에 대하여 순전하게 느낄 감수성을 방해하는 결과를 초래한다.[12]

영적인 삶은 작은 일상의 활동 속에서 싹이 나고, 햇순이 돋고, 꽃이 피도록 해야 한다. 그리스도 안에서는 일상적인 모든 것이 은혜의 통로가 된다. 그것을 세속에 맡기는 것은 이원론에 굴복하고 만물에 대한 그리스도의 주되심을 부정하는 것이다. 일상적인 삶의 실체를 인정하는 사람은 삶의 부차적인 것과 본질을 더 명확히 구분할 수 있고, 또한 두 가지를 모두 유지할 수 있다. 왜냐하면 이런 사람들은 모든 삶에서 영적인 렌즈를 가지고 살아가기 때문이다.

우리가 일상 생활 속에서 성숙한 영적인 삶을 누리기 위해서는 특별히 우리가 살아가는 세상에 대한 성경적 이해를 살펴볼 필요가 있다. 성경은 세상을 세 가지 의미로 묘사한다.

첫째, 세상은 단순히 창조된 질서를 말할 수 있다. 성경은 "우주와 그 가운데 있는 만유를 지으신 신께서는 천지의 주재시니 손으로 지은 전에 계시지 아니하시고"(행 17:24)라고 말한다.

둘째, 세상은 하나님이 심판할 세상, 인류가 살고 있는 현실의 국가를 말할 수도 있다. 바울은 하나님의 분노가 어떤 경우에 정의롭지 않은가라는 의문에 대해 이렇게 말한다. "결코 그러하지 아니하니라 만일 그러하면 하나님께서 어찌 세상을 심판하시리요"(롬 3:6). 데이비드 웰스(David Wells)는 다음 두 가지 의미에서 교회가 세속적이 되는 것은 올바른 것이라고 말한다. 하나는 하나님의 창조질서에 충실한 청지기가 되기 위해서이고, 다른 하나는 세상에 복음을 전함으로써 이웃들에게 사랑을 보여야 할 때이다. 이것은 바울의 기도에 잘 나타난다. "내가 비옵는 것은 저희를 세상에서 데려가시기를 위함이 아니요 오직 악에 빠지지 않게 보전하시기를 위함이니이다. 아버지께서 나를 세상에 보낸 것 같이 나도 저희를 세상에 보내었고 또 저희를 위하여 내가 나를 거룩하게 하오니 이는 저희도 진리로 거룩함을 얻게 하려함이니이다"(요 17:15, 19).

셋째, 세상은 하나님을 배반한 타락한 인류 세계라고 할 수도 있다. 웰스에 따르면 이것은 하나님 앞에 경배하는 일, 진실성을 수용하는 일, 그의 계명을 복종하는 일, 그리스도 안에서 믿는 일들을 따르길 거부하는 모든 사회의 집단이다.[13] 이러한 의미의 세상은 하나님의 신성한 질서를 대체해 버린 타락한 생활방식과 관계된 것이다.

그렇다면 세속성이란 무엇인가? 그리스도인들은 세속성을 윤리적인 차원 안에서 이해하는 경우가 많다. 하지만 카이퍼(R. B. Kuiper)는 세속성이란 쉽게 정의할 수 없는 특성이 있다고 강조하면서 "몇몇 그리스도인들은 세상의 타락한 죄에 대해 교회의 강한 입장을 견지한다. 그럼에도 불구하고 분명히 세속적이다. 교회는 세상에 대항하는 확고한 입장에 대한 자부심이 있으나 세상이 거대함을 중시하는 것처럼 거대해지기를 바라고 있다. 그들은 영적인 집으로 건축된 신령한 돌(벧전 2:5)이라는 관점보다는 값비싼 석조 건축물의 관점에서 교회를 생각한다. 그들은 영적인 성장보다는 수적인 증가를 위해 노력한다. 이것 또한 세속성이다"라고 하였다.[14]

카이퍼의 관점은 세상처럼 생각하는 것이 세속성이다. 세속적인 것이란 세상에서 우리가 하는 어떤 일과 관련된 것이 아니라 우리가 물질적인 가치에 몰두하는 것이다. 성경이 말하는 세속성이란 영의 눈이 아니라 육의 눈으로 어떤 것을 바라보는 것을 말한다. 메이첸에 의하면 "교회에 대한 실제적인 위협은 외부가 아니라 내부에서 온다"고 말하였다.[15] 그리스도인들의 거룩성은 일상으로부터 분리가 아니라 베드로전서 2장 9절에서 볼 수 있는 것처럼, 예수 그리스도에 의해 그의 보배로운 소유로 부름을 받은 자로서 구별된 삶으로부터 온다. 거룩하다는 것은 우리가 세상으로부터 분리된 삶이 아니라 세상 속에서 구별된 삶을 살아가는 것이다.

우리는 교회 밖의 세상 역시 중요하다는 것을 알아야 한다. 이러한 고민을 깊이 있게 조직적으로 최초로 설명한 것이 아브라함 카이퍼(Abraham Kuyper)의 영역주권(sphere sovereignty)이다.[16] 신앙은 우리의 모든 삶에 나타나야 한다는 사상이다. 그리스도인은 교회와 정치와 경제와 사회와 가정과 문화와 예술과 같은 세상 전 영역에서 세상 사람들보다 더 열정적으로 살아야 한다. 가정, 사회, 교회, 정부 등은 하나님이 세우신 세계질서의 기본이다. 따라서 정부 관리들은 사실상 '하나님의 일꾼'(롬 13:6)이다. 불신자라 할지라도 신자와 일반 시민에게 선을 베풀고 악한 자를 처벌하는 그들을 존중해야 한다. 우리가 숨 쉬며 살아가는 세상은 하나님의 은혜가 펼쳐지는 장이다. 우리는 하나님의 은혜를 더 넓게 충만하게 누리는 방법을 놓쳐서는 안 된다. 프란시스 휴댁(Francis Houdek)은 다음과 같이 제안한다.

> 기도 생활이 건조해진 사람에게 가장 필요한 것은, 그를 기도나 교회생활 외에도 폭넓은 경험을 통해 역동적인 하나님을 경험하도록 권하는 것이다. 하나님은 보통 '쉼, 자연, 관계' 같은 것을 통해 발견된다… 기도가 갑자기 안 되는 상황에서는, 자신의 삶에서 실제적이고 다양한 방법으로 하나님의 손길을 경험할 때, 새로운 감격과 행복이 되살아나게 될 것이다.[17]

하나님의 은혜는 기도를 통해서도 경험 할 수 있지만, 산책을 하고, 음악을 듣고, 친구를 만나고, 가족과 함께 여행을 하고, 노동을 하고, 정의를 위한 사회 운동을 하는 가운데에서도 경험할 수 있다.

일상에서 건전한 삶의 방식이 전도다

로드니 스타크(Rodney Stark)는 그의 저서, 『기독교의 발흥』(*The Rise of Christianity*)에서 사회학과 역사라는 도구를 사용하여 어떻게 불과 몇 세기 만에 예수 신앙이 로마 제국의 변방의 작은 공동체에서 전 세계로 뻗어 나갈 수 있었는지를 연구하였다. 그는 예수님을 따르는 공동체가 목숨까지 내놓은 채 소외된 이들을 기꺼이 맞아들이고 죽어가는 사람들을 돌보았기 때문에 기독교가 전 세계로 확장될 수 있었다고 말한다. 의학이 낙후하여 낙태가 불가능했던 고대 세계에서는 원치 않는 아기를 낳은 사람들은 아기를 성 밖에 내다 버렸다. 그러면 아기는 추운 날씨에 동사하거나 야생 동물의 먹잇감이 되어 죽게 되었다. 그레코-로만 사회에서는 영아 살해가 합법적인 동시에 흔한 일이었다. 심지어 "플라톤과 아리스토텔레스 둘 다 영아 살해를 합당한 국가 시책으로 천거했다. 기원전 450년에 작성된 가장 오래된 로마법으로 알려진 『12표법』은 아버지가 여아나 어떤 기형아나 허약한 남자 아기를 유기하는 것을 허용했다"[18] 그러나 모든 생명은 하나님의 선물이라고 믿었던 초기 기독교 공동체 사람들이 그 버려진 아이들을 데려다가 키웠다. 대부분의 그 아이들은 여자아이들이었다. 이렇게 성장한 그리스도인 여성들이 또 자식을 낳아 대대손손 기독교 신앙을 물려 주었다.

　스타크가 제시한 기독교의 또 다른 성장 동력은 죽어가는 사람들을 돌보아 준 것이었다. 고대 세계에서는 전염병 확산을 막을 방법이 없었기에 어느 지역에 전염병이 발생하면 환자가 죽어가는 사람들을 버려두고 성을 떠나는 것이 일반적이었다. 하지만 스타크의 연구에 따르면, 그리스도인들은 자기만 살겠다고 도망치지 않고 남아서 전염병으로 고통당하는 사람들을 돌보았다. 많은 경우, 독감이나 다른 바이러스에 걸린 사람들은 음식과 물, 목욕과 같은 기본적인 간호만 있으면 생존할 수 있었다. 그리스도인 간호사들이 전염병으로 인해 버려진 사람들을 돌보는 사이 병에 면역력이 생겼다. 스타크는 버려진 환자들이 회복되었을 때 목숨을 살려준 이들의 신앙 이야기에 귀를 기울였을 것이라고 하였다. 이런 식으로 다시 전염병이 돌아도 많은 그리스도인들은 질병에도 생존할 수 있는 면역력을 갖게 되었다.

　기독교 초기에 그레코-로만 사회에서 "로마인은 구제에 대해 무지했던 것은 아니었지만 구제는 신을 섬기는 일과 무관했던 것이다. 이방 신은 윤리적 요구를 한 적이 없었기에 윤리적 범죄를 벌하지도 않았다. 인간이 신의 심기를 건드릴 때는 신에게 무관심하거나 의례 기준을 어겼을 때이다."[19] 그러나 기독교는 그레코-로만 사회에서 기독교 사상의 발전과 함께 '사회적인' 윤리 강령을 종교와 결부시켰다. 특히 이교도가 기독교의 삶의 강령 중에 낯설게 여긴 것은 하나님이 인류를 사랑하기 때문에 기독교인은 '서로 사랑하지' 않고서는 하나님을 기쁘시게 못한다는 가르침과 실천이었다. 나아가 기독교가 단지 믿는 가정에게만 선행을 베푼 것이 아니라 모든 사람에게 선행을 베풀었다는 점이다.

2세기 말 마르쿠스 미누시우스 펠릭스(Marcus Minucius Felix)는 이교도와 기독교인 간에 벌어진 논쟁 중에 기독교의 대변인이었던 옥타비아누스(Octavianus)가 "날마다 우리의 수는 증가일로에 있다"면서, 그 원인이 "건전한 삶의 방식"이라고 말했다고 기록했다.[20] 초기 기독교의 성장이 사회 안에서 "건전한 삶의 방식"의 결과였다는 기록은 많은 의미를 제공해 준다. 초기 기독교는 교제와 떡을 나눔과 기도를 중요한 영적 실천으로 여겼다. 이런 실천들은 사회 안에서 건전하고 건강한 삶의 원동력으로 작용하였다는 것을 옥타비아누스의 고백이 증명해 준다. 기도하는 삶과 사회적 실천은 상호작용하였다고 할 수 있다. 그레코-로만 사회에서 이교도는 기도와 같은 의례와 사회적 실천은 전혀 무관한 것으로 여겼지만, 초기 그리스도인들은 기도 생활과 사회적 실천을 분리시키지 않았다. 이는 하나님과 교제인 기도가 일상적 삶의 실천으로 발전되지 않으면 하나님을 기쁘시게 하는 행위가 될 수 없음을 가르쳐준다. 초대 교회 성도들은 일상의 건전한 삶의 방식을 통해 복음의 증인이 되었다.

제자훈련 멘토링

1. 배운 내용과 기도

1) "일상의 노동도 하나님의 사역이다"는 내용을 읽고 마음에 다가온 문장이나 배운 내용이 있다면 기록한다.

2) 마음에 다가온 문장이나 배운 내용을 통해 소망하거나 결심한 것을 기록한다.

3) 소망하거나 결심한 내용을 가지고 '쓰기 기도'를 통해 하나님께 도움을 구한다.

2. 토론 주제와 나눔

1) 일상의 노동은 죄의 결과로 인해 인간에게 부여된 것이 아니라 하나님의 선물이라는 의미에 대해 토론해 봅시다.

2) 윌리엄 틴데일(William Tyndale)이 말한 다음 내용을 중심으로 토론해 봅시다. "하나님을 기쁘시게 하는 데는 더 좋은 일이나 더 나쁜 일이 없다. 물을 붓는 일이나 접시를 닦는 일이나 구두를 만드는 일이나 사도가 되는 일이나 모두 동일하다. 접시를 닦는 일과 설교하는 일은 하나

님을 기쁘게 하는 점에서 동일하다."

3) 아브라함 카이퍼의 영역주권(sphere sovereignty), 즉 신앙은 우리의 모든 삶에 나타나야 한다는 사상에 대해 토론해 봅시다.

4) 로드니 스타크가 말한 다음 내용을 중심으로 기독교의 아름다운 유산에 대해 토론해 봅시다. "로마인은 구제에 대해 무지했던 것은 아니었지만 구제는 신을 섬기는 일과 무관했던 것이다. 이방 신은 윤리적 요구를 한 적이 없었기에 윤리적 범죄를 벌하지도 않았다. 인간이 신의 심기를 건드릴 때는 신에게 무관심하거나 의례 기준을 어겼을 때이다."

5) 초기 기독교의 성장 원인 중에 하나가 일상에서 "건전한 삶의 방식"이었다는 말의 대해 토론해 봅시다.

3. 적용 및 실천 방안

1) 개인적으로 배운 내용과 토론을 통해 배운 내용을 기록한다.

2) 배운 내용을 가지고 구체적인 적용 및 실천 방안을 나누며 기록한다.

3) 삶에서 개인적인 적용 방안이나 실천 방안을 구체적으로 기록한다.

PART 12

고통은
누구의 죄로 인함이니까?

고통의 이해

고통 또는 고난은 우리가 이 세상에 존재하는 한, 우리의 삶 속에 항상 내재하고 있다. 직접적으로 혹은 간접적으로 우리는 고난에 직면한다. 그것이 개인의 잘못이든지 아니든지, 사회 구조적이든지 관계적이든지, 개인의 차원이든지 국가적 혹은 인류 전체적 차원이든지 우리는 고난으로부터 자유롭지 않다. 인간이 당하는 고난의 형태나 원인들은 무수히 많아 일일이 나열하는 것은 우리의 관심사가 아니다. 오히려 우리의 관심은 왜 우리에게 고난이 오는 가에 있다. 때로 신실한 그리스도인이 고난을 받는 것을 보며 이러한 의문은 더욱 꼬리를 물게 된다. 하나님은 왜 이러한 고난을 허락하셨는지, 왜 신실한 사람도 고난을 받는지, 이러한 고난은 모두 우리의 죄 때문에 오는 것인지, 고난의 쓰라림과 함께 일어나는 이러한 의문은 우리의 고난을 더욱 무겁게 한다. 때로 우리는 고난 중에 하나님은 어디에 계시는가라는 물음 때문에 더욱 힘들어한다. 또한 우리의 고난이 더욱 짐이 되게 하는 것은 사람들이 통상적으로 가지고 있는 고난에 대한 편견과 그것으로 고난을 판단 받을 때 오는 가중적인 번민이다. 질병이나 죽음의 문제를 그 사람의 신앙의 결과로 바라보려는 그리스도인들의 단순한 시각 때문에 고통과 고난 중에 있는 많은 사람들이 이중의 고난을 경험하게 된다.

욥처럼 순전하고 정직하게 하나님을 경외하고 교회를 열심히 섬기던 한 중년의 가장이 갑자기 암 진단을 받고 심한 고통 중에 결국 숨지게 되었다. 남은 가족들은 그의 숭고한 신앙의 삶을 감사하는 마음도 있겠지만, 사랑하는 사람과 헤어져야 하는 아픔과 사랑하는 사람이 가난과 힘든 일 가운데 얻은 병으로 심한 고통을 받다가 생을 마감할 수밖에 없었다는 사실에 많은 상심과 고통을 겪게 될 것이다. '하나님은 왜 이런 고통을 우리에게 허락하셨을까', '우리가 이런 고통 중에 있을 때 하나님은 어디 계셨을까' 하고 거듭되는 의문을 갖게 될 것이다. 고통과 애통 중인 사람들은 그 자체만으로도 매우 큰 고난이다. 많은 그리스도인들은 '사람은 죽을 때 모습을 보면 안다'거나 '복 받은 사람은 죽을 때도 고통이 없이 죽는다'는 등의 일반 관념들로 고통 중에 있는 사람들의 고통을 가중시키는 경향이 있다. 이러한 고난의 문제에 대한 성경적 답변은 무엇이고 현세를 살아가는 그리스도인이 특히 고난 중에 있는 사람들을 어떻게 대해야 할지를 아는 지혜가 필요하다.

고난의 의미를 한마디로 요약하기는 쉬운 일이 아니다. 왜냐하면 고난은 매우 복잡하고 여러 측면으로 이해될 수 있기 때문이다. 한자의 의미로 보자면, 고난(苦難)은 어렵고 힘들고 쓰라림을 겪는 것이다. 고난(suffering)이라는 영어 단어가 함축하고 있는 의미는 고통(pain)을 당하거나(undergo) 견디는 것(endure)이다.[1] 즉 고난은 그것이 무엇인가 보다는 그것이 어떻게 우리 삶에 영향을 주고 있는지에 관련이 있는 것이다. 고난은 우리의 의도나 기능의 약함을 의식함으로써 심신의 고통과 번민을 경험하는 것이라고 말할 수 있다.[2] 고난은 우리 개인의 신체적, 정서적 측면뿐 아니라 관계적, 영적 측면에까지 영향을 준다.

고난의 형태를 구분하는 방법은 다양하다. 고난의 여러 현상적 국면들을 분류한 다니엘 로우(Daniel Louw)의 견해를 중심으로 정리해 보면 다음과 같다.[3]

첫째, 일반적 고난: 모든 사람은 원죄로 인해 유한하고 불완전하며 죄성을 가진 인간으로 고난을 받을 수밖에 없다.

둘째, 생태계적 차원의 고난: 가뭄, 홍수, 지진과 같은 자연의 재앙이나 인간의 한계를 넘어선 재해와 같이 인류의 생존을 위협하는 비극적 고난이다. 하지만 이것도 생태계의 균형을 파괴하는 등 인간의 어리석음에 기인하는 문제들도 있다.

셋째, 문화 구조적 차원의 고난: 인간이 살아가는 방식이나 습관 때문에 일어나는 고난이다. 현대 사회의 고도로 발달한 기술은 인간에게 편이를 제공하지만 우리의 고난에 한몫을 담당하기도 한다. 자동차에 의한 교통사고, 배기가스로 인한 대기 오염 등이 대표적인 예이다. 인간의 부도덕은 불의, 착취, 억압, 탐욕, 전쟁, 폭력, 강간, 유기 등을 초래하기도 한다. 또 인간의 잘못된 행위는 각종 질병을 유발할 수 있다. 부도덕한 생활 습관 때문에 초래되는 성병, 매독, 임질, 에이즈 등을 예로 들 수 있다.

넷째, 신체, 생물학적 차원의 고난: 신체적 질병이나 부상으로 우리의 신경체계를 통해 고통으로 감지되는 것과 신체적 장애에 의한 불편함이나 역기능 등을 들 수 있다.

다섯째, 심리적 차원의 고난: 인간에게 가장 예민하게 나타나는 고난이다. 우리의 근심과 조급한 마음, 스트레스 등이 질병을 유발하기도 한다. 심한 외로움, 두려움, 분노 등의 심리적 불균형 혹은 역기능 등이 고통과 고난으로 여겨질 수 있다. 심리적 고통은 위기에 처한 사람이 도움을 구하게도 하지만 그들의 내적 균열을 가면(mask) 뒤에 숨기게 하기도 한다.

여섯째, 실존적, 종교적 차원의 고난: 고난은 우리가 현실을 대하는 방식에 영향을 준다. 실존적 고난에는 책임감, 도덕심, 안전 추구 등이 포함된다. 때로 고난은 하나님과의 관계에도 영향을 줄 수 있다. 하나님의 존재나 그의 공평성에 대한 물음이 일어나거나, 죄와 회개 간에 씨름하는 중 의문, 절망과 불안의 형태로 고난이 올 수 있다. 이것은 때로 신앙을 잃게 하거나 생명을 잃게 하는 치명적 결과를 초래할 수 있다. 이러한 고난은 하나의 마음의 상태(a state of mind)로써 때로 개인이 고난에 접근하는 방식과 더 관련될 수도 있다. 따라서 육체적 고통이 고난을 가져올 수도 있지만 육체적으로 느끼는 모든 고통이 다 고난이라고 여겨지지 않을 수 있다.

제자들의 질문

예수님과 제자들이 길을 가던 중에 나면서부터 맹인 된 사람을 만나게 되었다. 그 모습을 본 제자들이 예수님께 질문을 했다. "랍비여 이 사람이 맹인으로 난 것이 누구의 죄로 인함이니이까 자기니이까 그의 부모니이까"(요 9:2). 일반적으로 사람들이 누군가에게 질문을 할 때 그 질문은 그냥 나오는 것이 아니다. 보편적으로 질문하는 사람은 그가 가지고 있는 상식과 지식과 가치관과 경험을 가지고 질문을 한다. "저 사람이 누구의 죄 때문에 저렇게 앞을 보지 못합니까?"라는 제자들의 질문은 당시 이스라엘 사람들의 생각과 신앙을 엿볼 수 있는 내용이다.

당시에 유대인들은 인간이 당하는 모든 고난과 가난은 '죄' 때문이라는 생각을 가지고 있었다. 가난하게 사는 것, 병든 것, 장애가 있는 것은 죄 때문에 그렇게 되었다는 생각이 사람들의 생각 속에 아주 깊숙이 자리 잡고 있었다. 때문에 이스라엘 백성들은 나병 환자를 볼 때 죄인 취급하고 정죄했다. 얼마나 큰 죄를 지었으면 나병에 걸리겠느냐면서 핍박하기도 했다. 가난한 사람들을 무시했다. 얼마나 큰 죄를 지었으면 사람이 저렇게 가난하게 사느냐며 가난한 사람들을 무시하고 부자를 존경했다. 왜곡된 생각과 사상이 그 당시 이스라엘 사회를 강타하고 있었다. 가난한 사람은 죄인이고 부자는 의인이라는 공식을 가지고 있었다.

이런 왜곡된 공식을 만들어 낸 사람들은 사두개인들과 바리새인들이었다. 사두개파는 예수님이 살던 시대로부터 약 천 년 전 다윗 왕 시대의 대제사장 '사독'으로부터 유래 되었다. 사두개인들은 종교적으로 정치적으로 중앙에 포진하여 산헤드린 의원직의 대부분을 차지했고 헤롯 궁정이나 로마 총독과 연합하여 정치적 영향력을 행사했던 사람들이었다. 바리새파는 B.C. 2세기 중반부터 유대교 안에서 분파의 하나로 '페루심'(분리된 자)이란 말에서 유래했다. 바리새인들은 율법학자나 일반인들이 자발적으로 모인 집단으로 중앙 정치에서는 사두개파에 밀려서 힘이 없었지만 일반 백성들 사이에서는 상당한 영향력을 형성하고 있었다.

당시 사두개인들과 바리새인들은 가난한 사람은 죄인이고 부자는 의인이라는 생각을 가졌다. 그들은 좋은 집안에서 태어났다. 부자였다. '좋은 집안', '부자 됨'을 하나님이 '의인'으로 인정했다는 근거로 삼았다. 가난한 사람을 무시했다.

예수님의 답변

제자들의 질문에 예수님은 이렇게 대답하신다. "이 사람이나 그 부모의 죄로 인한 것이 아니라 그에게서 하나님이 하시는 일을 나타내고자 하심이라"(요 9:3). 예수님의 답변은 그 당시 유대 사회의 잘못된 생각과 편견과 가치관을 뒤엎는 것이었다.

예수님 시대의 바리새인들은 너무도 쉽게 사람을 정죄하고 죄인으로 판단해 버렸다. 겉으로 나타난 결과를 가지고 함부로 사람을 판단하는 우를 범했다. 하지만 성경은 형통한 악인이 있고, 고난받는 의인도 있다고 교훈한다. 신앙인으로 살아간다는 것은 나에게 깊이 자리 잡은 편견을 버리는 것이라고 할 수 있다. 예수님은 왜곡된 생각과 싸우며 많은 조롱과 비난을 받았다. 건강한 신앙은 왜곡된 생각과 편견으로부터 자기를 지키기 위해 힘쓰며 기도한다.

세계 역사에서도 왜곡된 생각과 편견이 인류의 진보에 장애가 된 적이 있다. 기독교가 이런 일에 중심에 있기도 했다. 위대한 철학자였던 아리스토텔레스는 무거운 물체가 가벼운 것보다 먼저 떨어진다고 가르쳤다. 역사상 가장 위대한 철학자가 말한 것이었기 때문에 사람들은 모두 그 말을 신뢰했다. 그가 죽은 지 거의 천년이 지난 후 갈릴레오가 뛰어난 학자들을 피사의 사탑으로 불러 모았다. 그는 꼭대기에 올라가서 십 킬로그램과 일 킬로그램짜리 물체 두 개를 동시에 떨어뜨렸다. 놀랍게도 두 물체는 동시에 땅에 떨어졌다. 하지만 기존의 학설에 대한 믿음이 너무 강한 나머지 학자들은 방금 봤음에도 불구하고 믿으려 하지 않았다. 이미 배운 것을 옳다고 믿고 있었기 때문에 자신들이 틀렸다고 인정하지 않으려고 했다.

우리가 과거에 경험한 것이 우리의 믿음에 힘이 될 수도 있지만 장애가 될 수도 있다. 예수님이 구세주로 오신 것은 단지 우리를 죄로부터 구원한 것만은 아니다. 그분은 자기 경험과 자기가 가진 신앙만이 제일이라고 생각하면서 살아가는 사람들, 긍휼을 잃어버리고 정죄가 난무한 그런 사회, 그런 사람들과 사회를 치유하기 위해서 오신 것이다. 사람들의 마음속에 긍휼의 마음을 심고, 긍휼로 세워지는 사회를 위해서 이 땅에 오신 것이다.

하나님의 사역

복음서에 보면 예수님께서 세상에서 유리하며 방황하는 백성들을 보시고 "민망히 여기셨다"는 말씀이 있다. 가난한 사람들, 병든 사람들,

앞을 보지 못하는 사람들, 걷지 못하는 사람들, 죄로 인하여 고통 가운데 살아가는 사람들을 보시면서 민망히 여기셨다. 여기서 '민망히 여기셨다'는 의미는 '컴패션'(compassion), 즉 '긍휼이 여기셨다'는 뜻이다. 긍휼은 하나님의 자궁, 하나님의 창자가 찢어지는 고통을 느끼셨다는 의미이다.

'이 사람이 나면서부터 맹인 됨은 누구의 죄 때문인가요'라고 묻는 제자들의 질문에 예수님은 "이 사람이나 그 부모가 죄를 범한 것이 아니라 그에게서 하나님의 하시는 일을 나타내고자 하심이니라"(요 9:3)고 답변하였다. 그의 맹인 됨은 그의 죄로 인한 것이 아니라 하나님의 사역을 위함이라고 답변하셨다. 그를 하나님 사역의 동역자로 삼으셨다는 것이다. 예수님의 답변은 우리에게 변혁적 사고와 신앙을 요구한다. 우리는 예수님의 가르침을 통해 특히 가난한 사람들, 앞을 보지 못하는 사람들, 고통받는 사람들에 대한 변혁적 사고를 요구받게 된다. 즉, 이런 사람들을 단지 '불쌍하다'고 여기는 것은 예수님의 가르침의 정신이 아니다. 부한 사람들, 건강한 사람들은 미안한 마음과 죄송한 마음으로 그들을 대해야 한다. 이것이 예수님이 가지셨던 마음이며 가르침이라고 할 수 있다.

예수님의 긍휼의 마음은 가난한 사람들을 단지 불쌍한 마음으로 바라보는 것이 아니다. 불쌍하게 보는 마음을 넘어 미안한 마음과 죄송한 마음으로 보는 것이다. 우리가 이 세상에 살면서 특히 죄송한 마음을 가지고 살아야 할 사람들이 있다. 부모님이요 장애인들이다.

진나라 환공과 관련되어 전해져 내려오는 이야기다. 환공이란 사람이 배를 타고 깊은 계곡을 내려가고 있었다. 그때 하인이 새끼 원숭이 한 마리를 어디선가 잡아 왔다. 그러자 진나라 환공은 하인으로 하여금 그 새끼 원숭이를 데리고 배를 타도록 했다. 뒤늦게 새끼가 없어졌음을 안

어미 원숭이가 깊은 계곡을 따라 백리 길을 울부짖으며 쫓아왔다. 그래도 하인이 새끼 원숭이를 되돌려 주지 않자, 어미 원숭이는 뱃전에 자기 몸을 던져 죽고 말았다. 배에서 내린 사람들이 죽은 어미 원숭이의 배를 가르자, 그 속의 창자가 갈기갈기 찢어져 있었다. 자기 새끼를 얼마나 사랑했으면 단장의 슬픔을 토하다가 실제로 창자가 찢어져 죽었겠는가?

동물인 원숭이도 자기 새끼가 잡혀갈 때 창자가 찢어지는 고통을 느꼈다면, 하물며 우리의 부모님은 어떠하겠는가? 특히 우리를 낳아 기르신 부모님과 장애를 가진 사람들과 가난한 사람들을 대할 때 죄송한 마음과 미안한 마음을 가져야 한다. 그리스도인이란 눈에 보이는 것만 바라보는 자들이 아니다. 힘들어도 옳음과 긍휼, 이 두 마음을 붙드는 사람들이 그리스도인들이다.

우리의 사역

바울은 "즐거워하는 자들과 함께 즐거워하고 우는 자들과 함께 울라"(롬 12:15)고 말한다. 우리는 슬픔에 대해, 슬픔의 이론에 대해 잘 알고 있어야 하지만, 무엇보다도 우리 자신의 슬픔과 슬픔을 당하고 있는 사람들을 잘 알아야 한다. 슬픔에 관한 연구에서는 "인정되거나 확인되지 않은 슬픔, 또는 박탈당한 슬픔"에 관심을 모으는 것을 중요하게 여긴다.

인간의 유한성과 상실을 받아들이고 슬픔을 경험하는 것은 인간의 취약성을 환기시켜 주며 보다 풍요로운 삶과 사랑으로 인도한다. 하지만 슬픔을 차단하거나 저지하는 한, 인간 개개인과 가정 내에서 파괴적인 결과를 낳게 된다. 인간은 자신의 슬픔을 제대로 애도하지 못하면 기능장애가 초래된다.

　인정되지 않은 슬픔과 슬퍼하는 사람에 관한 조사에 따르면, 보편적으로 가족으로 인한 슬픔은 정당화되지만, 친한 친구를 잃은 슬픔도 강력할 수 있다는 것은 거의 인정되지 않는 경향이 있었다. 특히 어린아이, 강간당한 사람들, 어릴 때 성폭행을 당한 경험이 있는 어른들, 그 사실을 비밀로 간직해온 사람들, 태아를 유산시킨 적이 있는 산모들에 대한 슬픔을 진지하게 여기지 않는 경향이 있었다. 따라서 우리는 슬픔에 대한 보다 더 확장된 이해와 관심이 필요하다. 나아가 슬퍼하는 사람과 함께 슬퍼하는 기술과 지혜가 부족한 경우가 많았다. 슬픔을 당한 어느 한 목사님의 고백이다.

　　나는 사랑하는 사람을 잃은 사람들에게 기도를 더하라고 요청하지 않는다. 왜냐하면 그 사람은 나보다 더 많이 기도해 왔을 수도 있기 때문이다. 그런 경우에는 나는 침묵하겠다. 내 아버지께서 돌아가셨을 때, 많은 사람이 나에게 와서 "삼가 조의를 표합니다"라고 말했지만, 한 사람은 내게 애도의 말을 하거나 성구를 인용하지 않았다. 그 사람은 나와 함께 앉아 있었다. 내가 일어서면 그 사람도 일어섰다. 내가 문 쪽으로 걸어가면, 그 사람도 함께 걸어갔다. 그때만큼 기독교의 사랑으로 말미암아 위로와 따뜻함을 느낀 적은 없었다. 그것은 마리아가 예수님께 와서 "주님, 당신이 여기 계셨다면 나의 오빠는 죽지 않았을 겁니다"라고 말했던 것을 기억하게 해주었다. 예수님은 아무 말도 하지 않고, 영으로 신음하고 계셨다. 깊은 슬픔의 순간에 누가 와서 자기를 위해 기도해 주기를 원하는 사람은 많지 않다. 그러나 그러한 순간에 말없이 함께 있어 주는 것은 기도의 가장 좋은 표현이다.[4]

일반적으로 돌봄 패러다임에서는 인간의 유한성과 상실의 문제를 다룰 때 슬퍼하는 사람에게 초점을 둔다. 인간에게 슬픔은 병리적 현상이기보다는 하나의 과정 또는 작용으로 이해할 때 위로를 줄 수 있다. 무엇보다도 깊은 슬픔 속에 있는 사람을 돌보는 사람은 그 사람과 함께 있으면서 침묵할 것을 제안한다.

교회 공동체 안에서 돌봄 패러다임에서 불치의 고통과 아픔에 대한 이해가 매우 미흡한 경향이 있다. 교회 공동체가 급성적인 아픔과 만성적인 아픔에 대한 돌봄은 있지만, 불치의 아픔에 대한 이해와 돌봄이 빈약한 경향이 있다.

인간은 두 가지 시민권을 가지고 태어난다. 건강의 나라의 시민권과 질병의 나라의 시민권이다. 인간은 좋은 나라의 여권만 사용하려 하지만, 질병의 나라의 시민임을 경험하게도 된다. 윌버트 조지 패터슨(Wilbert George Patterson)은 인간의 고통과 아픔을 세 종류로 구분하여 설명하였다. 급성적인 고통, 만성적인 고통, 불치의 고통이다.[5]

첫째, 급성적인 아픔은 어떤 종류의 상처나 수술, 또는 질병과 관련되는 것으로서 일반적으로 6개월 정도 지속된다.

둘째, 만성적인 고통 또는 아픔은 보통 6개월 이상 계속되는 것으로서 다소 복합적이다. 만성적인 아픔은 신경계통의 반응일 뿐만 아니라 학습된 행동이라고 생각한다. 그것은 다양한 사회적, 정서적 요인들에 의해 강화된 반응이다.

리처드 스턴벅(Richard Sternbach)에 따르면, "급성 아픔 안에서 아픔은 질병의 증상이고, 만성적 아픔 안에서 아픔은 그 자체가 질병이다."[6] 만성적 아픔을 겪는 환자들은 자신의 아픔에 관하여 이야기하는 데서 별다른 위로를 받지 못할 수도 있다. 사실, 그런 배려는 질병이나 행위로서의 아픔을 강화하기도 한다. 만성적인 아픔에 대처하기 위해서는 기도와 투약, 육체의 긴장완화를 위한 기술, 몸이 정신을 지배하는 것을 감소시키며 몸과 정신을 통일체로의 인격 통합을 목표로 하는 중재 활동 등이 유익할 수 있다.

셋째, 불치의 고통과 아픔을 겪는 사람은 그것을 죽음이 다가오는 신호로 인식한다. 불치의 고통을 느끼는 사람은 육체적인 차원, 정서적인 차원, 영적인 차원 모두를 포함하여 다차원적으로 상실을 경험한다. 이러한 아픔의 주된 대상은 나이 든 사람들이다. 때때로 그 아픔은 두려움, 분노, 슬픔, 고독, 수치, 또는 죄책감 등 다루기 어려운 감정을 대신한다.

그리스도인들은 노인들이 겪는 불치의 고통에는 관심을 두지 못하기 쉽다. 급성적인 고통과 만성적인 고통은 외관적으로 바로 인식이 되기 때문에 아픔으로 인해 병원에 입원하거나 치료 중일 때 관심을 보일 수 있다. 예를 들면, 이런 아픔을 겪는 사람들에 대해서는 기도와 함께 물질적 도움을 준다. 하지만 불치의 고통, 즉 아무리 육체적으로 건강하고 경제적으로 여유가 있을지라도 늙어감으로 인해 오는 고통은 노인들에게 보편적으로 오는 고통이며 그리 눈에 띄지 않는 고통이기 때문에 특별히 관심을 둘 필요가 있다.

우리가 알아야 할 것은 아픔을 느끼는 사람의 입장에서 보면, 그것은 전혀 노력 없이 포착되지만, 고통을 받지 않는 사람의 입장에서는 그것을 포착하기 위해서는 노력 없이 되는 것이 아니라는 것이다. 우리가 노력해도 노인들의 아픔을 의식하기 쉽지 않다. 따라서 노인들의 아픔과 고통에 대한 이해를 위해 많은 노력이 필요하다. 특히 교회 공동체는 더욱 그렇다. 노인들의 불치의 아픔에 대한 이해가 매우 취약한 경향이 있기 때문이다.

교회 공동체는 노인들의 고통에 대한 돌봄 방안이 있어야 한다. 교회 공동체는 다음 사실을 인식하고 공유해야 한다. 우리가 누군가를 사랑하고 돌볼 때 가장 많이 성장할 수 있다는 진리다. 우리 가슴에 새겨야 할 문장이 있다. 우리가 다른 사람을 돌보는 것이 우리 자신을 돌보는 일이다(WHO : We Help Others = We Help Ourselves).

제자훈련 멘토링

1. 배운 내용과 기도

1) "고통은 누구의 죄로 인함이니까?"의 내용을 읽고 마음에 다가온 문장이나 배운 내용이 있다면 기록한다.

2) 마음에 다가온 문장이나 배운 내용을 통해 소망하거나 결심한 것을 기록한다.

3) 소망하거나 결심한 내용을 가지고 '쓰기 기도'를 통해 하나님께 도움을 구한다.

2. 토론 주제와 나눔

1) '사람은 죽을 때 모습을 보면 안다'거나 '복 받은 사람은 죽을 때도 고통이 없이 죽는다'는 말의 문제점에 대해 고통 받는 자들의 관점에서 이야기 봅시다.

2) 다니엘 로우(Daniel Louw)가 말한 고통의 유형에 대해 이야기 봅시다.

3) 제자들이 나면서부터 맹인 된 사람을 보고 예수님에게 질문한 내용에 대한 예수님의 답변이 주는 의미에 대해 이야기해 봅시다.

4) 본 장에 소개된 슬픔을 당한 어느 한 목사님의 고백이 우리에게 주는 의미에 대해 토론해 봅시다.

5) 노인들의 불치의 고통에 대한 이해의 중요성과 돌봄 방안에 대해 이야기해 봅시다.

6) 다음 내용에 대해 이야기해 봅시다. 우리가 다른 사람을 돌보는 것이 우리 자신을 돌보는 일이다(WHO : We Help Others = We Help Ourselves).

3. 적용 및 실천 방안

1) 개인적으로 배운 내용과 토론을 통해 배운 내용을 기록한다.

2) 배운 내용을 가지고 구체적인 적용 및 실천 방안을 나누며 기록한다.

3) 삶에서 개인적인 적용 방안이나 실천 방안을 구체적으로 기록한다.

Disciple Training Mentoring

PART 13

그리스도인도
마귀에 사로잡힐 수 있는가?

교회 안에서 인간의 정신 세계에 대한 이해 부족으로 인해 가장 빈번하게 발생하는 영역이 영적인 문제와 정신적인 문제의 혼동이다. 기독교 역사에서 영적 지도자들이 큰 악을 저지른 사건인 마녀사냥도 인간의 정신에 대한 몰이해로부터 발생하였다. 마녀사냥으로 인해 가장 많은 피해를 입은 사람들은 나약한 여성들이었다. 교회가 그들의 정신적 아픔과 상처를 치료하고 돌봐주기 보다는 정신 세계에 대한 몰이해로 인해 영적 학대와 폭력을 행하였다. 이러한 영적 학대와 폭력은 지금도 다른 양상과 방법으로 지속되는 경향이 있다. 교회 공동체 안에서 정신 세계, 특히 무의식 세계에 대한 이해 부족으로 인해 영혼을 잘못 인도하고 씻을 수 없는 상처를 주는 경우가 종종 발생한다.

한 여 성도에게 일어난 일

한 여성 성도에게 있었던 일이다. 이 여성은 중고등학교 교사로서 일하다가 모 선교 단체에서 은혜를 받은 후 교사를 그만두고, 그 선교단체에서 헌신하기 위해 훈련과정에 참여하였다. 그러던 중에 이 여성은 저녁이 깊어지면 매일 비슷한 시간에 괴이한 언어와 행동을 하며 괴로워했을 뿐만 아니라 마치 무엇에 사로잡힌 듯이 소리를 지르며 이상한 행동을 했다. 이 선교단체 지도자들은 이 여성이 귀신에 사로잡혀 있다고 판단하였다. 선교단체 지도자들은 이 성도가 중고등학교 교사를 퇴직함으로 인해 발생할 수 있는 미래에 대한 불안과 두려움으로 이러한 현상이 일어날 수 있다는 것을 전혀 생각하지 못했다. 정신 세계에 대한 몰이해로 인해 너무도 쉽게 귀신에 사로잡혔다고 생각하고 판단했다. 이러한 행위는 인간의 정신 세계에 대한 무지로부터 비롯된 것이다.

선교단체에서 귀신에 사로잡혔다고 판단을 받은 이 여성은 조용하고 아름다운 자연 속에 자리하고 있는 다른 돌봄 공동체에 보내졌다. 이 공동체에 와서도 거의 비슷하게 밤이 깊어지면 매일 같은 시간에 괴이한 언어와 행동을 하며 괴로워했다. 이 공동체의 지도자는 이 성도를 귀신에 사로잡힌 것으로 생각하지 않고 따뜻한 사랑으로 보살펴 주었다. 그러자 이 여성은 정신적으로 심한 불안한 상태에서 벗어나 건강한 모습으로 회복되었을 뿐 아니라 결혼하여 건강한 가정을 이루고 행복하게 살아가고 있다.

우리는 이 성도의 사례를 통해 많은 도전과 교훈을 얻을 수 있다. 영혼을 돌보는 사역자들이 한 영혼을 건강하게 보살필 수도 있지만, 인간의 정신과 영혼에 대한 그릇된 이해와 판단으로 영혼을 파괴할 수 있다. 특히 정신 현상에 대한 왜곡된 이해를 영적인 이름으로 선하게 포장하여 영혼을 파괴할 수도 있다는 것을 깨닫게 된다. 영적 지도자는 많은 아픔과 상처와 고통가운데 있는 영혼이 내뱉은 언어를 매우 주의하여 듣고 해독하는 능력이 있어야 한다.

정신 질환과 귀신들림의 차이

우리에게는 영적 분별력이 있어야 한다. 정신질환과 귀신들림을 구별하는 것은 매우 어렵고 혼란을 초래할 수 있는 문제이다. 정신질환을 귀신들림으로 잘못이해하고 규정할 때 당사자에게 매우 큰 상처를 줄 수 있고, 정신질환의 현상을 사단에게 책임을 전가시키는 결과를 초래할 수 있기 때문이다. 우리가 잘못된 영적 진단을 함으로써 정신적으로 많은 아픔을 가지고 살아가는 사람을 치료하기보다는 말할 수 없는 큰 상처를 줄 수 있을 뿐 아니라 비극을 초래할 수 있다. 다음 사례는 특히 영적 지도자가 범하기 쉬운 실수와 그 실수로 인해 돌이킬 수 없는 비극을 초래할 수 있다는 것을 보여준다.

> 내가 사역을 행하던 중에 어떤 것보다도 나를 화나게 했던 사건들 중에 하나가 있는데, 그것은 내 생각에 분명히 정신분열증 환자로 진단이 내려진 어떤 사람과 상담을 하고 있었던 때에 일어났다. 그는 정신 병원의 외래 환자였는데, 정기적인 치료와 심방, 기도, 사랑 어린 도움 등으로 점차 완쾌되고 있었다. 그러던 중에 그는 그 도시에 새로 부임한 목회자에게 가서 상담을 하였다. 그 목회자는 그 환자로부터 15분 정도 이야기를 듣고 나서 그가 귀신들렸다고 단언하고는 "귀신 쫓기"를 시작하였다. 그 결과 이 환자는 전보다 더 악화되었다. 나는 지금도 그 사실을 생각하면 나 자신도 믿을 수 없을 만큼 화가 난다. 이런 것은 전적으로 독단이라는 것은 두말할 필요할 필요가 없으며 그는 불확실한 많은 편견들을 근거로 해서 상담하다가 우연히 자기의 전제를 뒷받침하는 어떤 상황을 발견하고는 그 사실을 확신하게 되었으며 무책임하게 그 환자를 이전보다 더 심해지게 만들었다. 다행히 그 가련한 환자는 사람들에게 발견된 후 완치될 수 있었다. 몇 년 전에 분명히 정신분열증을 겪고 있는 사람이 귀신 들렸다는 판단을 받고 "귀신 쫓기" 의식을 행한 직후, 집에 돌아가 자기 아내를 잔인하게 살해한 끔찍한 사건이 있었다.[1]

우리가 귀신들림과 정신질환을 혼동해서는 안 된다. 우리가 정신질환을 겪으며 고통당하는 사람을 귀신들린 사람으로 여기고 그 사람을 잘못 대할 때 그에게 이중의 고통을 가하며 상처를 줄 수 있다. 우리가 자신의 판단에 확신이 서지 않을 때에는 함부로 추정해서는 안 되며, 전문가의 도움을 받거나 전문가에게 보내야 한다. 의사라는 직업도 하나님이 주신 놀라운 은사이다.

성경에는 악한 영의 존재와 영향력에 대하여 진술하고 있다. 정신질환자의 밖으로 드러나는 현상들이 악한 영의 역사와 유사한 현상이 있기 때문에 자칫 이 둘을 혼동하기 쉽다. 따라서 세심한 주의를 기울이지 않으면 많은 부작용을 초래할 수 있다. 그리스도인 정신과 의사들 간에도 정신분열증과 귀신들림과 같은 악한 영의 현상과 차이점들에 대해 많은 논란이 있어 왔다. 성경에서 묘사하고 있는 내용과 전문가들의 의견을 종합하여 정신질환과 귀신들림의 차이점을 매우 조심스럽게 다음과 같이 분별해 볼 수 있다.

정신분열증	귀신들림
말이 조리가 없고 횡설수설 한다	의식이 뚜렷하고 합리적이다
눈의 초점이 없다	눈에 사악한 빛을 발한다
초인적인 힘을 발휘하지 않는다	초인적인 힘을 발휘한다
예수님에 대해 특별한 거부 반응이 없다	예수님에 대해 적대적 반응을 보인다
초능력이 없다	투시 등의 능력이 있다
목소리에 변화가 없다	목소리의 변화나 이상한 방언을 한다
관계에 의기소침하다	관계성을 추구한다
장기간의 치유가 필요하다	치유가 갑자기 일어날 수 있다
심리치료도 효과가 있다	영적치료만이 효과가 있다

정신분열증과 귀신들림 모두 괴상한 행동이나 현상이 나타날 수 있다. 하지만 정신분열증과 귀신들림의 차이점을 다음과 같이 정리할 수 있다.[2]

첫째, 마귀들은 합리적이다. 성경에 언급된 마귀들이 합리적인 태도로 말한 것은 특기할 만한 사실이다. 그들은 자기가 원하는 곳과 원치 않는 곳을 진술하였다. 그들은 논리적인 태도로 의사를 표현하였다. 그들은 매우 실제적인 대화를 나눌 수 있는 능력이 있으면서 목적과 의미를 지니고 명백하게 이야기한 사단과도 같았다. 그러나 임상적으로 볼 때, 정신분열증 환자들은 말과 논리에 있어서 매우 일관성이 없다. 그들의 말은 뒤죽박죽이며, 성경에 나타난 마귀들의 언행과는 대조적으로 비합리적이고 조리가 없다.

둘째, 두 경우 관계성을 싫어하는 것처럼 보인다. 귀신들린 사람은 항상 예수님과 제자들에게 강하게 반항했다: "하나님의 아들이여 우리와 당신과 무슨 상관이 있나이까 때가 이르기 전에 우리를 괴롭게 하려고 여기 오셨나이까"(마 8: 29). 정신 질환이 있는 사람들은 예수님에 대해 특별히 거부반응을 일으키지 않는다. 편집증적인 사람은 예수님이나 그리스도인들만을 의심하고 있는 것이 아니라 모든 사람을 두려워한다. 정신병적 환각 상태에 있는 사람은 정서적으로 사람들로부터 움츠러든다. 정신적 질환이 있는 사람은 자신을 감추려는 경향이 있다.

셋째, 두 경우 모두 이상한 방언이나 소리를 내거나, 이상 행동을 할 수 있다. 정신 질환자들에게서 나타나는 환상이나 환청은 자신의 초자아 또는 양심의 투사인 반면, 귀신들린 자들에게서 나타나는 이러한 현상은 그 사람의 병이나 공상적인 투사가 아닌 실제적이고 분리된 영들에 의한 것이라고 할 수 있다. 따라서 정신분열환자들의 목소리는 자신의 목소리를 그대로 가지고 있으나, 귀신들린 자들은 자기의 소리가 아닌 이상한 다른 목소리를 낸다.

넷째, 마귀들은 뚜렷한 자아정체성을 지니고 있다. 그리스도와 마귀를 묘사하고 있는 복음서의 예화는 마귀가 현실에 관여하고 있음을 보여주고 있다. 그들은 자신을 알고 있고 그리스도가 누구인지도 알고 있었다. 이러한 이유로 상호 의사소통 관계가 가능하다. 이와는 대조적으로 정신분열증이 있는 사람들은 여러 가지 상실로 인해 고통을 겪고 있으므로 현실감이 현저하게 떨어지며 자아정체성도 희미하다. 이들과의 대화가 잘 이루어지지 않는 것이 바로 그러한 이유이다.

다섯째, 귀신들림과 정신분열증의 치료를 생각해 볼 때도 그것들 사이에서 두드러진 차이점이 있음을 살펴볼 수 있다. 성경은 귀신들린 사람을 다루는 데 필요한 특별한 치료법을 말해 준다. "기도와 금식이 아니면 이런 유가 나가지 아니하느니라"(마 17: 21). 예수님은 마귀들을 오직 영적인 방법으로만 쫓아낼 수 있다고 하였다. 귀신을 쫓아내는 일은 신적특권을 가진 사람 혹은 지식이 많은 사람들만 할 수 있는 일은 아니지만, 귀신들림을 치유하는 일에는 하나님의 은혜와 그 사람의 그리스도와의 관계를 중요시하여야 한다.

반면, 정신분열증의 치료방법은 귀신들림과는 아주 다른 것이다. 정신분열증이 있는 사람들은 누가 그것을 치료하고자 할지라도 즉각 치료되지 않는다. 만성일 경우에는 대부분 장기간이 걸린다. 정신분열증의 환각은 심리적인 치료 방법이 큰 효과를 거두고 있다. 정신분열증은 대인관계를 개선시키며, 보충적으로 진정제를 투여하여 증상을 치유할 수도 있다. 심리치료사와 견고하고도 안정된 관계를 발전시킨다면 상당한 도움을 받을 수 있다. 치료과정에서 반드시 기도나 금식이 개입되어야 하는 것은 아니다. 물론 기도로 지원하는 것은 중요하다.

그리스도의 영과 악한 영

그리스도인들은 무엇보다도 그리스도가 악한 영보다 강하다는 확신이 있어야 한다. 우리가 바르게 인식해야 할 내용은 그리스도를 영접하지 않은 사람들을 향한 악한 영의 권세는 아직도 여전히 남아 있다. 악한 영은 그의 올무로 그리스도를 모르는 사람들을 사로잡을 수 있다(딤후 2:26). 하지만 악한 영은 믿는 자들을 더 이상 사로잡을 수 없다. 하나님의 은혜로 그리스도인들은 악한 영을 이길 수 있다(롬 12:21). 성경은 진정한 믿음을 가진 그리스도인은 악한 영에게 유혹을 받고 어려움은 당할 수는 있지만 완전히 사로잡히지는 않는다고 말한다. 그리스도인은 악한 영의 권세로부터 구출되어 빛의 나라로 옮겨졌기 때문이다(골 1:13). 성경은 그리스도의 십자가의 죽으심과 육체의 부활로 인하여 악한 영, 사단의 권세는 제한되고 억제 된다고 말한다(살후 2:2 이하). 사단은 신자들에게는 전혀 힘을 쓸 수 없게 되었다(히 2:14). 사단은 그리스도인들을 만질 수 없다(요일 5:18). 사단은 그리스도인의 증거에 패한다(계 12:11). 따라서 그리스도인은 악한 영에게 고난은 당할 수 있지만 사로잡힐 수는 없다고 보는 것이 성경적이라 할 수 있다. 제이 아담스(Jay Adams)는 "그리스도인의 삶에서도 귀신에 사로잡히거나 놀림을 받을 수 있다고 생각하는 것은 성경적인 근거가 없다. 하나님의 참된 자녀안에 거하시는 성령과 더러운 영이 동시에 존재한다는 것은 불가능하다. 이것은 마가복음 3장 2-30절에 언급된 두 가지의 완전한 대조에서 분명히 나타난다. 여기에서 또한 예수님은 성령의 사역을 마귀에게 돌리는 태도는 용서받을 수 없는 참람함이라고 경고하신다(막 3:30)"고 하였다.[3] 물론 악한 영은 그리스도인들을 대적하는 영이므로 예수님의 이름의 권세를 의지하여 성령의 능력을 힘입어 대적해야 한다. "그런즉 너희는 복종할지어다 마귀를 대적하라 그리하면 너희를 피하리라"(약 4:7).

성경에서 사람을 향해 "사탄아 물러가라"는 내용이 나온다. 그 대표적인 경우가 베드로가 예수님의 뜻을 모르고 어리석게 말했을 때 예수님은 베드로에게 "사탄아 물러가라"(마 16:23)라고 한 경우이다. 구체적으로 상황을 서술하면, 예수님께서 어느 날 제자들과 함께 빌립보 가이사랴 근처 마을을 향하여 길을 떠나셨다. 그리고 길에서 제자들에게, "사람들이 나를 누구라고 하느냐?"라고 물으셨다. 그때 제자들이 대답하였다. "세례자 요한이라고 합니다. 그러나 어떤 이들은 엘리야라 하고, 또 어떤 이들은 예언자 가운데 한 분이라고 합니다." 예수님께서 제자들에게 다시 물으신다. "그러면 너희는 나를 누구라고 하느냐?" 베드로가 "주는 그리스도이시요 살아계신 하나님의 아들이십니다."라고 대답하였다. 그러자 예수님께서는 제자들에게 당신에 관하여 아무에게도 말하지 말라고 말한 후에, 예수님은 많은 고난을 겪으시고 배척을 받아 죽임을 당하셨다가 사흘 만에 다시 살아나신다는 것을 제자들에게 가르치기 시작하셨다. 이때 베드로가 예수님을 꼭 붙들고 반박하기 시작하였다. 이런 베드로를 향해 예수님은 "사탄아, 내게서 물러가라. 너는 하나님의 일은 생각하지 않고 사람의 일만 생각한다."라며 꾸짖으셨다.

예수님이 베드로를 향해 말한 '사탄'이 상징적인 의미인지 아니면 베드로의 배후에서 역사하는 사탄인지를 이해할 필요가 있다. 여기서 예수님이 베드로를 향해서 '사탄'이라고 한 것은 '하나님의 뜻을 대적하는 자'라는 뜻이다. 왜냐하면 "사탄아 내 뒤로 물러가라."는 예수님의 말은 "내 뒤로 물러가라, 너는 대적자야"(get behind me, thou adversary)라는 의미이기 때문이다. 그러므로 예수님께서 베드로를 향해 말한 '사탄'은 하나님의 뜻을 깨닫지 못하고 있는 베드로를 '꾸짖고 있는 것'이라고 할 수 있다. 하지만 마태복음 4장 10절에 예수님이 사탄으로부터 유혹을 받았을 때 "사탄아 물러가라"(be gone Satan, away from me Satan)라고 했을 때의 사탄은 실체적인 존재이다.

여기서 우리는 하나의 교훈을 발견하게 된다. 그것은 하나님의 뜻을 대적하는 자들을 향해서도 예수님처럼 선포기도와 명령기도를 할 수 있다는 것을 시사해 준다고 할 수 있다. 하지만 이런 기도는 정죄하는 행위가 되어 버릴 수 있기 때문에 함부로 해서는 안 된다. 또한 하나님의 뜻을 대항한다는 것의 판단 기준이 매우 자기 주관적인 관점이 될 수 있으므로 사람을 향해서 함부로 예수님과 같은 명령기도를 해서는 안 된다. 예수님의 판단은 완전하시지만, 우리의 판단은 불완전할 수 있기 때문이다.

엔돌의 신접한 여인과 악한 영

성경에서 엔돌의 신접한 여인이 죽은 사무엘을 이 세상으로 다시 불려오는 이야기(삼상 28장)는 매우 특별한 영적 현상이기 때문에 해석이 다양하다. 이 이야기를 한국 무교에서 말하는 죽은 사람이 귀신이 되어 사람들의 선악의 행위에 관여한다는 종교적 사상을 정당화하는 증거로 삼기도 한다. 또한 이 이야기가 비물질적이고 불멸하는 영혼의 존재를 증명한다고 여기는 사람들도 있다. 즉 엔돌에 정말 사무엘의 영혼이 나타났다면 인간은 몸과 영혼의 두 실체로 구성된 존재라는 것을 증명하기 때문에 일원론적 인간관은 유지될 수 없다고 주장하기도 한다. 그러나 성경에서 귀신이나 악한 영은 죽은 인간과는 관계가 없고 하나님의 종인 영의 타락으로 인해서 나타난 파괴하고 죽이는 영들이다.

아놀드는 엔돌에 나타난 존재가 "사무엘이 아니라 악마적 세력에 기원을 두고 거짓 예언을 일삼는 망상적이고 기만적인 환영"이라고 하였다.[4] 이러한 이해는 사도 바울이 말한 "사탄도 빛의 천사로 가장합니다. 그렇다면 사탄의 일꾼들이 의의 일꾼으로 가장한다고 해서, 조금도 놀랄 것이 없습니다"(고후 11:14-15, 새번역)라고 말한 것을 통해서 가능하다. 아놀드는 아우구스티누스를 포함한 많은 초기 주석가가 바울의 관점을 통해서 엔돌의 이야기를 이해했다고 하였다. 하지만 엔돌의 이야기를 바울의 관점으로 해석하는 것에 동의를 하지 않았던 사람들도 있다. 그 중 잘 알려진 이들로는 니사의 그레고리우스이다. 그는 이미 죽은 거룩한 선지자가 강령술 의식으로 불려 나오는 것이 불가능하다고 생각했다. 따라서 악마나 사탄이 사무엘로 나타나 사울 왕과 그 여인을 속였다는 결론을 내렸다. 아놀드에 따르면 당시 대부분의 주요 주석서들은 죽은 선지자가 나타났을 가능성을 고려하는 것조차 거부했다고 기술하였다.

사무엘상의 이 구절을 다룬 초기 저작들 중에는 사무엘의 출현을 사실로 받아들이는 이들도 있었다. 하나님이 직접 부활시켰는지 아니면 그 신접한 여인이 효력 있는 불법 강령술을 써서 부활시켰는지는 몰라도 분명히 사무엘이 직접 엔돌에 나타났다고 믿었다. 순교자 유스틴은 이 본문을 근거로 인간 영혼이 존재하며 죽음 이후에도 생존한다고 주장했다. 오리게네스와 암브로시우스 그리고 역사가 요세푸스도 사무엘이 엔돌에 정말 나타났다고 믿었다. 아우구스티누스는 사무엘이 진짜 나타난 것인지 아니면 기만적인 영이 나타난 것인지 혼란스러워 했지만 말년에는 기만적인 영이라고 이해했다.

아놀드는 중요한 것은 역사가 진행되면서 같은 본문을 가지고 전혀 다른 해석을 내릴 수 있다는 것을 알아야 한다고 하였다. 그는 죽은 사무엘이 물리적 몸으로 소생하여 엔돌에 나타났다고 보는 것은 고대 이스라엘의 인식에 더 가깝다고 보았다. 그는 성경 본문을 해석할 때 주석적 문제를 검토하기 전에 지금까지의 해석의 역사를 살펴보아야 한다고 말한다. 아놀드는 이런 관점 안에서 "고대 이스라엘 민족에게 이 질문을 던진다면, 그들은 '물론 육신과 별개의 존재는 없다'고 대답할 것이다. 그러므로 죽은 사무엘이 엔돌에 나타난 현상이 망상이 아니라고 받아들인다면, 그가 어떤 식이 되었건 물리적으로 나타난 것이라고 생각해야 한다"라고 말한다.[5] 더 나아가 그는 이런 고전적 해석이 오늘날의 새로운 성경해석에 비추어 어떤지 물으면서, "이 본문은 구약의 규범적 종교가 인정하지 않았지만 가나안 일부들과 일부 이스라엘 사람들에게 남아 있던 관습과 종교적 관행을 보여준다"라고 하였다.[6] 그러나 아놀드는 "이 내용이 육체적인 소생 개념의 사례를 제시하긴 하지만 히브리 성경의 다른 자료들이 그렇듯이 기독교 인간론의 문제를 확정할 만한 결정적인 단서를 제공하지 않는다"는 것을 기억하는 것도 매우 중요하다고 하였다.[7]

오늘날 그리스도인들 중에는 사무엘상 28장을 문자적으로 해석하여 사무엘의 영이 직접 나타났다고 주장하기도 한다. 하지만 성경의 전체적인 맥락에서 보면 죽은 사람이 영이 되어 다시 나타났다는 관점은 성경적 지지를 받기가 빈약하다. 성경은 한국 무교에서 말하는 것처럼 죽은 사람이 악한 영 또는 귀신이 된다는 증거가 없기 때문이다. 따라서 성경의 전체적인 맥락에서도 엔돌에 나타난 영을 사무엘의 영으로 보는 관점보다는 악한 영으로 보는 것이 보다 더 설득력 있는 해석이라고 할 수 있다.

질병의 유형과 치유 방법

프랜시스 맥너트(Francis MacNutt)는 치유에 대한 자신의 연구에서 기본적인 네 가지 질병에 대해서 설명하였다.[8] 그것은 개인적인 죄 때문에 생기는 영의 질병, 과거의 정서적인 상처와 손상 때문에 생기는 정서적 질병, 질환이나 사건 때문에 생기는 육체적 질병, 그리고 앞의 세 가지 질병 때문에 생기는 악마적인 압박감이다. 맥너트는 각 유형의 질병에는 상응하는 기도 방법도 세분화하여 제시했다. 회개를 위한 기도, 내면세계의 치유를 위한 기도, 신체적 치유를 위한 기도, 구원을 위한 기도가 그것이다.

맥너트에 의하면, 영과 관련된 질병은 종종 정서적인 질병을 가져다주기도 하고 육체적인 질병을 가져다주기도 한다. 영과 관련된 질병의 원인은 개인적인 죄이고 효과적인 기도는 회개이다. 기도하면서 개인의 죄를 인정 하고, 죄를 실토하고, 상처를 준 사람들로부터 용서를 구하면서 기도할 때 더 효과적이다. 정서와 관련된 질병은 종종 영적인 질병을 가져다주기도 하고 육체적인 질병을 가져다주기도 한다. 질병의 원인은 관계 속에서 받은 상처 때문에 주로 발생하기 때문에 효과적인 기도는 내면세계의 치유를 위한 기도이다. 정서적인 질병을 위해서는 상담과 기도가 병행될 때 더 효과적이다. 육체와 관련되는 질병은 종종 정서적인 질병이 가져다주기도 하고 영적인 무력감을 가져다주기도 한다. 육체와 관련되는 질병의 원인은 질병과 사고와 심리적인 스트레스이다. 이 질병에 유익한 기도는 육체적인 치유를 위한 믿음의 기도이다. 이 질병은 의학적인 돌봄과 규칙적인 식사와 알맞은 운동과 함께 기도하는 것이 바람직하다. 상황에 따라 악한 영이 위의 질병 또는 모든 질병의 원인이 될 수 있다. 악한 영에 의한 질병은 악한 영 축출 기도만이 효과적이다. 악한 영에 의한 질병에는 인간적인 처방은 효과가 없다.

유대 사회에서 예수님이 사역을 하실 때도 적지 않은 사람들이 복음의 논리보다는 왜곡된 영 또는 마귀의 논리에 빠져 있었다. 유대 사회에서 많은 사람들은 이해할 수 없는 것과 뜻대로 되지 않는 것을 죄와 마귀의 탓으로 돌리는 경향이 많았다. 실제로 예수님 시대에 유대사회에는 가난하게 사는 것도 병에 걸리는 것도 모두 죄 때문이라는 잘못된 영적 공식이 만연했다. 나아가 유대사회에는 어떤 잘못된 일이 일어나면 불순종과 거짓의 아비인 악한 영 때문이라는 잘못된 영적 공식에 노출되어 있었다. 오늘날 그리스도인들도 복음의 논리보다는 잘못된 영의 논리에 노출되기 쉽다. 그리스도인들의 영의 논리는 복음에 기초되어야 한다. 그리스도인들의 영의 논리는 사단은 그리스도인들을 만질 수 없다(요일 5:18)는 복음에 기초되어야 한다. 우리가 어떤 성도에게 귀신에 사로잡혔다고 공격하거나 정죄하는 것은 복음이 아니다.

제자훈련 멘토링

1. 배운 내용과 기도

1) "그리스도인도 마귀에 사로잡힐 수 있는가?"의 내용을 읽고 마음에 다가온 문장이나 배운 내용이 있다면 기록한다.

2) 마음에 다가온 문장이나 배운 내용을 통해 소망하거나 결심한 것을 기록한다.

3) 소망하거나 결심한 내용을 가지고 '쓰기 기도'를 통해 하나님께 도움을 구한다.

2. 토론 주제와 나눔

1) 본 장에 소개된 한 여 성도의 경험이 주는 의미와 교회의 영적 분별의 중요성에 대해 이야기해 봅시다.

2) 정신분열증과 귀신들림의 차이점에 대해 이야기해 봅시다.

3) 사단은 그리스도인들을 만질 수 없다(요일 5:18)는 말씀의 중요성에 대해 이야기해 봅시다.

4) 제이 아담스(Jay Adams)가 말한 다음 내용을 중심으로 토론해 봅시다. "그리스도인의 삶에서도 귀신에 사로잡히거나 놀림을 받을 수 있다고 생각하는 것은 성경적인 근거가 없다. 하나님의 참된 자녀 안에 거하시는 성령과 더러운 영이 동시에 존재한다는 것은 불가능하다."

5) 예수님이 베드로에게 말한 "사탄아 물러가라"는 내용의 의미와 엔돌의 신접한 여인과 악한 영에 대해 토론해 봅시다.

6) "우리가 어떤 성도에게 귀신에 사로잡혔다고 공격하거나 정죄하는 것은 복음이 아니다"는 내용이 왜 중요한지 이야기해 봅시다.

3. 적용 및 실천 방안

1) 개인적으로 배운 내용과 토론을 통해 배운 내용을 기록한다.

2) 배운 내용을 가지고 구체적인 적용 및 실천 방안을 나누며 기록한다.

3) 삶에서 개인적인 적용 방안이나 실천 방안을 구체적으로 기록한다.

Disciple Training Mentoring

PART 14

꿈은 인격 성장을 위한 상징 언어다

인천의 어느 교회에서 있었던 이야기다. 한 권사가 어느 날 꿈속에서 교회 안에서 한 여자 집사와 한 남자 집사가 사귀는 꿈을 꾸었다고 하면서, 이 여자 집사가 성적으로 문제가 있다고 여러 사람에게 말함으로 교회가 어려움을 겪게 되었다는 것이다. 이 권사는 하나님께서 꿈을 통해 이 문제를 자기에게 보여주었다고 확신하고 있었다.

꿈에 대한 이러한 왜곡된 해석은 꿈이 상징의 언어라는 점을 간과하는 데서 비롯된 잘못된 해석이라고 할 수 있다. 일반적으로 남성에게는 남성 호르몬이 더 많이 나오고 여성에게는 여성호르몬이 많이 나오듯이, 인간의 정신 현상인 꿈도 보편적으로 여성은 꿈속에서 주로 여자가 많이 등장하고 남성은 꿈속에서 주로 남자가 많이 등장하게 된다. 남자에게 남성 호르몬보다 여성 호르몬이 더 많이 나오면 문제가 발생하듯이, 인간의 꿈에서도 반대 성이 나타나는 것은 성적인 문제가 있다는 것을 상징적으로 말해준다는 것이 일반적 해석이기도 하다. 따라서 이 권사의 꿈은 거기에 등장한 여 집사의 성적인 문제가 아니라, 이 권사 자신의 성적인 문제가 꿈을 통해 상징적으로 발현된 것이라고 보는 해석이 더 타당하다. 물론 주관적인 꿈과 객관적인 꿈을 분별하는 지혜도 필요하다. 즉, 주관적인 꿈 해석은 꿈속에 등장하는 사람이나 사물은 자기 자신의 어떤 것을 상징하는 것으로 이해한다. 객관적인 꿈 해석은 꿈속에 등장하는 사람이나 사물이 실제로 그 사람이나 사물을 말해주는 것으로 이해한다. 하지만 대부분 꿈은 주관적으로 해석해야 하는 것이 일반적이다.

그리스도인들 중에 꿈을 하나님의 계시로 이해하거나 영적으로 충만한 사람에게 하나님은 꿈을 통해 말씀해 주신다고 믿는 사람들이 있다. 이러한 현상은 인간의 정신세계에 대한 무지에서 발생하는 경우가 대부분이다. 교회 역사에서 인간의 정신 질환을 영적인 문제나 마귀의 역사로 이해하고 행한 큰 죄악을 우리는 알고 있다.

꿈과 기독교

성경에는 인간의 꿈 이야기가 자주 등장한다(창 40:8; 마 1:20; 마 2:12). 성경에서 꿈과 관련해서 발견되는 중요한 사실은 요셉과 다니엘처럼 하나님을 경외하고 영적 세계에 열려 있는 사람들에게 꿈 해석능력을 주셨다는 것을 알 수 있다. 요셉의 이야기는 꿈과 꿈의 해석을 빼고는 이해하기 어려울 정도이다. 꿈 때문에 애굽의 종으로 팔려가기도 하고 꿈 해석 때문에 감옥에서 나오기도 하고 꿈 해석 때문에 애굽의 총리가 되기도 한다. 요셉은 꿈의 "해석은 하나님께 속한 것이 아닌가?"(창 40:8)라고 말하기도 한다. 느브갓네살 왕 당시 왕 자신도 왕의 신하들도 왕의 꿈을 해석하지 못했지만 영적 세계에 민감했던 다니엘은 왕의 꿈을 해석하였다. 다니엘은 낯선 땅에서 왕의 꿈을 해석함으로써 높임을 받게 된다.

성경에서 꿈은 요셉과 동방박사들에게 예수의 생명의 위협을 알리는 급박한 일을 위해서는 직설법적 형태로 나타나기도 하지만, 느브갓네살 왕의 꿈처럼 주로 해석을 요하는 상징으로 나타나기도 한다. 성경에서 꿈은 비전, 환상, 천사의 출연 등과 크게 구분 없이 하나님께서 인간에게 자신의 뜻을 알리는 방법들 중의 하나로 나타나고 있다. 성경에서 꿈은 인간을 돌보시는 하나님의 은혜의 방편으로 등장한다.

꿈은 기독교 역사에서도 중요한 관심의 대상이었다. 유명한 기독교 사상가였던 터툴리안(Tertullian)은 꿈을 매우 중요하게 여겼다. 그는 그의 책 『아니마』(*The Anima*)에서 꿈에 대해 기록하고 있다. 그는 아이들이 꿈을 꿀 때 눈동자가 빠르게 움직이는 것을 관찰해 냈다. 현대 과학자들에 의해 최근에야 발견된 것을 터툴리안은 이미 3세기에 관심을 가지고 관찰하여 기록했다. 터툴리안은 꿈은 하나님께서 사람에게 자신의 뜻을 알리는 가장 평범한 방법이라고 여겼다. 기독교 역사에서 콘스탄틴(Constantine) 대제가 313년 기독교를 공인하게 된 중요한 동기 중의 하나가 바로 꿈이었다. 콘스탄틴이 312년 어느 날 한 비전을 본다. 하늘에 헬라어로 카이(X: Chi)와 로(P: Rho)라는 글자가 나타났다. 그는 그 의미가 무엇인지 알 수가 없었다. 밤에 꿈에서 그는 그리스도가 그 상징을 손에 들고 있는 것을 본다. 이 경험으로 인해 그는 기독교로 회심하였고, 300여 년간의 그리스도인들을 향한 긴 박해를 끝냈다. 동방교회는 영적으로 충만하고 사람들에게 존경받는 영적 지도자들이 많았는데, 그들도 꿈을 하나님께서 자신의 뜻을 인간에게 알리는 중요한 방법들 가운데 하나로 여겼다. 이들 가운데 시네시우스 싸이렌(Synesius Cyrene)은 415년 꿈에 관한 연구에서, 꿈을 자아가 하나님과 영적 세계에 열리는 것으로 묘사했다.

꿈에 대한 풍부한 전통을 가졌던 기독교가 꿈과 같은 정신세계에 대해 덜 민감하게 된 것은 아리스토텔레스(Aristoteles)의 사상에 근원을 두고 있는 이성주의의 영향이라고 볼 수 있다. 플라톤(Platon)은 이성 외에 '신성한 열정'(divine madness)이라고 부른 예언, 치유, 예술적 열정, 사랑의 열정 등도 앎의 방식으로 여긴 반면, 아리스토텔레스는 인간은 이성과 감각 경험을 통해서만 진정한 앎을 얻을 수 있다고 믿었다.[1] 기독교 사상이 스콜라 철학에 의해 본격적으로 영향을 받기 시작한 1200년 전까지는 기독교 학자들은 꿈의 중요성을 무시하지 않았다. 그러나 특히 제13세기 아리스토텔레스의 사상에 영향을 받은 토마스 아퀴나스(Thomas Aquinas) 때부터 기독교는 꿈 해석에 대한 관심이 쇠퇴하기 시작했다. 아퀴나스는 사람이 과식을 하게 되면 간에 나쁜 영향을 주게 되고, 그 결과 뇌에 자극적인 액체(humors)를 보냄으로 나쁜 꿈을 꾸게 된다고 이해하였다. 그는 꿈을 하나의 생리적인 현상으로 단순하게 이해하였다.[2]

스콜라 철학의 영향으로 이성주의가 기독교 사상에 영향을 미치도록 근원을 제공한 아퀴나스 이래로 기독교는 꿈에 대한 관심이 점차 사라지게 되었다. 이후 프로이트(Freud)와 융(Jung)을 위시한 정신분석학자들은 꿈과 무의식에 관심을 갖게 되었다. 이들의 연구와 관심은 기독교와 일반 학문 모두에 긍정적으로든 부정적으로든 큰 반향을 불러일으켰다. 특별히 인간의 정신세계에 대한 깊은 통찰을 통하여 많은 질문과 도전을 제공해 주었다.

중요한 것은 꿈이 하나님의 형상으로 창조된 인간의 정신세계의 한 현상이라면 꿈에 대한 이해는 바른 인간 이해에서 간과할 수 없는 영역이라고 할 수 있다. 나아가 신학적 관점에서 인간의 정신세계는 하나님의 일반 계시의 장이기 때문이기도 하다. 이러한 맥락에서 신학자 벌코프(Berkhof)는 인간 정신세계의 탐구가 일반 계시의 중요한 한 영역임을 말한다.

> 우리가 알고 있는 바와 같이 일반 계시는 언어(verva)의 형태로 인간에게 주어지는 것이 아니고 사물(res)로 된 것이다. 그것은 인간 마음의 구성과 자연의 전체 구조 그리고 하나님의 섭리적인 다스림의 과정으로 인간에게 오는 인간의 지각과 의식을 향한 적극적인 나타남이다. 하나님의 생각들은 자연의 현상 속에, 인간의 의식 속에, 그리고 경험 및 역사의 사실에 나타나 있다.[3]

벌코프의 진술처럼 인간의 정신세계는 하나님의 일반 계시가 펼쳐지는 중요한 장이다. 인간의 의식과 무의식 세계는 하나님의 창조물이기 때문이다. 인간의 정신세계는 하나님이 설계하신 법칙과 질서에 따라 작동되는 시스템이다. 하나님이 창조하신 정신세계의 법칙과 질서를 바르게 이해하고 해석하는 것은 지극히 기독교적인 행위이다. 우리가 꿈을 분별력 있게 이해할 때 우리의 인격 발달에 중요한 의미와 지혜를 제공해 줄 수 있다.

물론 우리가 인간의 정신세계의 질서와 문제를 완전히 파악하였다 할지라도 인간 내면의 모든 것을 해결할 수 있는 것은 아니다. 하나님의 은혜가 필요하다는 것을 놓치지 않아야 한다.

꿈과 인간

한 연구 결과에 따르면 인간은 전체 정신의 90%를 무의식 상태로 사용하고 단지 10%만을 의식 상태에서 사용한다. 이처럼 무의식은 인간 정신세계에서 아주 많은 영역을 관여하고 있을 뿐만 아니라 중요한 역할을 하고 있다. 인간은 하루의 시간 중 약 90%, 즉 하루 24시간에서 21시간 가량을 무의식 상태로 보낸다.[4] 무의식 세계는 인간의 언어와 삶과 매우 밀접하게 관계되어 있다. 상징을 모국어로 삼고 있는 꿈은 무의식에 대한 이해와 해석에 필요한 자료와 지혜를 담고 있다. 따라서 상징의 언어를 모국어로 삼는 꿈에 대한 이해는 중요한 주제 중의 하나라고 할 수 있다.

꿈은 무의식에 이르는 대로를 열어주는 가장 중요한 기술적 수단이다.[5] 무의식은 자의식적인 사고가 잠잘 때 꿈을 매개체로 가장 잘 발현되고 강화되기 때문이다. 무의식의 주요 매개체인 꿈은 의식이 외부 환경에 적응하기 위해 여러 형태로 왜곡되었던 것을 교정하는 기능을 한다. 꿈은 또한 인간의 정신에서 의식하지 못하거나 발달시키지 못하거나 열등한 것들을 의식화하고 정신의 균형적 성장을 위한 보상적 기능을 한다.

무의식의 중요한 장인 꿈에 관한 연구도 과학자들에 의해서 다양하게 시행되어졌다. 특히 1953년 미국 시카코 대학교 생리학 교실의 클레이트만(Kleitman)과 아세린스키(Aserinsky)는 잠과 꿈의 관계를 처음으로 과학적인 방법으로 연구하였다. 그들은 인간의 잠에 대해서 과학적 연구를 통하여 잠에는 두 종류가 있다는 것을 발견하였다. 인간은 잠을 자면서 눈동자가 급속하게 움직이는 수면상태(REM: Rapid Eye Movement)와 그렇지 않은 비렘수면상태(NREM: Non-Rapid Eye Movement)가 있음을 발견했다. 인간은 처음 잠이 들면 비렘수면 상태로 들어갔다가 90분을 전후하여 렘수면 상태로 들어가고, 그 후 90분을 주기로 해서 렘수면과 비렘수면이 교대로 나타나는데, 비렘수면이 전체 잠에서 차지하는 시간은 대체로 75-80% 정도였다.[6]

클레이트만(Kleitman)과 아세린스키는 렘수면과 비렘수면의 차이를 밝혀내기 위해 잠자는 사람들의 뇌전도를 사용하여 뇌파를 측정하고, 근육의 긴장 정도를 측정하였다. 그 결과 렘수면에서 뇌파는 비렘수면에서보다 조금 빠르게 움직이고, 근육도 긴장되어 있지 않은 것을 발견하였다. 클레이트만(Kleitman)과 아세린스키는 이러한 실험을 통하여 사람들이 꿈을 꾸는 것은 렘수면 동안이라는 사실을 발견하였다. 왜냐하면 렘수면 때 깨워진 사람 가운데 80% 정도의 사람은 꿈의 내용을 생생하고 구체적으로 기억했지만, 비렘수면 동안에 깨워진 사람은 불과 7% 정도만 꿈을 기억해 냈기 때문이다. 사람이 꿈을 꾸는 것이 렘수면 동안이었기 때문에 이때 잠에서 깨어난 사람은 꿈을 기억해 냈지만, 비렘수면 동안에 깨어난 사람은 꿈의 내용을 기억하지 못했다. 흥미로운 것은 비렘수면에서와는 달리 렘수면 동안 외부에서 자극을 주면, 그 자극은 어떤 방식으로든지 꿈에 영향을 주어 꿈에 나타났다. 특히 렘수면 동안에 사람은 깊은 잠을 자게 되고 눈동자가 빨리 움직이는데, 이러한 현상은 꿈에서 화면을 보기 때문이라는 것이 밝혀졌다.[7] 이처럼 꿈은 모든 인간이 경험하는 정신현상으로서 의식이 쉬고 있을 때 무의식 속에서 발생한다.

꿈은 무의식으로부터 온 메시지이다. 프로이트는 무의식은 의식세계가 거부한 것들을 받아들이는 통으로 보았다. 하지만 융은 무의식 세계가 의식세계로부터 거절된 것들을 받아들이는 기능도 하지만 매우 긍정적인 역할도 하는 것으로 보았다. 융은 먼저 무의식은 보상 또는 치료의 기능을 수행하는 것으로 보았다. 융은 무의식의 중요한 기능 가운데 하나는 편향적인 의식세계를 균형 있게 만드는 것으로 보았다.

꿈은 의식에서 거부된 정서들과 욕구들을 무의식의 언어를 통해 발산하는 역할을 한다. 그러나 꿈은 그보다 훨씬 더 광활한 역할을 하는 세계이다. 꿈은 인간의 정서 불안, 인간관계 갈등, 경제문제 등 헤아릴 수 없이 많은 원인을 상징적으로 발산한다. 꿈은 우리 안에 좌절된 욕구가 무엇인지를 알려줄 뿐만 아니라 우리의 안녕을 목표로 한다. 나아가 무의식의 중요한 장인 꿈은 정신의 균형을 통한 인격 발달을 목표로 한다.

꿈과 몸

꿈은 인간의 정신세계와만 관계되어 발현되는 것이 아니라 몸과도 유기체적으로 관계되어 자기 언어를 발산한다. 꿈과 몸의 관계에 대한 한 임상적 연구에서 건강한 사람들을 대상으로 음식과 나쁜 꿈의 관계를 연구하였다.[8] 연구 결과 매운 음식을 많이 섭취한 사람들은 숙면을 취하지 못하였다. 매운 음식은 몸의 온도가 올라가게 하여 숙면을 취하지 못하게 하였기 때문이다. 특히 잠자기 바로 전에 매운 음식을 먹었을 때는 몸이 활성화되기 시작하면서 나쁜 꿈을 꾸는 경우가 많았다. 질이 좋지 않은 기름진 음식을 많이 먹이 섭취한 경우도 숙면을 취하지 못하고 많은 꿈을 꾸는 현상이 발생하였다. 많은 알코올을 섭취하는 경우에는 잠은 쉽게 들지만 오랫동안 숙면을 취하지 못하게 하여 나쁜 꿈을 꾸는 경우도 많았다. 항우울제와 같은 약을 복용하는 경우도 숙면을 취하지 못하고 꿈을 자주 꾸는 경우가 많았다. 우리가 늦은 밤에 과식을 하고 자게 되면 숙면을 취하지 못하고 꿈을 더 많이 꾸게 되고 꿈을 기억하게 된다. 우리가 육체적으로 피곤하면 잠을 깊게 자지만 몸의 건강이 좋지 않을 때는 숙면을 취하지 못하고 꿈을 더 많이 꾸게 된다. 이러한 예는 우리의 몸의 상태와 꿈은 밀접하게 관련되어 있다는 것을 보여주는 증거이다. 우리의 무의식은 꿈을 통해 우리의 몸의 상태를 알려주기도 한다. 무의식의 언어인 꿈은 우리의 정신세계의 전체성을 위한 메시지일 뿐만 아니라 우리 몸을 지키는 파수꾼이다.

과학자들의 꿈과 음식과의 관계 연구에서 자기 전에 몸에 자극성이 심한 음식을 섭취하였을 때 나쁜 꿈을 발현시킨다는 것은 음식 자체가 꿈을 일으키는 것이 아니라 질이 좋지 않은 음식이 몸에 나쁜 영향을 주면 몸의 상태가 나쁜 꿈을 발현시키는 것이라고 볼 수 있다.

몸은 질병과 꿈을 통해 자기 권리와 언어를 발산한다. 한 중년 여성은 나쁜 꿈을 통해 암을 발견하게 된다. 이 여성은 어느 순간부터 매일 밤에 악몽이 지속되자 병원에 가서 검사를 해 보았지만 아무 이상이 없었다. 하지만 악몽이 몇 달 동안 지속되자 병원에서 다시 검진한 결과 유방암이 발견되었다. 그 후 암 수술을 받은 후에 악몽이 사라지는 경험을 하게 된다.[9] 이 여성의 악몽은 무의식의 장인 꿈을 통하여 자기 몸의 치유의 필요성을 꿈의 언어로 발산된 것이다. 이처럼 몸도 정신성을 가지고 있을 뿐만 아니라 자기 언어를 발산하는 기능이 있다.

인간의 몸은 상상을 초월할 정도로 신비롭고 예술적이다. 몸은 "가르치지 않아도 잠을 자며, 목마름과 배고픔을 구별하고, 울고 웃고, 땀을 배출하고, 체온을 조절하며, 음식을 소화시키며, 노폐물을 배설하고, 상처를 스스로 치유한다."[10] 인간의 정신은 어떤 것도 몸과 소통하지 않으면 최상의 상태나 건강을 유지할 수 없게 된다.

꿈의 기능으로서 소망 충족과 보상

소망 충족으로서의 꿈의 기능을 이해한 사람은 프로이트이다. 그가 이해한 꿈의 기능은 인과론적 관점이었다. 즉, 그는 인간의 꿈은 의식에서 억제된 것이나 억압된 요구들 때문에 발생한다고 보았다. 그는 꿈은 인간의 의식 생활과 관계하기보다는 더 깊은 무의식적인 욕망과 관계가 있다고 보았다. 때문에 그는 꿈을 인간의 무의식적인 소망 충족을 위한 요소로 보았다. 프로이트가 꿈의 기능을 소망 충족으로 이해한 것은 그가 무의식을 억압(repression)의 결과라고 파악했기 때문이다. 그는 인간의 정신은 의식 상태에서 충족하지 못하면 무의식의 중요한 장인 꿈에서 충족하려고 한다고 보았다. 이러한 기능을 가진 꿈은 인간이 의식이 깨어있는 동안 이 세상에 적응하기 위해 억눌려 놓았던 욕구들이 자아의식이 느슨해진 틈을 타고 나와서 그것을 실현하는 장으로 이해하였다.[11]

프로이트는 꿈의 이중구조를 주장하였다. 그에 의하면, 꿈은 겉으로 드러난 '현현된 내용'(manifast content)과 꿈의 본질적 의도인 '잠재된 내용'(latent content)을 가지고 있다.[12] 꿈의 목적은 잠재된 내용 속에 있다는 것이다. 그러므로 모든 꿈에 잠재된 내용을 파악할 때 무의식적인 근본적인 욕망을 알 수 있을 뿐만 아니라 무의식의 상태를 알 수 있다는 것이다.

프로이트가 꿈을 인과론적 관점에서 "나는 왜 이 꿈을 꾸게 되었는가?"에 초점을 두었다면, 융은 "이 꿈이 나를 어디로 끌고 가려고 하는가?"하는 목적론적인 관점에 초점을 두었다. 융은 꿈의 가장 큰 목적은 의식 상황에서 잘못된 것을 바로 잡으려는 데 있다고 여겼다. 즉, 꿈은 우리 정신에 부족한 부분이 무엇인지를 알려주는 기능을 한다. 꿈은 우리가 의식적인 생활을 하는 동안에 소홀히 했던 것을 보상하는 역할을 한다. 꿈은 의식에서 소홀히 했던 것, 주목하지 않았던 것, 몰랐던 것 등을 위한 무의식적인 메시지를 담고 있는 것으로 보았다. 그러므로 "꿈은 일반적으로 우리가 지닌 약점을 지적한다. 꿈은 우리가 이미 알고 있는 것을 말하는 것이 아니라 우리가 알지 못하는 것을 말하는 것이다."[13]

융은 꿈이란 정신적인 삶의 균형을 위한 기능을 한다고 보았다. 구체적으로 표현하면, 융은 꿈의 기능을 정신에서 부족한 부분을 가르쳐 주고, 개선이 필요한 메시지를 알려주고, 균형을 위해 필요한 정신적 요소를 암시해주는 것으로 이해하였다. 때문에 그에게 꿈은 꿈을 꾼 사람이 정신의 어느 한 차원만을 일방적으로 발달시켜서 정신의 전체성이 깨어졌을 때 정신의 전체성을 회복하기 위한 것이다. 때문에 그에게 꿈의 주요 기능은 정신의 부족한 차원이 무엇인지를 알게 되고, 그 부족한 차원을 보충하여 전체적인 통합을 이룰 수 있게 도와주는 것이다. 융은 꿈을 인간의 정신 상태의 자기표현과 보상의 원리로 파악하였다.[14] 그는 꿈을 프로이트처럼 의식을 억압한 결과로 발생하는 것으로 보지 않고 의식의 일방적인 태도를 보상하기 위한 정신작용으로 보았다. 즉 꿈은 소홀히 하여 미분화된 정신적 차원을 보상하며, 궁극적으로는 정신의 균형성을 이루려고 한다. 융은 "꿈의 일반적인 기능은 정신 전체의 균형을 재건하는 꿈의 재료를 산출함으로써 심리적 균형을 회복하려는 것"이라고 하였다.[15] 그러므로 프로이트가 꿈을 욕구 불만이 무엇인지를 알려주어 소망 충족을 위한 무의식의 작용으로 이해하였다면, 융은 꿈을 정신의 전체적인 통합을 위한 무의식의 작용으로 보았다. 융은 꿈을 정신의 성장과 균형성 또는 전체성의 실현을 위한 내적 메시지 또는 무의식적인 작용으로 이해하였다.[16] 꿈은 무의식이 의식에 보완하고자 하는 언어를 발산하는 역할을 한다. 융의 보상 개념은 정신의 전체적인 균형을 이루고자 하는 자연스러운 정신작용이다.

물론 융이 꿈의 보상적 기능만을 강조한 것은 아니다. 그는 꿈의 조각을 억압된 소망으로 본 프로이트와는 달리, 꿈의 세계가 예시적 기능을 가지고 있는 것으로 보았다. 융은 꿈의 기능을 이렇게 기술하였다. "그것은 무의식의 어떤 방향으로 자신을 이끄는지를 보여주는 실제적이고 중요한 힌트이다."[17] 꿈의 "예시적 기능이란 인간의 무의식 속에서 우리 의식이 미래에 이룰 사실을 기대의 형태로 보여주는 것을 말한다. 즉 어떤 예비적인 실험이나 스케치 또는 계획적인 형태로 나타나는 것이다."[18] 나아가 융은 예시적인 기능을 나타내는 꿈뿐만 아니라 외상적인 꿈,[19] 텔레파시적인 꿈,[20] 경고적인 꿈도[21] 있다고 보았다.[22]

꿈의 모국어로서 상징

꿈은 헤아릴 수 없는 가치를 가지고 있다. 꿈은 인간의 내적 안내자일 뿐만 아니라 삶의 안내자로서 인간이 가지고 있는 위대한 보물 가운데 하나이다.[23] 프로이트는 꿈의 이미지들을 단지 해독되어야 하는 뒤엉킨

암호들이라고 여긴 반면, 융은 꿈은 상징이라는 풍성한 언어를 통해 명백하게 말한다고 믿었다. 특별히 꿈은 상징이라고 하는 언어를 모국어로 하고 있다.

꿈에 나타난 이미지들은 모두 상징적인 의미를 가지고 있기 때문에 꿈의 이미지들은 직해를 해서는 안 되며 상징으로 해석되어야 한다. 상징은 삶 속에서 해결되어야 할 과제나 꿈을 통해 드러난 정신적 메시지를 암시한다. 때문에 상징은 어느 정도 의식에 비해 초월적이며 원형적인 이미지를 담고 있기 때문에 상징의 배후는 비밀로 가득 차 있다. 정신에서 아직 알려지지 않고, 아직 의식되지 않고, 잊힌 지 오래되어 마치 다른 사람의 것으로 인식되는 차원이 상징을 통해 드러난다. 그러므로 꿈속에 나타난 이미지들에 담겨 있는 상징적인 의미들을 바르게 해석하여 그 꿈이 내포하고 있는 의미를 파악할 때, 꿈을 꾼 사람의 인격 발달에 중요한 지혜를 제공할 수 있다.[24]

무의식의 상징 언어는 의식과 무의식을 연결해 주는 역할을 한다. 예를 들면, 가벼운 말실수, 실책, 건망증 등은 우리 의식에 지금 무의식에서 요청하는 것이 무엇인지를 말해주는 상징적 언어이다.[25] 융은 꿈은 예시적인 기능을 갖고 있기 때문에 꿈의 한 편만을 가지고 해석하는 것보다는 일련의 꿈을 해석하는 것이 중요하다고 하였다. 다시 서술하면, 꿈의 상징의 언어를 효과적으로 해석해 내기 위해서는 시간적으로 지속하여 나타나는 꿈이나, 같은 주제를 가진 꿈, 어떤 특별한 기간에 꾸는 꿈, 꿈속에서 반복해서 나타나는 이미지들이 어떻게 변화되었는지를 살피며 해석하면, 꿈의 진정한 의미를 파악하는 데 도움이 된다고 하였다.[26]

나아가 꿈 해석에서 꿈 이미지들에 대한 상징적 의미를 해석하는 것만으로는 충분하지 않다. 왜냐하면 더욱더 바른 꿈 해석을 위해서는 꿈속에 흐르는 정서적 흐름에 주목해야 하기 때문이다. 꿈의 이미지들은 지성적 차원에서 볼 때 유사한 의미를 지니더라도 정서적으로는 꿈을 꾼 사람에 따라 다른 의미를 지닐 때가 많기 때문이다. 따라서 꿈속에 나타난 이미지나 내용이 비슷할지라도 전체적 맥락에서 다르게 해석되거나 새롭게 이해되어야 한다.[27] 또한 꿈의 이미지들은 한 개인의 정서적 역사뿐만 아니라 인류가 공유하는 보편적 감정인 원형적 감정도 담고 있기 때문이다.

융은 꿈을 해석할 때 고정된 상징체계나 교과서적인 꿈 해석을 해서는 안 된다고 생각했다. 왜냐하면 꿈은 꿈을 꾼 사람의 개인적인 환경이나 심리적인 조건과 관련되어 있기 때문이다.[28] 예를 들면, 어떤 특정한 꿈을 분석할 때는 꿈을 꾼 사람의 성별, 연령, 인종 등을 고려해야 하기 때문이다. 같은 유형의 꿈이라도 사람이 다르면 다른 의미를 가질 수 있을 뿐만 아니라 사람이 같아도 시기가 다르면 다른 의미를 가질 수 있기 때문이다. 때문에 융은 꿈을 미리 구상된 이론적인 틀에 맞추어 해석하는 것을 피하여야 한다고 하였다.[29]

꿈의 객관적 해석과 주관적 해석

융은 꿈 해석을 객관적 차원과 주관적 차원으로 구분하였다. 꿈의 객관적인 해석은 꿈에 아는 사람이나 현실과 관계있는 사건이 나타났을 때, 그것이 그 꿈을 꾼 사람의 실제적인 현실과 어떤 관계가 있는가를 관찰하는 것이다. 즉 객관적인 꿈 해석은 꿈에 나타난 인물, 장소, 사물 등을 실제의 이미지들로 해석하는 것이다. 꿈의 객관적 해석은 꿈꾸는 사람이 그 실제적인 대상에 대한 자신의 무의식적인 느낌을 관찰하는 데 목적이 있다. 객관적 차원에서 꿈을 해석해야 할 꿈들은 꿈꾸는 사람이 자신이 직면한 의식 상황이나 외적 상황과 맺고 있는 관계 안에서 등장하는 실제적인 사람이나 현실과 관계된 것이다. 이러한 꿈은 어떤 깨달음을 얻게 하기 위한 것이다. 예를 들면, 친구나 형제의 관계에서 친구나 형제를 원망하고 있었는데, 꿈속에 그 원망한 친구나 형제가 나타나는 꿈이다. 이러한 꿈은 객관적 차원에서 해석해야 하는 꿈이다. 꿈을 꾼 사람의 의식에 대한 무의식의 보상을 위한 것이다. 다시 서술하면, 꿈을 꾼 사람의 약한 감정을 정리하고 자기 일에 정진하도록 알려주는 기능을 한다. 커쉬(Kirsch)는 우리가 어른이 된 다음에도 어릴 때 살던 집이 나오는 꿈은 우리가 아직도 어린 시절의 의식적인 상황에서 벗어나지 못했으므로 그 시절로부터 분화되어야 할 필요가 있다는 것을 알려주는 메시지를 담고 있다고 보았다.[30]

꿈의 주관적 해석은 꿈에 나타난 인물, 동물, 장소 등의 이미지들을 모두 꿈꾼 사람의 정신의 요소로 해석하는 것이다. 꿈에 나타난 부모나 친구를 실제의 부모나 친구로 해석하지 않고 꿈꾼 사람의 내면의 상태나 인격의 어떤 성향이나 요소로 해석하는 것이다. 이러한 해석은 꿈을 꾼 사람의 정신적 요소들, 즉 무의식적인 성향, 사고, 감정이 어떤 상태에 있는가를 알려주는 메시지를 담고 있다. 융은 꿈을 꾼 사람이 잘 알지 못하는 인물이나 장소 등은 특별히 주관적인 차원에서 해석해야 한다고 하였다.[31]

하지만 모든 꿈이 객관적 차원과 주관적 차원으로 명확히 구분되는 것은 아니다. 커쉬는 특히 잘 아는 사람이 꿈속에 등장하는 경우에는 꿈을 꾼 사람이 꿈속에 등장하는 사람에 대한 자신의 느낌을 말하는 것이므로 객관적으로 해석해야 할지, 아니면 꿈꾼 사람의 정신적인 요소로서 해석해야 할 것인지를 단언할 수 없다고 하였다.[32]

융은 꿈 해석에서 객관적 차원의 해석도 유용할 수 있지만, 꿈의 특성상 많은 경우에 통합적 기능에 초점을 둔 주관적 차원에서의 해석이 더 유용한 것으로 보았다. 꿈속에서 나타난 인물, 동물, 장소, 사물 등은 꿈꾼 사람의 인격 발달이나 정신의 균형적 발달을 위한 이미지들이기 때문이다.

제자훈련 멘토링

1. 배운 내용과 기도

1) "꿈은 인격 성장을 위한 상징 언어다"는 내용을 읽고 마음에 다가온 문장이나 배운 내용이 있다면 기록한다.

2) 마음에 다가온 문장이나 배운 내용을 통해 소망하거나 결심한 것을 기록한다.

3) 소망하거나 결심한 내용을 가지고 '쓰기 기도'를 통해 하나님께 도움을 구한다.

2. 토론 주제와 나눔

1) 본 장 서두에 소개된 한 권사의 왜곡된 꿈 해석의 문제점에 대해 이야기해 봅시다.

2) 몸과 꿈의 관계에서 한 중년 여성이 나쁜 꿈을 통해 암을 발견하게 된 것을 중심으로 꿈에 대해 이야기해 봅시다. 특히 몸은 질병과 꿈을 통해 자기 권리와 언어를 발산한다는 내용에 대해 이야기해 봅시다.

3) 꿈의 바른 해석의 중요성에 대해 이야기해 봅시다.

4) 꿈은 인격 성장을 위한 상징 언어라는 내용에 대해 이야기해 봅시다.

5) 꿈의 객관적 해석과 주관적 해석에 대해 설명해 봅시다.

3. 적용 및 실천 방안

1) 개인적으로 배운 내용과 토론을 통해 배운 내용을 기록한다.

2) 배운 내용을 가지고 구체적인 적용 및 실천 방안을 나누며 기록한다.

3) 삶에서 개인적인 적용 방안이나 실천 방안을 구체적으로 기록한다.

PART 15

분노와 나태와 탐식도 죄다

죽음에 이르는 7가지 대죄

'죽음에 이르는 7가지 대죄'(seven deadly sins)의 본래적인 표현은 '일곱 가지 머리가 되는 죄'(seven capital sins)이다. 여기서 대죄란 의미로 쓰인 '캐피탈'(capital)은 라틴어 '카푸트'(caput)에서 왔고, '머리'라는 뜻이다. 일반적으로 머리는 '인간이나 동물의 몸을 구성하는 한 부분으로서의 머리', '생명의 근원에 해당하는 핵심 부분', '대장 또는 통치자'를 의미한다. 여기서 '일곱 가지 머리가 되는 죄'에서 '머리가 되는 죄'란 모든 죄의 '근원'이 되는 죄란 의미다. 일곱 가지 죄를 '죽음에 이르는 죄'라고 말하는 이유는 이러한 죄들이 한 사람의 성격을 형성할 정도로 강력하기 때문이다. 한번 습관이 되면 그 사람의 마음에 강하게 새겨져서, 그 사람은 그것의 속박에서 벗어나지 못하고, 이와 관련된 여러 죄악을 낳기 때문이다. 그러한 의미에서 7가지 대죄는 죄의 근원 또는 우두머리 죄(capital sins)라고 할 수 있다. 죽음에 이르는 죄는 교만, 시기, 분노, 탐욕, 나태, 정욕, 탐식이다.[1]

교만의 특성과 모습

교만의 문자적 의미는 자기를 높이는 것이다. 교만을 의미하는 라틴어 '수페르비아'(*superbia*)는 자기 자신을 높이 둔다는 의미이다. 자신을 실제 상태보다 더 높이는 것을 의미한다. 교만한 사람의 보편적인 특징은 다른 사람보다 자신을 우월하다고 여기는 것이다. 교만은 "잘못된 높임에 대한 욕구"라고 할 수 있다.[2] 교만의 본질은 마음과 눈을 높이고 자신을 우뚝 세우는 것이다. 하지만 교만의 기독교적 관점은 단순한 윤리적 개념을 훨씬 넘어서는 신학적 의미를 지닌다. 성경은 교만을 단순히 자기를 높이는 것을 넘어 하나님을 떠나 스스로 자신과 삶의 주인으로 살아가려는 특징을 지니는 것으로 보았다. 교만은 하나님 없이 자기 힘으로 살고자 하는 욕구, 하나님의 법도를 무시하고 자기 뜻과 생각대로 하는 행동을 의미한다(시 119:21, 68, 78, 85). 어거스틴(Augustine)은 첫 인간 아담의 죄는 자기 눈이 밝아져 하나님 같이 되기를 바라는 교만이었다고 하였다. 자신을 하나님처럼 높이려는 것은 "자신의 근원이신 하나님을 버리고 자기 자신을 그 근원으로 삼는 것"이라고 하였다.[3] 즉 자기 자신을 굳게 뿌리 내리는 것을 의미한다. 이에 교만은 도로시 세이어즈(Dorothy Sayers)의 말처럼 스스로를 "하나님이 되려는 것"과 다름없다.[4]

라인홀드 니버(Reinhold Niebuhr)도 첫 인간 아담의 죄의 핵심은 교만이고, 그것의 본질은 자기중심성이라고 하였다. 아담이 하나님의 명령을 거부하고 선악을 알게 하는 과실을 따 먹은 것은, 하나님을 의지하고 순종하며 살아야 하는 피조물의 신분을 벗어나 스스로 운명의 주인이 되려는 행동이라는 것이다. 인간은 한편으로는 자기 결정권을 가지고 자기 한계를 극복하며 살아야 할 존재이면서도, 다른 한편으로는 스스로는 결코 충족될 수 없는 유한성과 의존성과 불충족성이라는 본질적 한계를 지닌 이중적 존재다. 니버는 아담이 "과실을 먹으면 눈이 밝아져 하나님처럼 되어 선악을 알게 될 것"이라는 유혹에 빠져 스스로 하나님처럼 되고자 한 것이 바로 교만이라고 하였다. 교만은 하나님의 통치를 거부하고 자신이 중심이 되어서 사는 것이라고 하였다.[5]

교만의 이런 성격 때문에 그레고리는 교만을 일곱 대죄 중 하나가 아니라 다른 대죄의 뿌리라고 보았다. 교만에서 다른 모든 죄가 나온다는 것이다.[6] 루이스(C. S. Lewis) 역시 교만이야말로 죄 중의 죄요 "가장 큰 죄"이며, 다른 모든 죄악은 교만에 비하면 마치 "벼룩에 물린 자국"에

불과하다고 하였다.[7]

니버는 교만을 권력에 대한 교만, 지적 교만, 도덕적 교만 그리고 영적 교만으로 구분하여 설명하였다. 교만 중에 영적 교만이 가장 위험하다고 지적하였다. 니버는 영적 교만이 종종 도덕적 교만에서 발전하는 경우가 많다고 보았다. 사람들은 자신의 도덕성 때문에 하나님께 깨끗한 자로 인정받고 호의를 얻으리라고 생각하기 쉽기 때문이다.[8] 성경에서 볼 수 있듯이 바리새인들이 바로 영적 교만에 빠졌던 자들이었다. 그들은 율법을 연구하여 가르치고 율법에 따라 금식하고 구제하는 데 열심을 다 하였다. 하지만 그들은 상석에 앉아 문안받기를 좋아하였다. 그들은 자신들이 하나님의 율법을 가까이 하면서 신앙적 영적 우월 의식으로 가득하였다.

그레고리는 영적 교만을 화살에 비유하였다. 영적 교만은 마치 화살이 언제 어디서 날아올지 예측할 수 없듯이 영적 교만은 언제든지 일어날 수 있다. 특히 영적 체험을 많이 한 사람이 영적 교만에 빠질 위험이 있다. 특별한 영적 체험을 했기 때문에 스스로 특별한 은혜를 받은 거룩한 자라고 여긴다면 영적 교만이라는 화살을 맞을 수 있다. 영적 교만은 자기를 죽이는 가장 위험한 무기이다.

교만은 우리의 삶과 신앙의 여정에서 다음과 같은 모습과 특성으로 나타날 수 있다.

- 선두가 되는 것에 집착함
- 다른 사람에 대한 지배권을 가짐
- 권위나 외부의 구속 아래 있는 것을 혐오
- 자신의 능력이나 재능을 과신
- 다른 사람의 장점에 대해 무시

- 다른 사람을 멸시
- 인정받기를 열망
- 주제넘은 야망을 가짐
- 수행할 능력이 없음에도 불구하고 일을 떠맡음
- 칭찬받기를 좋아하고 다른 사람이 자신을 알아봐주는 것을 즐김
- 자신을 비난하는 척하거나 허세를 부림
- 다른 사람의 악행과 잘못에 대해 충격을 받음
- 자기만족에 빠짐
- 자신의 도덕적이고 영적인 성취감에 흥분하거나 매혹됨
- 자신의 견해를 강하게 고집하거나 완강하거나 따지기를 좋아함
- 하나님 주권과 통치 아래서 짜증을 냄[9]

시기의 특성과 모습

시기를 뜻하는 영어 단어 '엔비'(envy)는 '자세히 보다'라는 어원을 지닌 라틴어 '인비디아'(*invidia*)에서 온 것이다. 시기는 눈으로 보는 것과 관련이 있다. 즉 시기란 눈에 보이는 존재 때문에 자신을 형편없고 비참하게 여겨져 상대를 끌어내리고 싶어 하는 마음이다. 성경도 시기를 눈과 관련시키고 있다. 예수님은 사람의 마음에서 나오는 악들이 사람을 더럽게 한다고 하시면서 그중 하나로 악한 눈을 말씀하셨는데(막 7:22), 대부분의 성경 번역본들을 이것을 '시기' 또는 '질투'로 번역한다.[10] 이는 시기란 눈앞의 대상을 악한 눈으로 응시하는 것에서 시작됨을 암시한다. 성경에서 시기를 눈과 관련시켜 묘사하는 대표적인 예가 사울이 다윗을 시기하는 장면이다. 블레셋과의 전쟁에서 승리한 뒤 "사울이 죽인 자는 천천이요, 다윗은 만만이로다"(삼상 18:7)라는 백성의 환

호를 받으며 입성하는 다윗을 바라보며 사울은 이렇게 묘사한다. "그 날 후로 사울이 다윗을 주목하더라"(삼상 18:9). 주목에 해당하는 히브리어 '아인'(*ayin*)은 눈을 의미하는 단어다. NIV는 이 단어를 '시기하는 눈'(jealous eye)으로 번역하였다.[11] 칼 온슨(Karl Olsson)은 단테가 시기에 사로잡혀 사는 사람은 연옥에서 굵은 철사로 눈꺼풀이 꿰매진 상태로 지낸다는 말을 통해 시기는 눈으로 죄를 짓고 살던 자들이 눈으로 대가를 치르는 것으로 해석하였다.[12]

토마스 아퀴나스는 시기를 "다른 사람의 행복을 슬퍼하는 것"이라고 하였다.[13] 여기에는 "남의 불행을 기뻐한다"는 의미도 포함된다. 아리스토텔레스는 누가 정당한 몫 이상을 받으면 화가 나는 감정을 '네메시스', 즉 이 의분이 중용을 지키면 덕이지만 이 감정이 지나치거나 모자라면 악이 된다고 하였다. 그 감정이 지나치면 누가 잘되어 칭찬을 받는 것에 대해서도 분노하게 되는데, 이것이 '프토노스'(*phthonos*) 즉 시기다. 반대로 그 감정이 모자라면 누가 대우를 받지 못하거나 낮은 자리로 내려갈 때 은근히 기뻐하게 되는데, 이 감정을 '에피카이레카키아'(*epikairekakia*) 즉 '심술'과 '고소히 여기는 것'이다.[14]

이처럼 시기의 감정은 매우 복합적이고 미묘한 부분을 지니고 있기 때문에 '다른 사람이 잘되는 것을 시샘하고 미워하는 마음'이라는 사전적 정의를 넘어 선다. 그레고리는 시기가 상대의 행복에 대한 '애통'과 상대의 곤경에 대한 '환호'의 두 딸을 낳는 어머니라고 하였다.[15] 시기와 질투는 같은 의미로 쓰이는 경우도 있다. 구약에서 '벌겋게 달아오르다'라는 의미인 '카나'(*kana*)가 어떤 곳에서는 '시기'(창 26:14; 30:1; 37:11; 잠 27:4)로 번역되었지만, 다른 곳에서는 '질투'(신 32:16, 21; 겔 8:3)로 번역되었다. 다른 곳에서는 '열정', '열심'이라는 의미로 번역되기도 한다(왕상 19:10, 14). 하지만 신약 성경에서 질투는 '젤로스'(*zelos*)로, 시기는

'프토노스'(phthonos)로 구별되어 번역되었다.

시기와 질투는 혼용되어 사용되고 있지만, 아리스토텔레스는 시기를 자기가 갖지 못한 좋은 것을 이웃이 가진 사실을 슬퍼하는 것으로 정의했지만, 질투는 이웃이 지닌 것을 자기가 소유하지 못한 사실을 슬퍼하는 것이라고 하였다.[16] 시기는 초점이 상대방에게 있다. 다른 사람에게 있는 좋은 것을 보면 단지 그 사실 때문에 불편해지는 마음이다. 시기는 항상 다른 사람을 의식하면서, 다른 사람이 잘되거나 좋은 것을 지니고 있는 상황을 불편해하는 마음이다. 하지만 질투란 초점이 자신에게 있다. 시기와 질투 모두 다른 사람의 성공과 행복에서 촉발된다는 점은 유사하지만, 질투는 다른 사람이 가진 것을 보고 부러워하기보다는 자신이 가지지 못한 것에 초점을 둔다는 점에서 시기와 다르다. 질투는 상대방과 같이 되고 싶은 마음을 불러일으키고 경쟁심을 유발하여 열심을 내는 동력으로도 작용할 수 있다. 질투가 '열정'(zeal)이라는 말과 동일한 어원에서 왔다는 사실도 질투가 긍정적인 동력으로 작용할 수 있음을 시사해준다. 이는 질투가 성장의 동력으로도 작용될 수 있음을 시사해 준다.[17]

시기는 우리의 삶의 여정에서 다음과 같은 모습과 특성으로 나타날 수 있다.

- 다른 사람과 습관적으로 경쟁함
- 다른 사람이 휴식을 취하면 불쾌하게 여김
- 다른 사람(특히 동등하다고 여겨지는 인물)에게 문제가 생겼을 때 기뻐함
- 다른 사람이 자신보다(영성, 매력, 인기, 지식, 물질, 그 외 모든 것을) 더 가졌다고 인식했을 때 자존감의 손상을 입음
- 다른 사람의 결함을 노출시키고 싶어 함

- 다른 사람의 말과 행동에 대해 자주 나쁘다고 평가함
- 지속적으로 다른 사람, 소유, 성과 등을 비교하여 자신을 조정함[18]

분노의 특성과 모습

분노는 기본적으로 인간의 정상적인 감정이다. 분노는 한 사람의 영역이 침해당할 때 발생한다. 그 영역이 물리적인 영역일 수도 있고, 심리적이거나 영적인 영역일 수도 있다. 분노를 종종 사랑과 일치하는 것으로 보여주기 위해 인용되는 예가 바로 성전에서 매매하는 사람들을 보시고 분노하신 이야기다(막 11:15). 예수님이 안식일에 일하시는 것을 보고 송사하려고 하는 사람들에게 예수님이 보이신 분노였다(막 3:5). 분노는 신의 거룩성과 의를 지키는 방편으로 작용할 수 있다. 따라서 모든 분노가 죄는 아니다.

정당한 분노는 악한 사람들에 의해 상처를 입은 무고한 사람들을 돕기 위한 힘을 주는 분노이다. 우리는 죄와 부패와 부정에 대해서는 분노해야 한다. 이것을 비난하는 것은 분노를 제대로 구분하지 못하는 것이다. 분노가 단지 감정일 때도 있다. 상처를 입었거나 공격을 당했을 때 자신을 방어하기 위하여 우리 몸은 준비를 한다. 심장박동의 증가, 혈압 상승, 모세혈관의 팽창, 근육의 긴장, 동공의 팽창 등 교감신경계의 각성이 일어난다. 이것은 창조주 하나님께서 우리가 우리 자신을 위험으로부터 방어할 수 있도록 만드신 방어기제이다.

분노가 죄에 오염되지 않기 위해서는 바른 대상에게, 적당한 정도로, 적절한 시간에, 적합한 목적으로, 바른 방법으로 분노를 표현해야 한다. 하지만 현실적으로 분노가 일어나면 아무리 정당한 분노이더라도 정당한 방식으로 표현한다는 것이 그리 쉬운 일이 아니다. 따라서 정당한

분노의 표현하면서도 슬퍼하며 안타까워하는 온유함을 가지고 있어야 한다.

하지만 분노는 죄가 될 수 있다. 죄가 되는 분노와 순수한 분노를 구별하는 기준은 무엇인가? 복수하고 싶은 욕망이 과도한 경우 분노는 죄가 될 수 있다. 만일 누군가에게 신체적, 정서적, 심리적, 경제적, 관계적, 직업적으로 상처를 받았다면 우리는 어떠한가? 그 사람에게 분노가 치밀고 어떻게 하면 복수할 수 있을까를 궁리하고 있을 것이다. 내가 받은 상처만큼 그 사람에게도 상처 주고 싶은 마음으로 가득한 것은 '악의'(엡 4:31)이다. 과도한 복수심은 미덕을 위반한다. 과도한 복수는 필요 이상으로 과격해지는 것을 말한다. 과도한 복수는 오랫동안 지속된 분노, 증오, 앙심의 감정이 더해지면 분노는 성격이 되어버린다.

따라서 성경은 "분을 내어도 죄를 짓지 말며 해가 지도록 분을 품지 말고 마귀에게 틈을 주지 말라"(엡 4:26-27)고 하였고, 나아가 "성내기를 더디하라 사람이 성내는 것이 하나님의 의를 이루지 못함이니라"(약 1:19)라고 하였다. 분노는 결국 죄된 삶을 낳을 수 있다(고후 12:20; 갈 5:20; 엡 4:31; 골 3:8; 딤 2:8). 분노는 위험할 수 있다. 서양 속담에 '분노는 위험에서 한 글자 모자란다'(ANGER is one letter short of DANGER)라는 말이 있다.

분노가 역사 발전과 사회 정의 실현에 중요하게 작용해왔지만 교회 역사에서 분노를 대죄로 여기고 경계해온 이유는 분노가 감정을 넘어 의지와 결합되어 습관화 될 때 "복수하려는 주체할 수 없는 욕구"로 바뀔 수 있기 때문이다.[19] 아퀴나스도 분노의 감정은 자기에게 고통을 준 사람이 "벌 받기를 바라는 욕망"이라고 정의하였다.[20]

분노가 오래 지속되거나 습관화되면 보복하려는 의지가 발달하기 때문에 필연적으로 상대방을 적으로 만든다. 그레고리가 말했듯이 분노는 결국, 분쟁, 마음의 동요, 모욕, 야유, 분개, 모독과 같은 딸들을 주렁주렁 낳기 때문에, 관계를 공격과 증오의 악순환으로 빠뜨리게 하는 심각한 죄라고 하였다.[21]

모든 사람은 분노할 잠재성이 있다. 아무도 본성이 분노로부터 자유로운 사람은 없다. 하지만 분노는 마음을 녹슬게 하고, 가정에 불화를, 공동체에는 씁쓸함을, 나라에는 혼동을 가져온다. 가정, 사업 관계, 친구 관계가 분노 때문에 깨지기도 한다. 분노는 삶의 기쁨을 잃게 한다. 감정의 평정을 잃으면 동시에 좋은 표현도, 평판도, 친구 관계도, 기회도, 그리스도인으로서의 증거도 함께 잃게 된다. 분노는 살인을 낳기도 한다. 가인은 아벨을 죽이기 전에 분노로 가득했다. 분노는 그리스도인의 증인으로서의 삶을 막는다.

나아가 분노는 신체적 질병, 즉 심장병에 걸릴 확률을 3.5배나 높인다. 분노는 분별력, 좋은 충고에 대한 확신, 강직함, 정의로 인한 온건한 특성 등을 상실하게 한다. 분노는 영의 순수함을 흐려지게 하고 성령의 전으로서의 기능을 상실하게 한다. 분노는 바른 기도를 막는다. 따라서 분노는 하나님과 대화를 가로막는 가장 핵심적인 장애물이다.

분노의 습관을 없애는 것이 필요하다. 분노의 문제가 있는 사람은 그것을 정당화하거나 그럴 수도 있다고 생각하기보다 심각한 문제로 받아들여야 한다. 대부분의 분노는 죄악으로 발전할 수 있고 파멸적인 습관으로 변질될 수 있기에 죽음에 이르는 죄이다.

분노는 우리의 삶의 여정에서 다음과 같은 특성과 모습으로 나타날 수 있다.

- 복수에 대한 강한 열망을 가짐
- 억울함을 품고 키움

- 해를 입은 만큼 되갚아 줌
- 시비 걸고 언쟁을 벌이며 다툼
- 주로 침묵해 있거나 시무룩해 있음
- 빈정대고 냉소적이고 모욕적인 말을 하고 비난을 함
- 자주 분개함
- 다른 사람이 피해 입는 것을 바람
- 보복하는 것을 당연하다고 여김[22]

탐욕의 특성과 모습

 탐욕이라는 단어는 라틴어 '아바리티아'(*avartia*)에서 온 말이다. 탐욕은 재물에 대한 끝없는 욕망을 뜻한다. 인간의 물질에 대한 끝없는 욕망은 결국 물질의 지배까지 경험하게 된다. 탐욕은 상대적 가치인 물질을 절대적 가치로 섬기는 우상 숭배이다. 에바그리우스는 강물이 모여 바다로 흘러들어가지만 결코 바다를 채우지 못하는 것처럼(전 1:7), 탐욕도 재물을 끝없이 더 많이 갖고자 하는 욕망 때문에 결코 만족시킬 수 없다는 점에서 바다와 같다고 말하였다.[23] 단테는 탐욕은 윤리적 정치적 차원에서 훨씬 심각한 사회적 부패와 폐해를 부르는 속성이 있기 때문에 탐식이나 정욕보다 훨씬 더 악한 죄로 간주하였다. 그는 탐욕은 남과 나누려 하지 않는 인색함과 오직 자신만을 위해 소비하는 이기적인 탕진 혹은 낭비라는 양면성을 지닌다고 하였다.[24] 그레고리는 탐욕이 배신, 사기, 거짓, 위증, 불안, 폭력, 냉담이라는 일곱 명의 딸을 낳는다고 하였다.[25] 이처럼 탐욕은 우리의 삶에서 많은 불행한 요소를 낳는 어머니라는 것이다. 그러므로 우리는 우리의 불안과 배신의 이면에는 탐욕이 자리 잡고 있다는 것을 알아야 한다. 이런 의미에서 우리의 삶에서 일상처럼 경험하는 불안을 치유하기 위해서는 탐욕의 여러 모습을 점검해 볼 필요가 있다.

성경에서 탐욕에 해당하는 용어는 '플에오넥시아'(*pleoneksia*)다. 이 용어의 의미는 돈에 대한 통제되지 않는 욕망을 뜻한다. 예수님이 형과 유산을 다투던 사람에게 탐심을 물리칠 것을 권고하실 때(눅 12:15), 그리고 바울이 새 사람이 된 성도가 벗어 버려야 할 옛 사람의 속성 중에 하나로 탐심을 언급할 때(골 3:5; 엡 5:5) 이 단어가 쓰였다.[26] 탐욕은 본질적으로 저항하기 힘든 재물에 대한 강한 욕구다.

교회 전통에서 탐욕을 대죄로 가르친 핵심적인 이유는 탐욕의 우상숭배적인 성격 때문이다. 바울은 그의 서신에서 "탐심은 우상숭배"(골 3:5), "탐하는 자 곧 우상숭배"(엡 5:5)라고 말함으로써 탐욕과 우상숭배를 동일시하였다. 예수님의 어리석은 부자 비유(눅 12:13-21)는 탐욕의 우상숭배적인 성격을 잘 드러낸다. 부자는 소출이 많이 늘어난 어느 해에 곳간을 더 크게 짓고 곡식을 가득 쌓아 둠으로써 노후를 보장받고 미래에 대한 걱정에서 벗어나 안전하게 살 수 있으리라 믿었다. 어리석은 부자는 재물이 자신의 평안과 안전을 보장해 주고 지켜 주리라고 믿고 그것을 의지했다. 이처럼 탐욕은 하나님을 재물로 대체하고 재물을 의지하고 섬기는 우상숭배다.[27]

물론 영혼을 위하여 돈의 유혹에서 자유로워야 한다는 의미가 빈곤을 사랑하라는 의미로 해석되어서는 안 된다. 우리가 가난이라는 언어를 말할 때 육체적 삶을 초월하는 수단으로 생각하거나 낭만적 감상에 빠져서는 안 된다. 가난도 부유와 똑같이 지나치게 문자적으로 받아들여서는 안 된다. 무조건 돈을 부정적인 것으로 생각하는 사람은 삶을 위기 가운데로 몰아넣을 수 있다. 또한 경제가 유지되도록 공조하고 있는 사회 공동체에서 고립될 수 있다. 뿐만 아니라 부에 대한 욕망은 영혼의 에로스에게 정당한 요소이기 때문에 그것에 의해 기쁨을 잃어버릴 수도 있다. 그것이 지나치게 억제되면 이상한 방식으로 슬며시 들어와서는 은밀하게 경제적 마술을 부리거나 축적에 몰두하게 한다. "돈의 영혼이 부정될 때 그 그림자 역시 더욱 늘어나기 때문이다."[28]

돈은 현대 세계에서 다양한 기능을 수행한다. 돈은 인간이 자기 존재의 안전을 확보하는 일차적인 수단이다. 돈은 사람들 간에 상품과 서비스의 교환을 용이하게 만드는 매체이며, 각 개인의 가치를 평가하는 편리한 도구이다. 돈은 지위와 권력을 부여해 준다. 자본의 형태로 축적된 돈은 다른 사람들의 삶을 지배할 수 있게 해준다. 그러나 무엇보다도 중요한 것은 모든 현대인들이 돈으로 자율성을 살 수 있다고 믿고 있으며, 자율성과 안정은 하나이며 동일한 것이라는 환상에 사로잡히게 되었다는 점이다. 우리가 돈을 지나치게 중요시하는 것은 단순한 불행이라기보다는 우상숭배다.

마이더스 왕의 이야기는 물질에 탐욕에 사로잡히기 쉬운 우리에게 주는 의미가 많다. 마이더스 왕은 더 많은 금을 갖기를 원했다. 금은 그에게 기쁨을 주고, 유용했기 때문에 매우 매혹적이었다. 신들은 마이더스의 소망을 들어주어 그가 만지는 모든 것이 금으로 변하게 했다. 하지만 그의 기쁨은 단 하루 만에 끝나고 말았다. 그날 저녁 식사를 하려고 앉았을 때, 그가 충격적으로 깨달은 것은 그의 음식과 마실 물도 금으로 변한다는 사실이었다. 그는 다시 신들에게 가서 간청하기를 그들이 준 선물을 가져가달라고 해야 했다. 물질은 우리에게 도움이 되지만 우리의 모든 것을 다 해결해 주지 않는다는 것을 알아야 탐욕의 우상숭배를 극복할 수 있다.

탐욕은 우리의 삶의 여정에서 다음과 같은 특성과 모습으로 나타날 수 있다.

- 단지 소유하기 위해 물질을 축적함
- 다른 사람의 물건을 습득하거나 보관하기 위해 거짓말하거나 숨김
- 나누어주기를 좋아하지 않고 소유하려고 함
- 지나치게 절약함
- 지출에 대해 지나치게 예민함
- 베푸는 것을 몹시 싫어함
- 인색하게 굼
- 궁핍한 사람들에게 냉담함
- 빚을 갚기 싫어함
- 상환금 지불을 회피함
- 작은 손실에도 과도하게 스트레스를 받음
- 하나님이 우리에게 필요한 것을 제공해 주신다는 것을 믿지 않음[29]

나태의 특성과 모습

나태는 라틴어 '아케디아'(acedia)에서 왔는데, 이는 '관심 없음'이라는 뜻이다. 나태는 단지 게으름이나 열정이 없는 삶이 아니다. 나태는 겉으로 드러난 게으름보다 더 깊은 내적 태도와 관련이 있다. 즉 나태는 의욕이 없고 무기력해져서 어떤 일에도 감정이 동하지 않아 행하지 않으려는 마음의 상태이다. 세이어즈는 나태를 "아무것도 믿지 않고, 신경 쓰지 않고, 알려고 추구하지 않고, 간섭하지도 않고, 즐기지 않고, 사랑하지도 않고, 미워하지도 않고, 위해서 살아야 할 그 무엇도 없고, 또 죽어야 할 어떤 이유도 없기 때문에 그저 살아 있는 죄다"라고 하였다.[30]

나태는 다른 죄들과 다른 특성과 모습을 가지고 있다. 다른 죄들은 행하는 죄에 해당하지만 나태는 행하지 않는 죄이다. 여기서 행하지 않는

죄로서 나태는 단지 수동적인 성격만을 지닌다고 보아서는 안 된다. 나태는 마땅히 행해야 할 선을 행하지 않으려는 능동적인 성격을 지니고도 있기 때문이다. 교회 전통에서 나태를 죄로 본 핵심적인 이유는 무엇보다 하나님 사랑과 이웃 사랑의 계명을 거스리는 성격을 지녔기 때문이다. 나태는 단순히 어떤 것을 게을리 하는 것을 훨씬 넘어서는 의미를 가지고 있다. 나태란 하나님께 드려야 할 예배와 섬김과 사랑을 충분히 드리지 않는 것과 이웃을 돌보고 사랑해야 할 의무를 행하지 않는 것이다. 단테는 나태를 "덕을 행하는데 느린 것"과 "하나님을 그의 온 몸과 마음과 영혼으로 사랑하지 않는 죄"라고 하였다.[31] 나태는 단지 게으른 삶이 아니라 사랑과 선을 행하는 것을 게을리 하거나 거부하는 삶이다. 나태는 하나님이 각자에게 주신 독특한 은사를 하나님을 위해 사용하지 않고 쓸모없게 만들어 버리는 태도이다.[32] 아퀴나스는 나태가 때로 용서받기 힘든 대죄로 발전한다고 보았다. 이유는 사랑을 거스르는 죄이기 때문이다. 나태하면 하나님을 바라고 사랑하는 데 소홀해지고 하나님에게서 점점 멀어지게 하기 때문이다.[33]

에바그리우스와 카시안은 수도사들을 위해 여덟 가지 대죄 목록을 만들면서 나태와 우울을 같은 목록 안에 넣었다. 나태와 우울은 비슷한 속성을 지닌다고 보았기 때문이다. 카시안은 우울이 일어나는 원인을 세 가지로 보았다.[34] 첫 번째 원인은 분노라고 보았다. 분노가 해소되지 않으면 반드시 우울증으로 넘어간다고 보았다. 둘째 원인은 바라고 성취하고 싶었던 것이 좌절될 때 우울해진다고 보았다. 특히 기도생활에서 하나님의 응답을 얻지 못하고 생활에서 어떤 만족이나 기쁨을 맛보지 못할 때 낙오감과 좌절감이 생기면서 우울해진다고 하였다. 셋째는 원인 없이 우울해지는 경우도 있다고 보았다. 이러한 우울은 영혼의 적인 마귀가 실제 상황과는 다른 부정적 방향으로 생각하도록 유혹하기 때문에 일어난다고 보았다. 우울은 나태로 이어지게 하고 또한 나태는 우울을 낳게 하기 때문에, 나태와 우울은 순환 관계 안에 있다고 할 수 있다.

캐슬린 노리스(Kathleen Norris)는 나태는 "황무한 곳이라도 거기에 반드시 존재하는 하나님의 놀라운 은혜를 바라고 찾기를 거부하는 것"[35]이라고 말했듯이, 나태는 하나님의 열심과 창조적 은혜의 삶에 참여하기를 거부하는 태도이기 때문에 단지 개인의 태도의 문제가 아니라 죄라고 할 수 있다.

나태는 우리의 삶의 여정에서 다음과 같은 특성과 모습으로 나타날 수 있다.

- 심리적으로 영적으로 슬픔에 가득 차 있음
- 희망이 있다는 것을 믿기 어려워함
- 노력과 일이 너무 어렵다고 생각함
- 중요한 문제와 대면하는 것을 미루거나 질질 끔
- 기도나 예배가 너무 어렵다고 생각함
- 느리거나 무겁게 행동함
- 약한 의지를 가짐
- 나쁜 습관을 고치는 것이 무의미하다고 느낌
- 종종 사소한 활동에 몰입함
- 육체적 편의성과 편안함을 지속적으로 추구함
- 움직이는 것보다 가만히 있는 것을 더 좋아함
- 슬프거나 영적으로 지침
- 평범함에 안주함
- 평화, 위로, 행복한 감정을 갖지 못한 것에 대해 하나님께 불만을 나타내고 분노함[36]

정욕의 특성과 모습

정욕은 본래 사치 혹은 탕진을 의미하는 라틴어 '룩수리아'(luxuria)에서 파생된 용어로 자신을 위해 상대의 육체와 감정을 허랑방탕하게 사용하는 성적 욕망을 의미한다.[37] 정욕은 상대의 인격과 삶, 마음에는 관심이 없고, 상대를 단지 자신의 즐거움을 위한 대상으로 삼는다. 정욕은 상대를 비인간화하는 행위이기 때문에 죄이다.

정욕은 하나님이 설계하시고 선물로 주신 성욕을 왜곡하는 것이다. 헨리 페어리(Henry Fairlie)는 진정한 사랑과 육체적 정욕의 차이를 잘 설명해 준다. 사랑과 정욕은 모두 상대를 원한다는 것에서 공통점이 있지만, 정욕에는 동반자 의식이 결여되어 있기 때문에 사랑보다는 욕구 충족에 더 관심이 있다. 사랑은 상대와의 언약에 진실하고자 하지만 정욕은 삶을 나누고 돌보아 주려는 마음이 없다. 사랑은 인격적으로 교감으로 따뜻해지지만, 정욕은 외롭고 고독하다. 사랑은 미래를 위해 절제하지만, 정욕은 현재 감정과 만족에만 몰두한다. 따라서 정욕을 기반으로 하는 관계는 감각적이고 정서적인 쾌락이 충족되지 않으면 오래 지속될 수 없다. 사랑에는 신실하고 지속적인 헌신이 동반되지만, 정욕에는 순간의 희열과 만족에만 관심하게 된다. 사랑은 잠자리를 나눈 사람과 또 다른 방식으로 함께 있기 원하지만, 정욕은 아침이 되면 남의 눈을 피해 남남이 된다. 정욕을 좇아 사는 사람은 관계를 오래 지속하지 못하고 늘 새로운 대상을 찾아다닌다.[38]

카시안은 정욕이 육체에 속한 죄이지만 영혼의 죄와도 결코 무관하지 않다고 하였다. 그는 예수님이 산상수훈에서 살인, 간음, 음란은 마음에서 온다고 하신 말씀(마 15:19)을 인용하면서, 정욕은 마음 즉 의지에 따라 생기고 그것의 명령대로 행하는 것이라고 보았다. 그리고 예수님이 여자를 보고 음욕을 품는 자는 이미 마음에 간음한 것(마 5:28)이라는 말씀도 정욕은 마음에서 시작된다는 것을 가르치신 것이라고 해석하였다. 그는 이런 해석을 통하여 정욕과 싸우려면 근원적인 마음의 문제를 점검하고 지켜야 한다고 하였다.[39]

그러나 정욕은 성욕과 같은 것이 아니다. 성욕은 그 자체로 죄가 아니다. 하나님이 성을 만드시고 성적 욕망을 인간에게 선물로 주셨기 때문이다. 성욕은 인간 창조의 독특성에서 말미암는 신비롭고 귀한 것이다. 하나님이 허락하신 질서 안에서 성을 누리는 것은 매우 창조적이고 신비한 기능을 지닌다. 성은 단지 한 남자와 여자의 육체적 나눔을 훨씬 넘어서는 신비성과 창조적 사회성과 성례적인 기능을 지닌다. 이는 마치 성례를 통해 그리스도인들이 그리스도와 연합하고 하나님으로부터 오는 은혜를 받는 것처럼, 성을 통해 두 사람이 하나 되는 신비를 경험하고 자기를 내어 주고 서로를 윤택하게 하고 친밀함의 깊이를 더할 수 있기 때문이다.[40]

성의 목표는 단순한 육체적 쾌락이나 정서적 통로만이 아니다. 그것은 그리스도를 따르는 삶에 참여하는 것이다. 하나님과 함께 영원한 삶에서 궁극적으로 영적으로 정점에 달하게 되며 완성될 삶에 참여하는 것이다. 하나님의 계획 안에서 있게 되는 더 친밀한 참여이다. 성은 그 자체로 끝나는 것이 아니다. 오히려 하늘나라에서 우리를 기다리고 있는 연회의 '영적 견본품'을 경험해 보는 수단으로 설계되었다.[41] 하나님께서 의도하신 방식은 남성과 여성으로서 성적 정체감과 하나님께서 완벽하게 설계하신 한 몸된 육체적 연합 안에 있다. 남성과 여성으로서 결합된 성적 관계는 하나님께서 "이것이 나다. 나는 이러하다. 나는 이러한 특질들을 가지고 있으며 이 정도의 친밀감, 무한함, 거룩함, 열정적 친밀감을 경험한다"라고 세계를 향하여 말하는 것이다.[42]

성은 분배되는 힘인 '성스러운 힘'에 참여하는 것이다. "이 힘은 '거룩하다'고 불린다. 왜냐하면 그 본질은 힘에 의해 중재되는 다른 것에 대한 지배가 아니고, '힘을 나누는 것'(empowerment)이기 때문이다. 그것은 모두 생명의 힘에 참여하여 얻은 것이다."[43] 에로스의 신비의 거룩한 힘은 능동성과 수동성, 주고받음의 상호성, 그리고 하나 됨에서 나온다. 우리가 에로틱한 힘을 나누면서 축하하는 것을 마침내 배우게 된다면, 우리는 외롭고 어두운 것을 떨쳐버릴 수 있다. 이런 의미에서 성은 하나님의 속성에 가장 가까운 것이다.

정욕은 우리의 삶의 여정에서 다음과 같은 특성과 모습으로 나타날 수 있다.

- 자주 성적 쾌락, 성적 생각과 상상에 몰두함
- 다른 것들을 배제하고 성적 쾌락에 대해 생각함
- 성적인 것을 보거나, 만지거나, 포옹하고, 불법적인 성행위를 하거나, 성적인 물건을 사용함
- 성에 관하여 과도한 관심을 가짐
- 성에 관한 대화나 농담을 집요하게 지속함[44]

탐식의 특성과 모습

탐식은 목구멍이라는 의미를 지닌 라틴어 '굴라'(gula)에서 나온다. 일반적으로 탐식은 음식을 탐하거나 지나치게 많이 먹거나 정신없이 음식을 목만으로 집어넣는 것을 연상하지만, 그레고리는 탐식을 다섯 유형으로 좀 더 세분화하였다.[45]

첫째, 급하게 먹는 속식이다. 음식의 맛과 향을 음미할 사이도 없이

몇 번 씹지도 않고 삼켜버리는 것이다. 급하게 먹는 것의 가장 큰 문제는 단지 빠르게 먹는 것이 아니라 음식을 대하면서 감사하지 않는 것이다. 탐식자는 단지 먹는 일 자체에만 관심하고, 감사가 없다.

둘째, 게걸스럽게 먹는 탐식이다. 이는 음식에 대한 욕심과 집착으로 맹렬하게 먹는 것을 의미한다. 함께 식사할 때 어떤 맛있는 음식이 있으면 다른 사람을 배려하지 않고 계속 그 음식만 집어 먹는 것과 같은 것이다.

셋째, 지나치게 많이 먹는 과식이다. 배가 부른데도 식욕을 억제하지 못하고 계속 먹는 것이다. 동물은 배가 부르면 음식에 더 미련을 두지 않지만, 인간은 배가 불러도 맛있는 것이 있으면 또 먹고 싶어 한다.

넷째, 까다롭게 먹는 미식이다. 이는 조금을 먹더라도 까다롭게 먹는 것으로 음식을 준비하는 사람들을 곤혹스럽게 한다.

다섯째, 사치스럽게 먹는 호식이다. 이는 음식 자체도 고급스럽고 질이 좋을 뿐 아니라 색상까지도 보암직하고 세련되게 요리된 정찬, 우아한 식탁의 느낌, 아늑한 분위기 등의 여러 조건을 갖춘 식사를 바라고 고집하는 것이다. 호식가들은 음식 그 자체만이 아니라 정서적인 만족감까지 매우 중시한다.

그레고리가 세분화한 속식, 탐식, 과식, 미식, 호식은 표면적으로 보면 어떻게 먹는가와 무엇을 먹는가와 관련된 것이다. 하지만 그가 탐식을 죄로 여긴 것은 음식을 통해 즐거움을 찾고자 하는 성향 때문이다. 다시 말하면, 음식이 주는 쾌락으로 인해 하나님을 즐거워하는 삶을 약화시키고 무너뜨릴 수 있기 때문이다. 탐식의 본질은 음식을 통해 삶의 즐거움을 찾는 것과 그 즐거움에 대한 욕망이 삶을 이끌어 가는 것이다. 음식이 자신의 삶에서 낙이 되고 우상이 되게 하는 것이다. 바울은 탐식자를 두고 "그들의 신은"(빌 3:19)라고 표현하였다. 이처럼 탐식은 배의 명령에 순종함으로써 마치 배를 신처럼 섬기며 사는 것과 같다. 이는 먹기를 탐하고 배를 만족시키는 것은 감각의 낙을 따라 사는 것과 영적인 것보다는 감각적인 것과 하나님을 섬기는 것보다 더 중요시하는 것이다(롬 16:17-18). 따라서 탐식이란 하나님보다 배의 욕구에 더 민감하게 반응하고 그에 순종하는 우상숭배와 같다고 할 수 있다.

에바그리우스는 마귀가 여덟까지 악한 생각으로 수도사들을 유혹하는데 그 첫 번째가 탐식이라고 하였다. 그는 또한 대죄들 중에서 탐식이 가장 낮은 수준의 마귀로 말미암은 것이지만 극복하기는 가장 힘든 죄라고 보았다. 이 문제는 인간 생존을 위한 가장 기본적인 욕구와 관련이 있기 때문이다. 특히 마귀는 수도사들에게 금식하거나 절식하다가 쇠약해진 동료들의 모습을 떠오르게 함으로써 잘 챙겨 먹어야겠다는 생각을 교묘하게 조장한다고 하였다.[46]

카시안은 수도사들이 탐식의 욕망을 극복할 수 없으면 아예 영적 싸움을 시작할 수 없다고까지 하였다. 그는 탐식을 극복하는 것은 마치 출애굽 사건과 같다는 비유까지 제시하였다. 그가 탐식을 영적 전쟁의 가장 첫 자리에 놓은 것은 탐식이 가장 악한 죄이기 때문이 아니라 가장 범하기 쉬운 죄라고 보았기 때문이다. 특히 그는 공동 식사 전에 미리 와서 혼자 먹는 것, 음식을 음미하지 않고 너무 빠르게 먹는 것, 그리고 특정 음식만을 골라 편식하는 것을 금해야 한다고 하였다.[47]

탐식은 우리의 삶과 식사 습관에서 다음과 같은 특성과 모습으로 나타날 수 있다.

- 지나치게 세속적인 쾌락을 추구함
- 너무 많이, 너무 빨리 먹음
- 음식에 집착함

- 술을 너무 많이, 너무 자주 마심
- 고급 음식, 술, 문학, 음악, 예술에 지나치게 돈을 사용함
- 하나님 안에서 충족되는 만남이 아닌 일을 따름[48]

영적으로 건강한 그리스도인은 경청하는 능력과 비례한다고 할 수 있다. 그리스도인의 경청 능력은 하나님께 경청하는 능력뿐 아니라 자신의 교만의 소리, 시기의 소리, 분노의 소리, 나태의 소리, 탐욕의 소리, 정욕의 소리, 탐식의 소리까지 듣고 하나님의 은혜의 자리로 나아갈 수 있는 능력과 비례한다. 주님은 오늘도 당신을 초대하신다. "수고하고 무거운 짐 진 자들아 다 내게로 오라 내가 너희를 쉬게 하리라"(마 11:28).

제자훈련 멘토링

1. 배운 내용과 기도

1) "분노와 나태와 탐식도 죄다"는 내용을 읽고 마음에 다가온 문장이나 배운 내용이 있다면 기록한다.

2) 마음에 다가온 문장이나 배운 내용을 통해 소망하거나 결심한 것을 기록한다.

3) 소망하거나 결심한 내용을 가지고 '쓰기 기도'를 통해 하나님께 도움을 구한다.

2. 토론 주제와 나눔

1) 우리의 삶과 신앙의 여정에서 다양하게 나타나는 교만의 모습과 특성에 대해 이야기해 봅시다.

2) 우리의 삶과 신앙의 여정에서 다양하게 나타나는 시기의 모습과 특성에 대해 이야기해 봅시다.

3) 우리의 삶과 신앙의 여정에서 다양하게 나타나는 분노의 모습과 특성에 대해 이야기해 봅시다.

4) 우리의 삶과 신앙의 여정에서 다양하게 나타나는 탐욕의 모습과 특성에 대해 이야기해 봅시다.

5) 우리의 삶과 신앙의 여정에서 다양하게 나타나는 나태의 모습과 특성에 대해 이야기해 봅시다.

6) 그레고리가 제시한 탐식의 다섯 가지 유형에 대해서 이야기해 봅시다.

3. 적용 및 실천 방안

1) 개인적으로 배운 내용과 토론을 통해 배운 내용을 기록한다.

2) 배운 내용을 가지고 구체적인 적용 및 실천 방안을 나누며 기록한다.

3) 삶에서 개인적인 적용 방안이나 실천 방안을 구체적으로 기록한다.

미주

PART 01

1. Rodney Clapp, *Tortured Wonders: Christian Spirituality for People, not Angels*, 홍병룡 역, 『사람을 위한 영성』 (서울: IVP, 2006), 37.
2. Clapp, 『사람을 위한 영성』, 36.
3. Clapp, 『사람을 위한 영성』, 38.
4. Lawson G. Stone, "The Soul: Possession, Part or Person? The Genesis of Human Nature in Genesis 2:7", in *What About the Soul*, ed., Joel B. Green (Nashville: Abingdon, 2004), 47.
5. John Calvin, *Institute of Christian Religion* (Grands Rapids: Eerdmans, 1995), I. 15.2.
6. 이형기, 『종교개혁 신학사상』(서울: 장로회신학대학교출판부, 1984), 363ff.
7. J. Gresham Machen, *The Christian View of Man* (New York: Macmillan, 1937), 169.
8. Anthony A. Hoekema, *Created in God's Image*, 122-23에서 인용.
9. Anthony A. Hoekema, *Created in God's Image*, (Grand Rapids: Eerdmans, 1986), 116-17에서 인용.
10. "Body," *Theological Dictionary of the Old Testament*, vol. 1, (Grand Rapids: Eerdmans, 1977), 538-29.
11. Dallas Willard, *The Spirit of the Disciplines* (San Francisco: Harper San Francisco, 1988), 31.
12. Oswald Chambers, *Shade of His Hand: Talks on the Book of Ecclesiastes*, 스데반 황 역, 『전도서 강해』 (서울: 토기장이, 2013), 116에서 인용.
13. H. Wheeler Robinson, *The Christian Doctrine of Man* (Edinburgh: T&T Clark, 2009), 108.
14. 인간의 사회성에 대한 차원들 또는 이름들은 성경에 직접적으로(directly) 나오지 않지만 간접적으로(indirectly) 함축적으로 내포되어 있다고 할 수 있다. 성경은 인간은 하나님과의 관계, 자기 자신과의 관계, 다른 사람들과의 관계, 자연과의 관계 안에서 살아가도록 창조된 사회성을 지닌 존재로 창조되었다. 달라스 윌라드는 인간의 구조적 차원으로서 몸과 영혼뿐만 아니라 '사회적 존재'(social being)도 인간의 구조적 차원에 포함한다. 다시 서술하면, 그는 인간의 내면성과 외면성 뿐만 아니라 인간은 '사회적 존재'로서 사회성을 지닌 존재라고 주장한다(Dallas Willard, *Renovation of the Heart: Puting on The Character of Christ* (Colorado Spring: NAVPress, 2002), 31-39).

15　Eugene Gendlin, *Focusing* (New York: Bantam, 1981), 10.

16　Eugene Gendlin, *Focusing* 10.

17　Eugene Gendlin, *Focusing*, 10.

18　Eugene Gendlin, *Focusing*, 177-78.

PART 02

1　Dorothee Solle, *The Silent Cry* (Minneapolis: Fortress, 2001), 294.

2　Solle, *The Silent Cry*, 294.

3　Sigmund Freud, *The Standard Edition of the Complete Psychological Works of Sigmund Freud*, Vol 21, 169.

4　Armand M. Nicholi, "A New Dimension of the Youth Culture," *American Journal of Psychiatry*, 131 (1974): 396-401.

5　Armand M. Nicholi, *The Question of God: C. S. Lewis and Sigmund Freud Debate God, Love, Sex, and the Meaning of Life*, 홍승기 역, 『루이스 VS. 프로이드』 (서울: 홍성사, 2014), 106.

6　Anthony de Mello, *Taking Flight* (Colchester: TBS, 1988), 164-65.

7　Timothy R. Jennings, *The God-Shaped Brain*, 윤종석 역, 『뇌, 하나님의 설계의 비밀』 (서울: CUP, 2015), 47.

8　Albert Winseman, Donald Clifton, and Curt Liesveld, *Living Your Strengths* (New York: Gallup, 2004), x.

9　Kurtz, Katherine Ketcham, *The Spirituality of Imperfection* (New York: Bantam Books, 1994), 439.

PART 03

1　J. Harold Ellens, "실패의 원인으로서 죄와 질병," in *Counseling & Human Predicament: A Study of Sin, Guilt, and Forgiveness*, eds., Leroy Aden and G. Benner, 전요섭 역, 『용서와 상담』 (서울: CLC, 2012), 102.

2　Bruce Demarest, *Seasons of the Soul*, 윤종석 역, 『영혼의 계절들』 (서울: IVP, 2013), 132.

3　Demarest, 『영혼의 계절들』, 132.

4 Gary L. Thomas, *The Beautiful Fight*, 윤종석 역, 『거룩한 영성』 (서울: CUP, 2016), 50에서 인용.

5 Aron Milavec, *The Didache: Text, Translation, Analysis, and Commentary* (Collegeville, Minn.: Liturgical, 2003), 40.

6 James I. Packer, *Rediscovering Holiness*, 장인식 역, 『거룩의 재발견』 (서울: 토기장이, 2011), 249-50에서 인용.

7 Ray S. Anderson, *The Soul of Ministry: Forming Leaders for God's People* (Louisville, Kentucky, 1997), 55.

8 George E. Ganss, ed., *Ignatius of Loyola: Spiritual Exercises and Selected Works* (New York: Paulist Press, 1991), 43.

9 David Foxgrover, "Self_examination in John Calvin and William Ames," in *Later Calvinism*, ed., W. Fred Graham (Kirksville: Sixteenth Century Journal Publications, 1994), 456. Foxgrover는 Ignatius의 영성 훈련에서 양심검사에 나타난 하나님의 은혜와 사랑의 우선성은 Calvin의 자기검사에 비해 더욱 분명하다는 것을 말한다. Calvin은 시편 51편 강해를 통해 이렇게 주장한다. (1) 자신의 죄의 중대성에 대한 고백, (2) 인ㅈ간 본성의 전적 타락에 대한 감각, (3) 하나님의 엄한 심판에 대한 주의, (4) 자기 자신의 상황에 대한 집중, (5) 자신의 한 가지 죄에 대한 통찰이 다른 죄악들에 대한 통찰로 이어지도록 하나님 앞에서 철저히 낮아지고 겸손해 지는 것이다. David Foxgrover, "Self_examination in John Calvin and William Ames," 456.

10 Katherine Dyckman, Mary Garvin and Elizabeth Liebert, *The Spiritual Exercises Reclaimed* (New Jersey: Paulist Press, 2001), 115

11 Jacque Pasquier, "Examination of Conscience and Revision de Vie," *The Way* 11(1971): 311.

12 Donald St. Louis, "The Ignation Examen," in *The Way of Ignatius Loyola: Contemporary Approaches to the Spiritual Exercises*, ed., Philip Sheldrake (London: SPCK, 1991), 157-60.

13 Richard Foster·Gayle D. Beebe, *Longing for God*, 김명희·양혜원 역, 『영성을 살다』 (서울: IVP, 2014), 238-241에서 인용.

PART 04

1   폴 투르니에(Paul Tournier)는 스위스의 정신의학자로 기독교적인 인간 이해를 바탕으로 인격의학을 주창하며 발전시켰다. 그의 저서 『인생의 계절들』(*The Seasons of Life*)은 1959년 『인생의 발전과 성숙』이란 제목으로 출판한 내용을 보완하여 출판 것이다.

2   Paul Tournier, *The Season of Life*, 크리시스 역, 『인생의 계절들』 (서울: 쉼북, 2005), 158.

3   Tournier, 『인생의 계절들』, 14.
4   Tournier, 『인생의 계절들』, 20-21.
5   Tournier, 『인생의 계절들』, 9.
6   Tournier, 『인생의 계절들』, 29-31.
7   Tournier, 『인생의 계절들』, 35.
8   Tournier, 『인생의 계절들』, 72.
9   Tournier, 『인생의 계절들』, 97.
10 Tournier, 『인생의 계절들』, 49-59.
11 Tournier, 『인생의 계절들』, 53-54..
12 Tournier, 『인생의 계절들』, 130.
13 Tournier, 『인생의 계절들』, 134-35.
14 Tournier, 『인생의 계절들』, 138.
15 Tournier, 『인생의 계절들』, 148.

PART 05

1   Mark Buchanan, *Spiritual Rhythm*, 윤종석 역, 『영혼의 사계절』 (서울: 두란노, 2012), 7.

2   Buchanan, 『영혼의 사계절』, 51.
3   Buchanan, 『영혼의 사계절』, 57.
4   Buchanan, 『영혼의 사계절』, 60.
5   Buchanan, 『영혼의 사계절』, 115.
6   Buchanan, 『영혼의 사계절』, 214-26.
7   Henri Nouwen, *Spiritual Direction: Wisdom for the Long Walk of Faith*, 윤종석 역,

『영성수업』 (서울: 두란노, 2007), 48.

8   요한이 요단강에서 사람들에게 세례를 줄 때에 예수님도 세례를 받으러 오셨다. "예수도 세례를 받으시고 기도하실 때에 하늘이 열리며 성령이 형체로 비둘기 같이 그의 위에 강림하시더니 하늘로서 소리가 나기를 '너는 내 사랑하는 아들이라. 내가 너를 기뻐하노라' 하시니라"(눅 3: 21-22).

9   Nouwen, 『영성수업』, 51.

10 Nouwen, 『영성수업』, 52.

11 Nouwen, 『영성수업』, 52.

12 Josh McDowell, *Building Your Self-image* (Nashville: Thomas Nelson) quoted in Josh McDowell & Bob Hostetler, J*ohsh McDowell's Handbook on Counseling Youth*, 75.

13 기독교 안에서 긍정적 자아형성과 관련해서 반드시 생각해 보아야 할 주제가 있다. 그것은 '자기부인'이다. 왜냐하면 기독교 전통에서 '자기부인'이 잘못 이해되는 경우가 있었기 때문이다. '자기 부인'은 기독교인의 경건한 삶의 정수이다. 칼빈은 우리는 우리 자신의 것이 아니고 하나님의 것이므로 우리의 육을 따라 우리에게 유익한 것을 구할 것이 아니라 하나님의 뜻에 합당하게 살아야 하며(John Calvin, *Institutes of the Christian Religion* (Grand Rapids: Eerdmans, 1995), iii,7,1), 온전한 자기 부인만이 우리가 온전히 하나님께 헌신할 수 있게 한다고 했다(John Calvin, *Institutes of the Christian Religion*, iii,7.2.). 하지만 '자기 부인'은 또한 적극적이고 긍정적 의미를 내포하고 있다. 칼빈은 자기 부인은 하나님과 이웃을 향한 적극적이고 긍정적 자세-자기를 억매이게 하는 것이 아니라 자유롭게 하며, 이웃에 대한 사랑 안에서 자아를 확립 시켜가는 것이라고 보았다(John Calvin, *Institutes of the Christian Religion*, iii,7,6; 7,7). 이웃을 향한 존경과 봉사의 견지에서 본 자기 부인은 기독교인들에게 능동적인 힘이다. 자기 부정은 세상의 소리와 나의 이기적인 자아에 'No'하고 하나님과 이웃에게 'Yes' 하는 것이다(Wilkie Au, *By Way of the Heart: Toward a Holistic Christian Spirituality* (New York: Paulist Press, 1989), 32).

14 Josh McDowell & Bob Hostetler, *Johsh McDowell's Handbook on Counseling Youth: A Comprehensive Guide for Equipping Youth Workers, Pastors, Teachers, Parents* (Nashville: W Publishing Group, 1996),78.

15 Jay E. Adams, T*he Christian Counselor's Manual: The Sequel and Companion Volume to Competent to Counsel* (Grand Rapids, MI: Baker Book House,1981), 145-147.

16　Ray S. Anderson, 39-40.
17　John Calvin, *Institutes of the Christian Religion 1*, Peter Scazzero, *Emotionally Healthy Spirituality*, 강소희 역, 『정서적으로 건강한 영성』 (서울: 두란노, 2019), 95에서 인용.
18　Scazzero, 『정서적으로 건강한 영성』, 95에서 인용.
19　Scazzero, 『정서적으로 건강한 영성』, 95에서 인용.
20　St. John of the Cross, *The Collected Works of St. John of the Cross*, trans. Kieran Kavanaugh and Otilio Rodriguez (Washington D.C.: ICS Publications, 1979), 140-41, 313-16.
21　St. John of the Cross, *The Collected Works of St. John of the Cross*, 141.
22　Gerald G. May, *Care of Mind Care of Spirit: Psychiatric Dimensions of Spiritual Direction* (New York: Harper & Row Publishers, 1982), 90-1.

PART 06

1　게토(ghetto)는 소수 인종이나 소수 민족, 또는 소수 종교집단이 거주하는 도시 안의 한 구역을 가리키는 말이다. 게토란 단어는 1516년에 이탈리아의 베니스 시에서 시내에 유태인이 거주하도록 마을을 건설하였는데, 그 마을 이름인 게토에서 비롯된 것이다. 원래 게토(ghetto)는 유대인들이 모여 살도록 법으로 강제한 도시의 거리나 거주구역을 의미했다. 게토는 기독교 부흥의 시기에 유대인들과 기독교인들을 구분하기 위한 의도로 만들어졌다고 보기도 하지만, 기독교인들이 유대인들을 예수님을 죽인 민족이라는 오명 때문에 억압의 수단으로 이용되었다고도 할 수 있다. 실제로 게토는 높은 벽으로 둘러싸여 있어 바깥 사회와 격리되어 있었다. 게토에서는 유대인 공동체로서 어느 정도의 자치를 허용하였지만 시민권을 절대 주지 않았다. 게다가 게토를 나갈 때 유대인임을 증명하는 노란색 옷과 챙 달린 뾰족 모자를 걸치고 마크까지 달아야 했다. 해가 진후에는 유대인들은 게토 밖으로 나가는 것이 완전히 금지되었을 뿐 아니라 기독교인들이 보초를 서며 게토를 감시했다. 거주지가 한정되어 있어서 게토의 유대인들은 건물을 높이 지을 수밖에 없었다. 서유럽에서는 19세기부터 게토가 점점 없어지기 시작하면서 1870년 로마를 마지막으로 폐지되었다. 이처럼 게토주의는 종교집단과 매우 밀접하게 연계되어 발생하였고, 실제로 종교집단 안에서 자주 발생하였다. 오늘날 케토의 의미는

보편적으로 왜곡되고 편협한 사고나 폐쇄적인 집단의 의미로 사용되기도 한다. 교회 공동체도 영적 게토주의에 빠지기 쉽다. 특히 영적 게토주의는 그리스도인들이 일반은총을 바르게 이해하지 못할 때 더욱 심화될 수 있다.

2   Elsie McKee, *John Calvin on the Diaconate and Liturgical Almsgiving* (Geneva: Librairie Droz, 1984), 242-46.

3   McKee, *John Calvin on the Diaconate and Liturgical Almsgiving*, 245에서 인용.

4   Bonnie Pattison, *Poverty in The Theology of John Calvin* (Eugene: Pickwick Publications, 2006), 323-24.

5   John Calvin, *John Calvin's Sermons on Galatians* (Edinburgh: The Banner of Truth Trust, 1997), 6:9-11.

6   Ronald Wallace, *Calvin, Geneva and the Reformation* (Eugene: Wipf & Stock Publishers, 1998), 127.

7   Larry Osborne, *10 Dumb Things Smart Christian Believe*, 마영례 역, 『잘못된 그리스도인의 영성: 스마트한 그리스도인이 믿고 있는 10가지 오류』 (서울: 디모데, 2011), 78-80.

8   Osborne, 『잘못된 그리스도인의 영성』, 80-81.

9   Timothy Keller, *Every Good Endeavor: Connecting Your Work to God's Work*, 최종훈 역, 『일과 영성』 (서울: 두란노, 2014), 227.

10   Keller, 『일과 영성』, 237.

11   R. E. Ciampa and B. S. Rosner, *The First Letter to the Corinthians* (Grand Rapids: Eerdmans, 2010), 309.

12   Martin Luther, *Three Treatises* (Minneapolis: Fortress Press, 1970), 12.

PART 07

1   Adele Ahlberg Calhoun, *Spiritual Disciplines Handbook : Practices that Transform Us*, 양혜원·노문종 역, 『영성훈련 핸드북』 (서울: IVP, 2008), 355에서 인용.

2   Abraham Kuyper, *New Unto God* (Grand Rapids: CRC Publication, 1977), 16에서 재인용.

3   James Houston, *The Transforming Power of Prayer*, 김진우·신현기 역, 『기도: 하나님과의 우정』 (서울: IVP, 2006), 269.

4   Gerrit Scott Dawson, Adele V. Gonzalez, E. Glenn Hinson, Rueben P. Job,

Marjorie J. Thomson, Wendy M. Wright, *Companions in Christ*, 113.

5   John Calvin, *Institutes of the Christian Religion*, 원광연 역, 『기독교 강요』 (파주: CH북스, 2003), III, 20, 34.

6   Richard Foster, *Prayer: Finding the Heart's True Home*, 송준민 역, 『기도』 (서울: 두란노, 1995), 241에서 인용.

7   Foster, 『기도』, 241.

8   Dawson, et al., *Companions in Christ: A Small-Group Experience in Spiritual Formation*, 137-138.

9   Dawson, et al., *Companions in Christ: A Small-Group Experience in Spiritual Formation* 139.

10 Michael Frost, *Incarnate: The Body of Christ in an Age of Disengagement*, 최형근 역, 『성육신적 교회』 (서울: 새물결플러스, 2016), 16.

11 문석호, 『한국 교회와 공동체 운동』 (서울: 도서출판 줄과추, 1998), 85-86.

12 Philip D. Yancey, *Prayer: Does It Make Any Difference?*, 최종훈 역, 『기도』 (서울: 청림출판, 2008), 218.

13 Yancey, 『기도』, 219에서 인용.

14 Yancey, 『기도』, 219-20.

15 Yancey, 『기도』, 221.

16 Shane Claiborne·Jonathan Wilson-Hartgrove, *Becoming the Answer to Our Prayers*, 이지혜 역, 『행동하는 기도』 (서울: IVP, 2010), 21.

17 Claibome·Wilson-Hartgrove, 『행동하는 기도』, 77.

18 James Packer·Carolyn Nystrom, *Praying: Finding Our Way Through Duty to Delight*, 정옥배 역, 『기도』 (서울: IVP, 2008), 318.

19 Packer·Nystrom, 『기도』, 298.

20 Walter Brueggemann, *The Psalms and the Life of Faith* (Minneapolis: Fortress Press, 1995), 7-8.

21 William James, *The Varieties of Religious Experiences*, 김성민 외역, 『종교체험의 여러 모습들』 (서울: 대한기독교서회, 2003), 494-96.

22 C. Routledge, *5 Scientifically Supported Benefits of Prayer: What Science Can Tell Us about the Personal and Social Value of Prayer*, 황현영, "기도와 신비체험에 대한 심층심리학적 이해", 한국기독교상담심리학회 편, 『종교적 경험과 심리』 (서울:

학지사, 2018), 116-17에서 인용.

23 황현영, "기도와 신비체험에 대한 심층심리학적 이해", 118-19에서 인용.

PART 08

1   Cas J. A. Vos, *Theopoetry of the Psalms*, 김선익 임성진 역, 『신의 시 시편』 (서울: 쿨란출판사, 2007), 60.

2   Dietrich Bonhoeffer, *Die Psalmen, Das Gebetbuch der Bible*, 최진경 역, 『시편의 이해』 (서울: 홍성사, 2007), 22.

3   Philip D Yancey, *Prayer: Does It Make Any Difference?*, 최종훈 역, 『기도』 (서울: 청림출판, 2008), 310에서 재인용.

4   Eugene Peterson, *Working the Angles: The Shape of Pastoral Integrity* (Grand Rapids, Mich.: Eerdmans, 1987), 58에서 재인용.

5   Eugene Peterson, *Christ Plays in Ten Thousand Places* (Grand Rapids, Mich.: Eerdmans, 2005), 138.

6   Richard Foster, *Prayer: Finding the Heart's True Home*, 소준인 역, 『기도』 (서울: 두란노, 1995), 39-40.

7   Ford Lewis Battles, *The Piety of John Calvin* (Grand Rapids: Baker Book House, 1978), 27.

8   Yancey, 『기도』, 310.

9   James Packer·Carolyn Nystrom, *Praying: Finding Our Way Through Duty to Delight* (Downers Grove, IL: IVP, 2006), 181.

10 Cynthia Bourgesult, *Centering Prayer and Inner Awakening*, 김지호 역, 『마음의 길』 (고양: 한국기독교연구소, 2017), 161에서 인용.

11 Yancey, 『기도』, 455에서 인용.

12 Yancey, 『기도』, 456.

13 Yancey, 『기도』, 456-57.

14 Yancey, 『기도』, 457.

15 Yancey, 『기도』, 457에서 인용.

16 Yancey, 『기도』, 457.

17 Yancey, 『기도』, 471-72에서 인용.

PART 09

1. James K. A. Smith, *You Are What You Love*, 박세혁 역, 『습관이 영성이다』 (파주: 비아토르, 2018), 205.
2. Anselm Grun, *Buch der Lebenskunst*, 이온화 역, 『삶의 기술』 (왜관: 분도출판사, 2006), 48에서 인용.
3. Grun, 『삶의 기술』, 48-49.
4. Taize Communities and Brother Roger of Taize, *Prayer for Each Day* (Chicago: GIA, 1988), v.
5. Jason Brian Santos, *A Community Called Taize*, 김율희 역, 『떼제로 가는길』 (서울: 청림출판, 2009), 150.
6. Santos, Jason Brian, 『떼제로 가는길』, 152.
7. Flannery O'Connor, *A Prayer Journal* (New York: Macmillan, 2013), 3.
8. O'Connor, *A Prayer Journal*, 4.
9. O'Connor, *A Prayer Journal*, 4.
10. O'Connor, *A Prayer Journal*, 23.
11. Richard J. Foster·Gayle Beebe, *Longing for God*, 김명희·양혜원 역, 『영성을 살다』 (서울: IVP, 2014), 222-23.
12. James I. Packer, *A Quest for Godiness: The Puritan Vision of the Christian Life* (Westchester: Crossway, 1990), 13.
13. Lawrence S. Cunningham·Keith J. Egan, *Christian Spirituality*, 160.
14. Kenneth Leech, *Soul Friend: Spiritual Direction in the Modern World*. 신선명·신현복 역, 『영혼의 친구』 (서울: 아침영성지도연구원, 2006), 271에서 인용.
15. Dorothee Solle, *The Silent Cry: Mysticism and Resistance* (Minneapolis: Fortress Press, 2001) 111.
16. Leech, 『영혼의 친구』, 273.
17. Dallas Willard, *The Spirit of the Disciplines*, 엄성옥 역, 『영성훈련』 (서울: 은성, 1993), 41-42.
18. Benedicta Ward, ed., *The Sayings of the Desert Fathers* (Kalamanzoo, Mich.: Cistercian Publications, 1975), 144.
19. Richard J. Foster, *Celebration of Disciplines*, 권달천 역, 『영성훈련과 성장』 (서울: 생명의말씀사, 2009), 49.

20　Marjorie J. Thomson, *Soul Feast: An Invitation to the Christian Spiritual Life*. (Louisville, Kentucky: Westminster John Knox Press, 1995), 75-77.

21　Dallas Willard, *The Spirit of the Disciplines*, 엄성옥 역,『영성훈련』(서울: 은성, 1993), 180.

PART 10

1　James K. A. Smith, *You Are What You Love*, 박세혁 역,『습관이 영성이다』(파주: 비아토르, 2018), 11.

2　Smith,『습관이 영성이다』, 176-295.

3　Smith,『습관이 영성이다』, 294.

4　R. Corriveau, T*he Liturgy of Life: A Study of the Ethical Thought of St Paul in His Letters to the Early Christian Communities* (Bruxelles and Paris: Desclee de Brouwer, 1970), 179.

5　C. Evans, "Romans 12: 1-2: The True Worship" in Lorenzi, *Dimensions*, 25, NICNT 로마서, 1014에서 인용.

6　Barrett, 1991, 216. Kasemann, 1980, 329. Dunn, 1988b, 712.

7　James Dunn, *Romans in The Word Biblical Commentary* (New York: Word Books, 1988), 712.

8　Thomas S. Kuhn, *The Structure of Scientific Revolutions* (Chicago: University of Chicago, 1962), 175.

9　Paul Watzlawick·John Weakland·Richard Fisch, *Change: Principles of Problem Formation and Problem Resolution* (London: W. W. Norton & Co, 1974), 10.

10　Don E. Saliers, *Worship as Theology: Foretaste of Glory Divine*, 김운용 역,『거룩한 예배』(서울: WPA, 2010), 57.

11　Michael Zigarelli, *Influencing Like Jesus*, 김창범 역,『예수의 품성을 가진 그리스도인』(서울: 국제제자훈련원, 2005), 81.

12　CCI는 Christian Character Index의 약자이다.

13　Zigarelli,『예수의 품성을 가진 그리스도인』, 45-46ff.

14　Zigarelli,『예수의 품성을 가진 그리스도인』, 47-8.

15　Zigarelli,『예수의 품성을 가진 그리스도인』, 81.

16　Zigarelli,『예수의 품성을 가진 그리스도인』, 48.

17 Zigarelli, 『예수의 품성을 가진 그리스도인』, 49.
18 Zigarelli, 『예수의 품성을 가진 그리스도인』, 57.
19 Zigarelli, 『예수의 품성을 가진 그리스도인』, 57.
20 Zigarelli, 『예수의 품성을 가진 그리스도인』, 57
21 Zigarelli, 『예수의 품성을 가진 그리스도인』, 58.
22 Zigarelli, 『예수의 품성을 가진 그리스도인』, 70-1.
23 Saliers, 『거룩한 예배』, 136.
24 Karl Barth, *The Christian Life: Church Dogmatics*, 1 v.14 (Grand Rapids: Eerdmans, 1981), 86.

PART 11

1 Thomas Moore, *Care of the Soul: A Guide for Cultivating Depth and Sacredness in Everyday Life*, 김영운 옮김, 『영혼의 돌봄』(서울: 아침지도영성연구원, 2007), 261.
2 Moore, 『영혼의 돌봄』, 268.
3 Alister McGrath, *Roots that Refresh: A Celebration of Reformed Spirituality* (London: Hodder & Stoughton, 1992), 141에서 인용.
4 McGrath, *Roots that Refresh*, 141.
5 Paul Marshal, *A Kind of Life Imposed on Man: Vocation and Social Order from Tyndale to Locke* (Toronto: University of Toronto Press, 1996), 14-8.
6 John Calvin, *Commentary on Luke* (Grand Rapids: Baker Book House, 2005), 10:38.
7 John Calvin, *Sermons on Ephesians* (Edinburgh: Banner of Truth, 1973), 4:26.
8 Paul Marshal with Lela Gilbert, *Heaven Is Not My Home: Learning to Live in God's Creation*, 김재영 옮김, 『천국만이 내 집은 아닙니다』 (서울: IVP, 2000), 95.
9 Marshal with Gilbert, 『천국만이 내 집은 아닙니다』, 95.
10 Marshal with Gilbert, 『천국만이 내 집은 아닙니다』, 95.
11 Bruce Demarest, *Seasons of the Soul*, 윤종석 역, 『영혼의 계절들』 (서울: IVP, 2013), 133에서 인용.
12 Thomas Moore, *Care of the Soul: A Guide for Cultivating Depth and Sacredness in Everyday Life*, 김영운 역, 『영혼의 돌봄』 (서울: 아침지도영성연구원, 2007), 215.
13 David Wells, *God in the Wasteland: The Reality of Truth in a World of Fading Dream* (Grand Rapids: Eerdmans, 1994), 39.

14 R. B. Kuiper, *The Glorious Body of Christ* (Edinburgh: The Banner of Truth Trust, 1967), 59-60.

15 Gresham Machen, *God Transcendent*, Edited by Ned Bernard Stonehouse (Edinburgh: The Banner of Truth Trust, 1982), 108.

16 아브라함 카이퍼(Abraham Kuyper, 1837-1920)는 화란의 개혁주의 목사요 신학자요 정치가였다. 하나님은 구속의 하나님인 동시에 창조의 하나님이다. 하나님은 만물을 그 종류대로 창조하셨다. 카이퍼는 이 '종류대로'의 창조 개념을 생물학적 영역에 그치지 않고 모든 창조 세상의 영역으로 확장한다. 우리의 소명이 모두 다르듯 세상의 다양한 국면들 속에도 각각 하나님이 창조하신 고유한 주권적 영역이 있다. 아브라함 카이퍼는 이것을 영역 주권이라 하였다. 즉 카이퍼는 구원의 적용범위를 인간뿐 아니라 창조세계의 전 영역으로 확장하였다. 그 최종목적은 원(原) 우주의 총체적 회복에 있다. 그리스도는 죄로 인해 타락된 인류 구속을 위한 중보자이실 뿐 아니라 또한 파괴되고 왜곡된 창조세계의 회복자이시라는 것이다. 세상의 모든 영역 가운데 그리스도가 주인이 아닌 영역은 단 한 부분도 없다. 왜냐하면 하나님은 이 세계의 보이는 것과 보이지 않는 모든 영역의 창조주이기 때문이다. 이 세계는 다 하나님의 것이고, 그리스도의 것이며, 우리들의 것이다. 그리고 그 모든 영역을 회복함에 있어 하나님은 우리 인간을 도구로 사용하신다. 따라서 카이퍼는 이 세계를 '거룩'과 '세속'으로 이원화시키는 것을 거부한다. 그리스도인은 거룩한 열정을 품고 삶의 모든 영역에서 하나님의 영광을 위해 살아야 한다. 이 영역은 보편적이다. 그리스도인은 교회와 정치와 경제와 사회와 학문과 문화와 예술과 같은 세상 전 영역에서 빛과 소금으로 살아야 한다는 것이다.

17 Francis J. Houdek, *Guided by the Spirit* (Chicago: Loyola, 1995), 88-9.

18 Rodney Stark, *The Rise of Christianity*, 손현선 역, 『기독교의 발흥』 (서울: 좋은씨앗, 2016), 181.

19 Stark, 『기독교의 발흥』, 137-38.

20 Stark, 『기독교의 발흥』, 187.

PART 12

1 David J. Atkinson·David H. Field, (eds), *New Dictionary of Christian Ethics and Pastoral Theology* (Leicester: Inter-Vasity Press, 1995), 823.

2   Atkinson·Field, *New Dictionary of Christian Ethics and Pastoral Theology*. 823.
3   Daniel J. Louw, *Meaning in Suffering: A Theological Reflection on the Cross and the Resurrection for Pastoral Care and Counselling* (Frankfurt am Main: Peter Lang, 2000), 9-11; Atkinson·Field, *New Dictionary of Christian Ethics and Pastoral Theology*. 823.
4   John Patton, *Pastoral Care in Context: An Introduction to Pastoral Care*, 장성식 역 『목회적 돌봄과 상황』 (서울: 은성, 2000), 179-80.
5   Patton, 『목회적 돌봄과 상황』, 180 ff.
6   Patton, 『목회적 돌봄과 상황』, 180.

PART 13

1   Duncan Buchanan, *The Counselling of Jesus* (Grand Rapid: Baker Book House, 1977), 105-106.
2   Millard J. Sall, *Faith, Psychology and Christian Maturity*, 김양순 역, 『성경과 심리학의 조화』 (서울: 생명의말씀사, 2000), 202-204.
3   Jay Adams, *The Christian Counselor's Manual* (Grand Rapid: Baker Book House, 1977), 128.
4   Arnold, "Soul-Searching Questions About 1 Samuel 28: Samuel's Appearance at Endor and Christian Anthropology", 78.
5   Arnold, "Soul-Searching Questions About 1 Samuel 28: Samuel's Appearance at Endor and Christian Anthropology", 78.
6   Arnold, "Soul-Searching Questions About 1 Samuel 28: Samuel's Appearance at Endor and Christian Anthropology", 81.
7   Arnold, "Soul-Searching Questions About 1 Samuel 28: Samuel's Appearance at Endor and Christian Anthropology", 81.
8   Francis Macnutt, *Healing*, 신현복 역, 『치유의 목회』 (서울: 아침영성지도연구원, 2010), 20-27.

PART 14

1. Morton Kelsey, *Dreams: A Way to Listen to God* (New York: Paulist Press, 1987), 22.
2. Kelsey, *Dreams*, 60.
3. L. Berkhof, *Introduction to Systematic Theology*, 권수경 역, 『조직신학』 (서울: 크리스챤 다이제스트, 1991), 139.
4. Lise Bourbeau, *Listen to Your Body Your Best Friend on Earth*, 이현경 역, 『몸의 지능』 (고양: 아시아코치센터, 2009), 23.
5. Carl G. Jung, *Dream Analysis: Notes of the Seminar Given in 1928-1930* (New Jersey: Princeton University Press, 1984), 3.
6. 대한정신의학회 편, 『신경정신의학』 (서울: 중앙문화사, 2005), 332.
7. Ann Faraday, *Dr. Ann Faraday's Dream Power*, 박태환 역, 『꿈의 힘』 (서울: 미리내, 1987), 30; 대한정신의학회 편, 『신경정신의학』, 333-34.
8. 에서 인용. 2015년 1월 10일.
9. 필자가 속한 대학에서 2016년 2학기 '돌봄 목회' 강의 중에 '꿈과 몸의 관계'에 대해서 강의하자 이 여성이 자기가 실제로 경험한 것을 학생들에게 고백한 내용을 중심으로 정리한 내용이다.
10. 최창국, 『기독교 영성』 (서울: CLC, 2013), 255.
11. Sigmund Freud, *The Interpretation of Dream*, 김인순 역, 『꿈의 해석 상』(서울: 열린책들, 1997), 177-92.
12. Freud, 『꿈의 해석 상』, 256-59.
13. F. Boa, *The Way of the Dream: Conversations on Jungian Dream Interpretation with M. -L. von Franz* (Boston: Shambhala, 1994), 15.
14. Jung, Carl G. "General Aspects of Dream Psychology," in *The Structure and Dynamics of the Psyche: Collected Works of C. G. Jung* VIII (London: Routledge, 1979), 237-80.
15. Jung, *Man and His Symbols* (New York: Doubleday, 1964), 50.
16. J. A. Hall, *The Unconscious Christian: Images of God in Dreams* (New York: Paulist Press, 1993), 21-29.
17. Jung, *Modern Man in Search of a Soul* (London: RKP, 1961), 71-72.
18. Jung, "General Aspects of Dream Psychology," 255.
19. 외상적인 꿈은 과거에 아주 큰 재난을 당했던 사람이 감정적인 충격이 아직

가시지 않았을 때 그 충격을 치유하려고 꾸는 꿈이다. 예를 들면, 전쟁을 경험한 사람이나, 심각한 교통사고를 경험했던 사람이 그것이 끝난 다음 종종 다시 그런 꿈을 꾸게 된다. 이런 꿈은 과거의 외상적인 사건 때문에 받은 감정의 충격을 치유하는 꿈이다.

20 텔레파시적인 꿈은 멀리 떨어져 있는 사람의 일이 꿈에 나타나는 것이다. 특히 사랑하는 사람의 죽음과 같은 사건이 발견되는 꿈이다. Jung은 이런 꿈을 가리켜 이렇게 말하였다. "나는 텔레파시가 실제로 꿈에 영향을 미치는 것을 내 경험에 의해서 발견했다. 그리고 이런 현상은 고대 이래로 있어왔던 현상이다."(Carl G. Jung, "General Aspects of Dream Psychology," 262).

21 경고적인 꿈은 우리가 가끔 꾸는 꿈이다. 예를 들어 설명하면, 어떤 어머니가 자기 집 난간이 부러져서 아이가 다치는 꿈을 꾸고 난 다음에 다리 난간을 고친다거나, 어떤 사람이 꿈에서 폐암을 선고 받고 담배를 끊는 것과 같은 꿈이다.(Carl G. Jung, "General Aspects of Dream Psychology," 255-63).

22 Jung, "General Aspects of Dream Psychology," 237-80.

23 Erna van de Winckel, *De I'inconscient a Dieu*, 김성민 역,『융의 심리학과 기독교 영성』(서울: 다산글방, 1997), 31.

24 L. M. Savary, P. H. Beme, & S. K. Williams, *Dream and Spiritual Growth*, 정태기 역,『꿈과 영적인 성장』(서울: 예솔, 1993), 161-242.

25 Carl G. Jung, *Man and His Symbols*, 이부영 역,『인간과 무의식의 상징』(서울: 집문당, 1983), 35.

26 M. A. Mattoon, *Jungian Psychology in Perspective* (New York: The Pree Press, 1981), 253.

27 M.-L. von Franz, *The Interpretation of Fairy Tales* (London: Shambhala, 1996), 12.

28 Calvin S. Hall·Vernon J. Nordby, *Primer of Jungian Psychology*, 김형섭 역,『융 심리학 입문』(서울: 집문당, 2012), 200.

29 Calvin S. Hall·Vernon J. Nordby,『융 심리학 입문』, 200.

30 T. B. Kirsch, "Dreams", 2-7, 김성민,『분석 심리학과 기독교』(서울: 학지사, 2012), 273에서 인용.

31 Jung, "General Aspects of Dream Psychology," 266-67.

32 Kirsch, "Dreams", 2-7, 김성민,『분석 심리학과 기독교』, 274에서 인용.

PART 15

1. 본 장은 최창국, 『영혼 돌봄을 위한 설교와 상담』 (서울: 대서, 2019), 497-527의 내용을 수정 보완한 것이다.
2. St. Augustine, *The City of God*, 조호연·김종흡 역, 『하나님의 도성』 (고양: 크리스챤다이제스트, 1998) XIV, 13.
3. ST. Augustine, 『하나님의 도성』, XIV, 13.
4. Dorothy L. Sayers, "The Other Six Sins," in *Creed or Chaos?* (New York: Harcourt, Brace and Company, 1949), 82.
5. Reinhold Niebuhr, *The Nature of Destiny of Man: A Christian Interpretation* (New York: Charles Scribner;s Sons, 1941), 150, 167.
6. St. Gregory the Great, *Moral on the Book of Job*, XXXI, 45. n. 87.
7. C. S. Lewis, *Mere Christianity*, 장경철·이종태 역, 『순전한 기독교』 (서울: 홍성사, 2018), 193.
8. Reinhold Niebuhr, *The Nature of Destiny of Man* (New York: Charles Scribner's Son, 1941), 188.
9. William D. Backus, *What Your Counselor Never Told You: Seven Secrets Revealed- Conquer the Power of Sin in Your Life*, 전요섭 역, 『죽음에 이르는 7가지 죄를 극복하는 비결』 (서울: CLC, 2017), 79-80.
10. KJV은 '악한 눈'으로 직역을 하였고, 개역한글은 '흘기는 눈', 개역개정은 '질투' 공동번역, NIV, NASV, ARS 등은 모두 '시기'로 의역하였다.
11. 히브리어 BDB 사전에는 '아인'이 '시기에 사로잡힌 눈'을 의미하기도 한다고 되어 있다. NKJV, NRSV 등은 '주목'하였다고 직역하였다.
12. Karl Olsson, *Seven Sins and Seven Virtues* (New York: Harper & Brothers Publishers, 1962).
13. Thomas Aquinas, *On Evil* (New Oxford University Press, 2005), 352-53.
14. Aristoteles, *Nicomachean Ethics*, 최명관 역, 『니코마스 윤리학』 (서울: 창, 2008) 참조.
15. St. Gregory the Great, *Moral on the Book of Job*, XXXI, 45. n. 88.
16. Aristoteles, *Rhetorics*, 이종호 역, 『수사학』 (서울: 리젬, 2009), 1387B, 1388A.
17. Herzog, "Envy: Poisoning the Banquet They Cannot Taste," in *Wicked Pleasures: Meditations on the Seven "Deadly" Sins* (Maryland: Rowman & Littlefield Publishers,

1999), 147-78.
18. Backus, 『죽음에 이르는 7가지 죄를 극복하는 비결』, 80.
19. ST. Augustine, 『하나님의 도성』, XIV, 15.
20. Thomas Aquinas, *On Evil*, Q 12, Art 2.
21. St. Gregory the Great, *Moral on the Book of Job*, XXXI, 45. n. 88.
22. Backus, 『죽음에 이르는 7가지 죄를 극복하는 비결』, 81.
23. Evagrius Ponticus, "On The Eight Thoughts," in *Evagrius of Ponticus: The Greek Ascetic Corpus* (New York: Oxford University Press, 2003), 79.
24. Dante Alighien, *La Divina Commedia*, 한형곤 역, 『신곡』 (파주: 서해문집, 2005), 95.
25. St. Gregory the Great, *Moral on the Book of Job*, XXXI, 45. n. 88.
26. Ceslas Spicq, "pleonexi," in *Theological Lexicon of the New Testament*, vol. 3 (Peabody, Mass: Hendrickson Publishers, 1994), 117.
27. Brian Rosner, *Greed As Idolatry: Rhe Origin and Meaning of a Pauline Metaphor* (Grand Rapids: Eerdmans, 2007), 173.
28. Thomas Moore, *Care of the Soul: A Guide for Cultivating Depth and Sacredness in Everyday Life* (New York: Harper Collins, 1992), 192.
29. Backus, 『죽음에 이르는 7가지 죄를 극복하는 비결』, 81-82.
30. Sayers, "The Other Six Sins", 81.
31. Alighien, 『신곡』, 368.
32. Herbert Waddams, *A New Introduction to Moral Theology* (London: SCM, 1964), Simon Chan, 『영성신학』, 105에서 재인용.
33. Thomas Aquinas, *On Evil* (New Oxford University Press, 2005), 367.
34. Cassian, *The Monastic Institutes*, 212.
35. Kathleen Norris, "Plain Old Sloth," *Christian Century*, vol. 120 (2003): 9.
36. Backus, 『죽음에 이르는 7가지 죄를 극복하는 비결』, 82.
37. Femando Savater, *Los Siete Pecados Capitales*, 북스페인 역, 『일곱 가지 원죄: 사탄의 변명』 (서울: 북스페인, 2009), 168.
38. Henry Fairlie, *The Seven Deadly Sins Today*, 이정석 역, 『현대의 7가지 죄』 (서울: CLC, 1985), 205-06.
39. Cassian, *The Monastic Institutes*, 153-54.

40　St. Gregory the Great, *Moral on the Book of Job*, XXXI, 45. n. 88.
41　Dunn·Sundene, *Shaping the Journey of Emerging Adult*, 172.
42　Dunn·Sundene, *Shaping the Journey of Emerging Adult*, 174.
43　Dorothee Solle, *The Silent Cry: Mysticism and Resistance* (Minneapolis: Fortress Press, 2001), 128.
44　Backus, 『죽음에 이르는 7가지 죄를 극복하는 비결』, 82-83.
45　St. Gregory the Great, *Moral on the Book of Job*, XXX, 18. n. 60.
46　Evagrius Ponticus, *The Praktikos*, 7-39.
47　John Cassian, *John Cassian: The Conferences*, (New York: The Newman Press, 1997), V. iii-iv.
48　Backus, 『죽음에 이르는 7가지 죄를 극복하는 비결』, 83.

영적으로 건강한 그리스도인
제자훈련 멘토링

초판 1쇄 인쇄 2022년 3월 25일
초판 1쇄 발행 2022년 3월 30일

펴낸이 Joung Eun Sim
지은이 최창국
등 록 제 2022-000045호
펴낸곳 도서출판 SFS
주 소 서울시 서초구 효령로 92 304호
전 화 02-6010-7883
메 일 ckchoi0223@daum.net

ISBN 979-11-978123-0-9(93230)

*책값은 뒤표지에 있습니다.
*잘못된 책은 교환하여 드립니다.

이 책은 신 저작권법에 의하여 한국 내에서 보호받는 저작물이므로 무단 전제와 무단 복제를 금합니다